بسم الله الرحمن الرحيم

الاجتهاد

الوظيفة والواقع

تأليف
عبد الله بن يوسف الجديع

مؤسسة الريان
للطباعة والنشر والتوزيع

الطَّبْعَةُ الأولى

١٤٤٦هـ - ٢٠٢٥م

رَبَّنَا تَقَبَّلْ مِنَّا إِنَّكَ أَنتَ السَّمِيعُ الْعَلِيمُ

ISBN : 978-1-0687908-2-9

نشر

الجديع للبحوث والاستشارات

ليدز - بريطانيا

Aljudai Research & Consultations

Website: https://www.aljudai.com

Email: arac@fastmail.com

مؤسسة الريان

للطباعة والنشر والتوزيع

بيروت - لبنان: (009613) 207 488 ص.ب: 14/5136 الرمز البريدي: 11052020

البريد الالكتروني: alrayanpub2011@gmail.com الموقع الالكتروني: www.alrayanpub.com

بِسْمِ اللَّهِ الرَّحْمَنِ الرَّحِيمِ

الْحَمْدُ للهِ رَبِّ العالَمِينَ، وَأَشْهَدُ أَنْ لَا إِلَهَ إِلَّا اللهُ وَحْدَهُ لَا شَرِيكَ لَهُ وَلِيُّ الْمُؤْمِنِينَ، وَأَشْهَدُ أَنَّ مُحَمَّدًا عَبْدُهُ وَرَسُولُهُ النَّبِيُّ الصَّادِقُ الْأَمِينُ، صَلَّى اللهُ عَلَيْهِ وَعَلَى آلِهِ وَصَحْبِهِ أَجْمَعِينَ.

أَمَّا بَعْدُ..

فَهَذَا مَبْحَثٌ مُخْتَصَرٌ، قَصَدْتُ بِهِ الإِبَانَةَ عَنْ مَوْضُوعِ الاجْتِهَادِ وَدَوْرِهِ وَمَكَانَتِهِ، وَالْمَرَاحِلِ الَّتِي مَرَّ بِهَا مِنْ قُوَّةٍ وَضَعْفٍ وَنُهُوضٍ وَانْتِكَاسٍ، وَأَسْبَابِ ذَلِكَ، وَمَا يُرْجَى لَهُ مِنَ التَّجْدِيدِ وَضَرُورَةِ تَفْعِيلِهِ فِي الْحَيَاةِ الْمُعَاصِرَةِ.

أَسْأَلُ اللهَ أَنْ يَجْعَلَ مِنْهُ إِيقَاظًا وَتَذْكِرَةً نَافِعَةً.

وَكَتَبَ
عَبْدُاللهِ بْنُ يُوسُفَ الْجُدَيْع
الجمعة ٢ ربيع الأول ١٤٣٨هـ/الموافق ٢ ديسمبر ٢٠١٦م

❁ ❁ ❁

مَا هُوَ الاجْتِهَادُ؟

يُفَسِّرُ ابْنُ حَزْمٍ الاجْتِهَادَ بِقَوْلِهِ: «الاجْتِهَادُ هُوَ افْتِعَالٌ مِنَ الْجُهْدِ. فَهُوَ فِي الدِّينِ إِجْهَادُ الْمَرْءِ نَفْسَهُ فِي طَلَبِ مَا تَعَبَّدَهُ اللهُ تَعَالَى بِهِ فِي الْقُرْآنِ وَفِيمَا صَحَّ عَنِ النَّبِيِّ ﷺ؛ لِأَنَّهُ لَا دِينَ غَيْرُهُمَا»[١].

ثُمَّ بَيَّنَ أَنَّ كُلَّ مُسْلِمٍ يَلْزَمُهُ قَدْرٌ مِنَ الاجْتِهَادِ، وَذَلِكَ بِحَسَبِ مَا يَتَنَاوَلُهُ مِنْ أَحْكَامِ الشَّرِيعَةِ، وَهَذَا الْقَدْرُ مِنَ الاجْتِهَادِ لَيْسَ هُوَ مَا يَخْتَصُّ بِهِ مَنْ أُمِرُوا بِالنَّفَارِ لِلتَّفَقُّهِ فِي الدِّينِ، وَالَّذِينَ يَكْفُونَ سَائِرَ النَّاسِ فِي تَحْقِيقِ مَا يَلْزَمُ مِنَ الاجْتِهَادِ الْخَاصِّ.

كَمَا قَالَ أَيْضًا فِي الاجْتِهَادِ لُغَةً: «إِنَّ حَقِيقَةَ بِنَاءِ لَفْظَةِ الاجْتِهَادِ أَنَّهُ افْتِعَالٌ مِنَ الْجُهْدِ. وَحَقِيقَةَ مَعْنَاهَا أَنَّهُ اسْتِنْفَادُ الْجُهْدِ فِي طَلَبِ الشَّيْءِ الْمَرْغُوبِ إِدْرَاكُهُ حَيْثُ يُرْجَى وُجُودُهُ فِيهِ، أَوْ حَيْثُ يُوقَنُ بِوُجُودِهِ فِيهِ. هَذَا مَا لَا خِلَافَ بَيْنَ أَهْلِ اللُّغَةِ فِيهِ».

---

[١] الإِحْكَامُ فِي أُصُولِ الْأَحْكَامِ، لِابْنِ حَزْمٍ (١٢١/٥)، وَمَعْنَاهُ أَيْضًا فِي (١١٤/٧).

ثُمَّ قَالَ بَعْدُ: «الاجْتِهَادُ فِي الشَّرِيعَةِ هُوَ اسْتِنْفَادُ الطَّاقَةِ فِي طَلَبِ حُكْمِ النَّازِلَةِ حَيْثُ يُوجَدُ ذَلِكَ الحُكْمُ، هَذَا مَا لَا خِلَافَ بَيْنَ أَحَدٍ مِنْ أَهْلِ العِلْمِ بِالدِّيَانَةِ فِيهِ»(١).

وَهَذَا التَّفْسِيرُ مُعْتَبَرٌ بِلَا تَرَدُّدٍ، وَلَكِنْ فِيهِ قُصُورٌ؛ ذَلِكَ أَنَّهُ قَصَرَ الاجْتِهَادَ عَلَى النَّوَازِلِ، بَيْنَمَا هُوَ أَوْسَعُ مِنْ ذَلِكَ، فَإِنَّهُ يَتَنَاوَلُ التَّوَصُّلَ إِلَى الأَحْكَامِ، سَوَاءٌ مَا أُرِيدَ مَعْرِفَتُهُ مِنْهَا ابْتِدَاءً، أَوِ اقْتِضَاءً لِنَازِلَةٍ.

وَقَدْ تَفَاوَتَتْ فِي التَّعَرِيفِ عِبَارَاتُ سَائِرِ الفُقَهَاءِ وَالأُصُولِيِّينَ، وَأَجْمَعُهُ مَا حَرَّرَتْهُ عِبَارَةُ ابْنِ الهُمَامِ الحَنَفِيِّ، وَحَاصِلُهَا: «بَذْلُ الطَّاقَةِ مِنَ الفَقِيهِ فِي تَحْصِيلِ حُكْمٍ شَرْعِيٍّ»(٢).

وَالشَّافِعِيُّ يَجْعَلُ الاجْتِهَادَ هُوَ القِيَاسَ، فَيَقُولُ: «هُمَا اسْمَانِ لِمَعْنًى وَاحِدٍ». وَشَرَحَ ذَلِكَ بِقَوْلِهِ: «كُلُّ مَا نَزَلَ بِمُسْلِمٍ فَفِيهِ حُكْمٌ لَازِمٌ، أَوْ عَلَى سَبِيلِ الحَقِّ فِيهِ دِلَالَةٌ مَوْجُودَةٌ، وَعَلَيْهِ إِذَا كَانَ فِيهِ بِعَيْنِهِ حُكْمٌ اتَّبَعَهُ، وَإِذَا لَمْ يَكُنْ فِيهِ بِعَيْنِهِ طُلِبَ الدَّلَالَةُ عَلَى سَبِيلِ الحَقِّ فِيهِ بِالاجْتِهَادِ. وَالاجْتِهَادُ القِيَاسُ»(٣).

وَقَالَ مُوَجِّهًا مَا ذَهَبَ إِلَيْهِ فِي مَعْنَى الاجْتِهَادِ: «الاجْتِهَادُ أَبَدًا

(١) الإِحْكَامُ فِي أُصُولِ الأَحْكَامِ، لِابْنِ حَزْمٍ (٨/١٣٣).

(٢) التَّحْرِيرُ، لِابْنِ الهُمَامِ (ص: ٥٢٣).

(٣) الرِّسَالَة، لِلشَّافِعِيِّ (النص: ١٣٢٦).

لا يَكونُ إلَّا على طَلَبِ شيءٍ، وطَلَبُ الشَّيءِ لا يَكونُ إلَّا بدَلائلَ، والدَّلائلُ هي القياسُ»[١].

قالَ: «ولم يَجعَلِ اللهُ لأحَدٍ بعدَ رَسولِ اللهِ أن يَقولَ إلَّا مِن جِهَةِ عِلمٍ مَضى قَبْلَه. وجِهَةُ العِلمِ بعدُ الكِتابُ والسُّنَّةُ والإجماعُ والآثارُ، وما وَصَفْتُ مِن القياسِ عَلَيها»[٢].

❋ ❋ ❋

---

(١) الرِّسالَة، للشَّافِعِيِّ (النص: ١٤٦٠).

(٢) الرِّسالَة، للشَّافِعِيِّ (النص: ١٤٦٨).

العَلاقَةُ بينَ الاجتِهادِ والقِياسِ

قَالَ الغَزَّالِيُّ: «قَالَ بَعْضُ الْفُقَهَاءِ: الْقِيَاسُ هُوَ الاجتِهادُ. وَهُوَ خَطَأٌ؛ لِأَنَّ الاجتِهادَ أَعَمُّ مِنَ الْقِيَاسِ؛ لِأَنَّهُ قَدْ يَكُونُ بِالنَّظَرِ فِي الْعُمُومَاتِ، وَدَقَائِقِ الْأَلْفَاظِ، وَسَائِرِ طُرُقِ الْأَدِلَّةِ سِوَى الْقِيَاسِ، ثُمَّ إِنَّهُ لَا يُنْبِئُ فِي عُرْفِ الْعُلَمَاءِ إِلَّا عَنْ بَذْلِ الْمُجْتَهِدِ وُسْعَهُ فِي طَلَبِ الْحُكْمِ، وَلَا يُطْلَقُ إِلَّا عَلَى مَنْ يُجْهِدُ نَفْسَهُ، وَيَسْتَفْرِغُ الْوُسْعَ، فَمَنْ حَمَلَ خَرْدَلَةً لَا يُقَالُ: اجتَهَدَ، وَلَا يُنْبِئُ هَذَا عَنْ خُصُوصِ مَعْنَى الْقِيَاسِ، بَلْ عَنِ الْجَهْدِ الَّذِي هُوَ حَالُ القَائِسِ فَقَطْ»[١].

وَمَا ذَكَرَهُ الغَزَّالِيُّ هُوَ المَفْهُومُ الأَشْمَلُ لِاسْتِغْرَاقِ الاجتِهادِ لِقِياسٍ وغَيرِهِ، وقَدْ سَبَقَهُ إلى نَحوِ ذَلِكَ أبو بَكرٍ الجصَّاصُ الْحَنَفِيُّ فَجَعَلَ الاجتِهادَ يَتَنَاوَلُ ثَلَاثَةَ أشياءَ، هِيَ:

١ ـ الْقِيَاسُ الشَّرْعِيُّ عَلَى عِلَّةٍ مُسْتَنْبَطَةٍ، أَوْ مَنْصُوصٍ عَلَيْهَا، فَيُرَدُّ بِهَا الْفَرْعُ إِلَى أَصْلِهِ، وَيُحْكَمُ لَهُ بِحُكْمِهِ بِالْمَعْنَى الْجَامِعِ بَيْنَهُمَا.

---

[١] المُسْتَصْفَى، لِلغَزَّالِيِّ (٢٣٧/٢)، وقد يَعنِي بِمَن قَالَ ذَلِكَ الشَّافِعِيَّ فقد جَعَلَ الاجتِهادَ هو القِياسَ.

٢ ـ مَا يَغْلِبُ فِي الظَّنِّ مِنْ غَيْرِ عِلَّةٍ يَجِبُ بِهَا قِيَاسُ الْفَرْعِ عَلَى الْأَصْلِ، كَالاجْتِهَادِ فِي تَحَرِّي جِهَةِ الْكَعْبَةِ لِمَنْ كَانَ غَائِبًا عَنْهَا، وَكَتَقْوِيمِ الْمُسْتَهْلَكَاتِ، وَجَزَاءِ الصَّيْدِ، وَالْحُكْمِ بِمَهْرِ الْمِثْلِ، وَنَفَقَةِ الْمَرْأَةِ، وَالْمُتْعَةِ، وَنَحْوِهَا.

٣ ـ الاسْتِدْلَال بِالْأُصُولِ[١]. وَأرادَ بالأصُولِ أَبْوَابَ المسائِلِ لَا أصُولَ الفِقْهِ، وذَلِكَ أن يُنْظَرَ حُكْمُ المسألةِ بإلحاقِها بما ثَبتَ حُكْمهُ في الشَّرْعِ مِمَّا هُوَ مِنْ بابِها، دُونَ رِعايَةِ عِلَّةٍ[٢]، وهُوَ طَرِيقٌ استَعْمَلَهُ قَبْلَهُ أبو جَعْفَرٍ الطَّحاوِيُّ بكَثْرَةٍ.

(١) انظُر: الفُصُول في الأُصُولِ، للجَصَّاصِ (٤/١١ ـ ١٢).

(٢) انظُر: الفُصُول في الأُصُولِ، للجَصَّاصِ (٤/٢١٨ ـ ٢١٩).

لَفْظُ «الاجْتِهَادِ» نَبَوِيٌّ

لَفْظُ الاجْتِهَادِ بِمَفْهُومِهِ الْفِقْهِيِّ لَفْظٌ نَبَوِيٌّ، وَذَلِكَ فِي قَوْلِهِ ﷺ: «إِذَا حَكَمَ الْحَاكِمُ فَاجْتَهَدَ ثُمَّ أَصَابَ فَلَهُ أَجْرَانِ، وَإِذَا حَكَمَ فَاجْتَهَدَ ثُمَّ أَخْطَأَ فَلَهُ أَجْرٌ»(١).

وَفِي هَذَا الْحَدِيثِ مِنَ الدَّلَالَةِ:

١ ـ أَنَّ الاجْتِهَادَ بِالنَّظَرِ إِلَى النَّتِيجَةِ فِيهِ الصَّوابُ وَالْخَطَأُ، وَهَذَا وَضْعٌ طَبِيعِيٌّ أَسَاسًا بِدَلَالَةِ الْعَقْلِ، فَهُوَ تَصَرُّفُ الْفَقِيهِ بِعَقْلِهِ فِي دَلَائِلِ الشَّرِيعَةِ.

٢ ـ الصَّوابُ واقِعٌ فِي سُلُوكِ طَرِيقِ الاجْتِهَادِ، وَإِنِ احْتَمَلَ الْخَطَأَ، وَهُوَ وَجْهُ تَرْتِيبِ الأَجْرِ عَلَى الْقِيَامِ بِهِ عَلَى كُلِّ حَالٍ: انْتَهَى فِي نَفْسِ الأَمْرِ إِلَى صَوَابٍ أَوْ إِلَى خَطَأٍ.

قَالَ الشَّوْكَانِيُّ: «هَذَا الْحَدِيثُ يُفِيدُكَ أَنَّ الْحَقَّ وَاحِدٌ، وَأَنَّ بَعْضَ الْمُجْتَهِدِينَ يُوَافِقُهُ فَيُقَالُ لَهُ: مُصِيبٌ، وَيَسْتَحِقُّ أَجْرَيْنِ،

---

(١) مُتَّفَقٌ عَلَيهِ: أَخْرَجَهُ الْبُخَارِيُّ (رقم: ٧٣٥٢)؛ ومُسْلِمٌ (رقم: ١٧١٦)، مِنْ حَدِيثِ عَمْرِو بْنِ الْعَاصِ، وَأَبِي هُرَيْرَةَ.

وَبَعْضَ الْمُجْتَهِدِينَ يُخَالِفُهُ، وَيُقَالُ لَهُ: مُخْطِئٌ، وَاسْتِحْقَاقُهُ الْأَجْرَ لَا يَسْتَلْزِمُ كَوْنَهُ مُصِيبًا، وَإِطْلَاقُ اسْمِ الْخَطَأِ عَلَيْهِ لَا يَسْتَلْزِمُ أَنْ لَا يَكُونَ لَهُ أَجْرٌ»(١).

قَالَ: «فَالْحَقُّ الَّذِي لَا شَكَّ فِيهِ وَلَا شُبْهَةَ: أَنَّ الْحَقَّ وَاحِدٌ، وَمُخَالِفَهُ مُخْطِئٌ مَأْجُورٌ، إِذَا كَانَ قَدْ وَفَّى الاجْتِهَادَ حَقَّهُ، وَلَمْ يُقَصِّرْ فِي الْبَحْثِ، بَعْدَ إِحْرَازِهِ لِمَا يَكُونُ بِهِ مُجْتَهِدًا»(٢).

وَمَسْأَلَةُ تَصْوِيبِ الْمُجْتَهِدِينَ الْمُخْتَلِفِينَ، أَوْ أَنَّ الصَّوابَ فِي نَفْسِهِ وَاحِدٌ وَلَا بُدَّ، وَالْمُجْتَهِدَ قَدْ يُصِيبُهُ وَقَدْ يُخْطِئُهُ، قَدْ أَخَذَتْ حَيِّزًا مِنْ كَلامِ النُّظَّارِ وَالأُصُولِيِّينَ، وهَذَا الْحَدِيثُ يُبَيِّنُ أَنَّ الاجْتِهَادَ يَحْتَمِلُ إِصَابَةَ الْحَقِّ فِي نَفْسِهِ، كَمَا يَحْتَمِلُ الخَطَأَ فيهِ، كَالْمُجْتَهِدِ فِي الْقِبْلَةِ، وَالاجْتِهادُ مُثَابٌ عَلَيْهِ في الْحالَيْنِ، وَللإِصابَةِ أَجْرٌ يَخْتَصُّ بِهَا، وَهُوَ أَجْرُ التَّوْفِيقِ الرَّبَّانِيِّ لِلْمَقْصُودِ(٣).

وَالْمَسْأَلَةُ سَهْلَةٌ، وَمَنْ رَأَى أَنَّ الْمُجْتَهِدَ مُصِيبٌ عَلى أيِّ حَالٍ، فَلَيْسَ عَلى رَدِّ مَا تَقَدَّمَ، وَإِنَّما كَما قَالَ الشَّاطِبِيُّ:

---

(١) إِرْشَاد الْفُحُولِ، لِلشَّوْكَانِيِّ (٢/١٠٦٩).

(٢) إِرْشَاد الْفُحُولِ، لِلشَّوْكَانِيِّ (٢/١٠٧٠).

(٣) انْظُرْ: جَامِع بَيَان العِلْمِ وَفَضْلِهِ، لِابْنِ عَبْدِالْبَرِّ (٢/٨٨٥)؛ شَرْح السُّنَّةِ، لِلْبَغَوِيِّ (١٠/١١٨). والْبَحْثُ الأُصولِيُّ مُفَصَّلًا لا تَخْلُو مِنْهُ عامَّةُ مُطَوَّلَاتِ كُتُبِ الأُصولِ، انْظُرْ مِثالَهُ: الفُصُول في الأُصُولِ، للجَصَّاصِ (٤/٢٩٥)؛ الْمُسْتَصْفَى، لِلْغَزَّالِيِّ (٢/٤٠٨)؛ الْوَاضِح في أُصُولِ الْفِقْهِ، لِابْنِ عَقِيلٍ (٥/٣٥٨)؛ الْإِحْكَام في أُصُولِ الْأَحْكَامِ، للآمِدِيِّ (٤/٢٢١).

«الْقَائِلُونَ بِالتَّصْوِيبِ مَعْنَى كَلَامِهِمْ أَنَّ كُلَّ قَوْلٍ صَوَابٌ، وَأَنَّ الاخْتِلَافَ حَقٌّ، وَأَنَّهُ غَيْرُ مُنْكَرٍ وَلَا مَحْظُورٍ فِي الشَّرِيعَةِ»[١].

٣ ـ الْحُكْمُ بجَوازِ الاجتِهادِ حُكْمٌ بجَوازِ الاختِلافِ؛ لأنَّ ما يَحتَمِلُ الصَّوابَ وَالخَطَأَ في نَفْسِهِ فهُو راجعٌ إلى تفاوُتِ العُقولِ وَالْمَدارِكِ، وَتِلْكَ قَطْعِيَّةٌ مُسْتَغْنِيَةٌ عَنِ التَّدْلِيلِ.

وَفِي هَذَا إعْلَامٌ بِقَصْدِ الشَّارِعِ إلى اسْتِثْمَارِ الطَّاقَةِ، وَتفْعِيلِ دَوْرِ الْعَقْلِ للتَّوَصُّلِ إلى المقْصُودِ فِي سِيَاقِ تَفْسِيرِ النَّصِ، وَفِي تَنْزِيلِهِ.

(١) الْمُوافَقَات، لِلشَّاطِبِيِّ (٥/٦٦).

الْمُجْتَهِدُ هُوَ الفَقِيهُ

عَلَى ذَلِكَ جَرَتْ عِبَارَاتُ الأُصُولِيِّينَ[١]، وَهُوَ نَعْتٌ دَلَّ عَلَيْهِ القُرآنُ فِي هَذَا البَابِ، كَمَا قَالَ تَعَالَى: ﴿لِّيَتَفَقَّهُواْ فِي ٱلدِّينِ﴾ [التَّوْبَة: ١٢٢]، كَمَا جَرَى عَلَيْهِ العَمَلُ قَبْلَ اسْتِيلَاءِ ضَعْفِ الْمَلَكَةِ الَّتِي هَبَطَتْ بِمُسْتَوى الفِقْهِ والاجْتِهادِ والإفتاءِ؛ حِينَ أُطْلِقَتِ اسمَ (الفَقِيهِ) عَلَى مَن يَحْفَظُ الْمُتُونَ الْمَذْهَبِيَّةَ وَيُفتِي بِمَا فِيهَا.

❊ ❊ ❊

---

[١] انظُر: مُخْتَصَر مُنْتَهَى السُّؤلِ والأَمَلِ، لابْنِ الحاجِبِ (١٢٠٤/٢)؛ أُصُول الفِقْه، لابنِ مُفلح (١٤٦٩/٤)؛ التَّحرير، لابنِ الهُمام (ص: ٥٢٣)؛ إرشاد الفُحول، للشَّوكانيِّ (١٠٢٦/٢، ١٠٢٧).

أَهَمِّيَّةُ الاجْتِهَادِ

لَا بُدَّ أَنْ تَكُونَ لِأَحْكَامِ الشَّرِيعَةِ الصِّفَةُ الَّتِي يُمْكِنُ أَنْ يُوجَدَ فِيهَا الدَّلَالَةُ عَلَى اسْتِغْرَاقِ أَحْكَامِ كُلِّ مَا يَتَّصِلُ بِشُؤُونِ العِبَادِ فِيمَا يَسْتَجِدُّ لَهُمْ فِي أَمْرِ حَيَاتِهِمْ.

قَالَ الجُوَيْنِيُّ: «وَالْمُعْتَقَدُ أَنَّهُ لَا يُفْرَضُ وُقُوعُ وَاقِعَةٍ مَعَ بَقَاءِ الشَّرِيعَةِ بَيْنَ ظَهْرَانَيْ حَمَلَتِهَا، إِلَّا وَفِي الشَّرِيعَةِ مُسْتَمْسَكٌ بِحُكْمِ اللهِ فِيهَا»[١].

وَهَذَا يَنْبَنِي عَلَى اعْتِقَادِ أَنَّ كُلَّ شَيْءٍ فِي الحَيَاةِ لَا يَخْلُو مِنْ أَنْ يَكُونَ للهِ فِيهِ حُكْمٌ، وَقَدْ قَالَ اللهُ تَعَالَى: ﴿وَنَزَّلْنَا عَلَيْكَ ٱلْكِتَٰبَ تِبْيَٰنًا لِّكُلِّ شَيْءٍ﴾ [النَّحْل: ٨٩]، قَالَ ابْنُ كَثِيرٍ: «إِنَّ القُرْآنَ اشْتَمَلَ عَلَى كُلِّ عِلْمٍ نَافِعٍ: مِنْ خَبَرِ مَا سَبَقَ، وَعِلْمِ مَا سَيَأْتِي، وَحُكْمِ كُلِّ حَلَالٍ وَحَرَامٍ، وَمَا النَّاسُ إِلَيْهِ مُحْتَاجُونَ فِي أَمْرِ دُنْيَاهُمْ وَدِينِهِمْ، وَمَعَاشِهِمْ وَمَعَادِهِمْ»[٢].

---

(١) الغِيَاثِيُّ، لِلْجُوَيْنِيِّ (ص: ٤٩٨).

(٢) تَفْسِيرُ ابْنِ كَثِيرٍ (٤/٥٩٤).

وَيُؤَيِّدُ هَذَا النَّظَرَ أَنَّ مَرْجِعَ جَمِيعِ أدِلَّةِ التَّشْرِيعِ إلى الْقُرْآنِ، وأَنَّهُ مَا مِنْ شَيْءٍ إِلَّا وَلَهُ أَصْلٌ يَعُودُ إِلَيْهِ هُوَ فِي الْقُرآنِ، كَمَا قَالَ عَبْدُاللهِ بْنُ مَسْعُودٍ: «مَنْ أَرَادَ الْعِلْمَ فَلْيُثَوِّرِ الْقُرآنَ، فَإِنَّ فِيهِ عِلْمَ الأَوَّلِينَ وَالآخِرِينَ»(١).

وَقَالَ اللهُ ﷻ: ﴿فَإِن تَنَٰزَعۡتُمۡ فِي شَيۡءٖ فَرُدُّوهُ إِلَى ٱللَّهِ وَٱلرَّسُولِ إِن كُنتُمۡ تُؤۡمِنُونَ بِٱللَّهِ وَٱلۡيَوۡمِ ٱلۡأٓخِرِۚ ذَٰلِكَ خَيۡرٞ وَأَحۡسَنُ تَأۡوِيلًا﴾ [النِّسَاء: ٥٩]، قَالَ ابْنُ الْقَيِّمِ: «قَوْلُهُ: ﴿فَإِن تَنَٰزَعۡتُمۡ فِي شَيۡءٖ﴾ نكِرَةٌ فِي سِيَاقِ الشَّرْطِ تَعُمُّ كُلَّ ما تَنَازَعَ فيهِ الْمُؤْمِنُونَ مِنْ مَسائِلِ الدِّينِ دِقِّهِ وَجِلِّهِ، جَلِيِّهِ وَخَفِيِّهِ، وَلَوْ لم يَكُنْ في كِتَابِ اللهِ وَسُنَّةِ رَسُولِهِ بَيَانُ حُكْمِ ما تَنَازَعُوا فِيهِ وَلم يَكُنْ كافِيًا، لم يَأْمُرْ بِالرَّدِّ إِلَيْهِ؛ إذْ مِنَ الْمُمْتَنِعِ أَن يَأْمُرَ تعالى بِالرَّدِّ عِنْدَ النِّزَاعِ إلى مَنْ لَا يُوجَدُ عِنْدَهُ فَصْلُ النِّزَاعِ»(٢).

وَمِنْ أَجْمَعِ عِبَارَةٍ فِي ذَلِكَ قَولُ الشَّافِعِيِّ: «لَيستْ تَنْزِلُ بأَحَدٍ مِنْ أَهْلِ دِينِ اللهِ نَازِلَةٌ، إِلَّا وَفي كِتَابِ اللهِ الدَّلِيلُ عَلى سَبِيلِ الهُدَى فِيهَا»(٣).

وعَلَيْهِ، فَلا بُدَّ مِنْ أَنْ يَكونَ لهذهِ الشَّرِيعَةِ وُجُودٌ في حَياةِ النَّاسِ، يَستَغْرِقُ كُلَّ جَوانِبِهَا، ما كانَ دِينِيًّا خاصًّا يُمَثِّلُ العلاقةَ

---

(١) أَخرَجَهُ ابْنُ الْمُبارَكِ فِي «الزُّهْدِ» (رقم: ٨١٤) وغَيْرُهُ بِإِسْنادٍ صَحِيحٍ. انْظُرْ: الْمُقَدِّمَات الأَسَاسِيَّةَ فِي عُلُومِ الْقُرآنِ، لِلْجُدَيْعِ (ص: ٣٧٠).

(٢) إعلام الموقِّعين، لابنِ القيِّم (٩٢/٢).

(٣) الرِّسالَة، للشَّافِعِيِّ (النص: ٤٨).

فيما بَينَ أحَدِهم وبينَ رَبِّهِ، أَوْ حَياتِيًّا فيما بينَ أحَدِهم وغَيْرِهِ مِنَ الخَلْقِ، وَذَلِكَ فِي كُلِّ زَمَانٍ، وَفِي كُلِّ مَكَانٍ.

كَما أنَّ عُمُومَ الرِّسالَةِ يُوجِبُ أن تَكُونَ الأحكامُ الَّتي جاءَتْ بها هَذهِ الرِّسالةُ ممَّا يُوجَدُ فيه جَوابُ أسئِلَةِ النَّاسِ جَميعًا، مُسْلِمِينَ وغَيْرِهِمْ؛ ذَلِكَ أنَّنا نَنْطَلِقُ مِن مَسْؤُولِيَّةِ القِيَام بحَمْلِ هَذِهِ الرِّسَالةِ للأمَمِ وَتَبْلِيغِها للنَّاسِ كافَّةً، كَما قالَ اللهُ عَزَّ وجَلَّ لنَبِيِّهِ ﷺ: ﴿وَمَآ أَرْسَلْنَٰكَ إِلَّا كَآفَّةً لِّلنَّاسِ بَشِيرًا وَنَذِيرًا وَلَٰكِنَّ أَكْثَرَ ٱلنَّاسِ لَا يَعْلَمُونَ﴾ [سَبأ: ٢٨].

ومَعلُومٌ أَنَّ النُّصُوصَ لا تَسْتَغْرِقُ أفرادَ ما في الحَياةِ عَلى سَبِيلِ التَّعيينِ لِكُلِّ فَرْدٍ، حَتَّى والقُرآنُ يَنْزِلُ، فَكَيْفَ بَعْدَهُ على سَبِيلِ الدَّوامِ في كُلِّ عَصْرٍ، وإنَّما استَغْرَقَتْ بِعُمُومَاتِها ومَعانِيها، فَالشَّارِعُ تَرَكَ النَّاس في مُعظَمِ الشَّرائِعِ إلى عُموماتِ خِطابٍ، وَمِنَ التَّشرِيعِ ما لَا يَخْضَعُ لِلاجتِهَادِ وَلا يَحْتَمِلُهُ، وَمِنْهُ وهُوَ الأَكْثَرُ لِلاجتِهَادِ فيهِ نَصِيبٌ.

قالَ الْعَلَائِيُّ: «الظَّاهِرُ أَنَّهُ مَا مِنْ حُكمٍ إِلَّا وَللهِ عَلَيْهِ أَمَارَاتٌ وَدَلَائِلُ تَدُلُّ عَلَيْهِ، وَالظَّاهِرُ مِمَّنْ لَهُ أَهْلِيَّةُ الاجْتِهادِ الاطِّلاعُ عَلَى ذَلِكَ»(١).

وَقالَ الشَّهْرَسْتَانِيُّ: «نَعْلَمُ قَطْعًا ويَقِينًا أنَّ الحوادِثَ والوَقائعَ

(١) إجْمَال الإصابَةِ في أقْوَالِ الصَّحابَةِ، لِلْعَلَائِيِّ (ص: ٢٨).

في العباداتِ والتَّصَرُّفاتِ مِمَّا لا يَقْبَلُ الحصرَ والعَدَّ، ونَعْلَمُ قَطْعًا أيضًا أنَّهُ لم يَرِدْ في كُلِّ حادِثةٍ نصٌّ، ولا يُتَصَوَّرُ ذلك أيضًا، والنُّصوصُ إذا كانت مُتَناهِيَةً، والوَقائِعُ غيرَ مُتَناهِيَةٍ، وما لا يَتَناهَى لا يَضْبِطُهُ ما يَتَناهَى، عُلِمَ قَطْعًا أنَّ الاجتِهادَ والقِياسَ واجبُ الاعتِبارِ، حتَّى يَكونَ بصَدَدِ كُلِّ حادِثةٍ اجتِهادٌ"(١).

وقَالَ النَّوَوِيُّ: «الاعتِناءُ بالاستِنْباطِ مِنْ آكَدِ الواجباتِ المطلوبةِ؛ لأنَّ النُّصوصَ الصَّريحةَ لا تَفي إلَّا بِيَسيرٍ مِنَ المَسائِلِ الْحادِثةِ، فإذا أُهمِلَ الاستِنْباطُ فاتَ القَضاءُ في مُعظمِ الأَحْكامِ النَّازِلةِ، أَوْ في بَعْضِها»(٢).

فسَبَبُ الاجتِهادِ هُوَ تَجَدُّدُ الحَوادِثِ، وقَدْ خُتِمَتِ الرِّسالةُ بمُحمَّدٍ ﷺ، وخُتِمَ الوَحْيُ بالقُرآنِ، وكانَ مِنْ آخرِ ما أُنْزِلَ: ﴿ٱلۡيَوۡمَ أَكۡمَلۡتُ لَكُمۡ دِينَكُمۡ وَأَتۡمَمۡتُ عَلَيۡكُمۡ نِعۡمَتِي وَرَضِيتُ لَكُمُ ٱلۡإِسۡلَٰمَ دِينٗاۚ﴾ [المائدة: ٣]، وهَذا يَقتَضي أن لا يَدَعَ الله عَزَّ وجلَّ النَّاسَ بَعْدَ ذَلِكَ فِيما يَسْتَجِدُّ لهم مِنْ قَضايا ويَنْزِلُ بِهِمْ مِنْ نَوازِلَ دُونَ أَنْ تَكونَ لها مُعالَجَةٌ، بَلْ يُحَقِّقُ لهم مِنْ شَريعَتِهِ ما فيهِ المصْلَحَةُ الرَّاجِحَةُ ويَدْفَعُ عنهُم ما فيهِ المفْسَدَةُ الرَّاجِحَةُ، وذَلِكَ أَنَّ اللهَ تَبارَكَ وَتَعالى يُحِبُّ العُذْرَ؛ لِذَلِكَ بَعَثَ الرُّسُلَ، كَما قالَ: ﴿رُّسُلٗا مُّبَشِّرِينَ وَمُنذِرِينَ لِئَلَّا يَكُونَ لِلنَّاسِ عَلَى ٱللَّهِ حُجَّةُۢ بَعۡدَ ٱلرُّسُلِۚ﴾ [النِّساء: ١٦٥]، وَفي الحَديثِ

---

(١) المِلَلُ والنِّحَلُ، للشَّهرَسْتانِيِّ (٢/٤).

(٢) شَرْحُ صَحيحِ مُسْلِمٍ، للنَّوَوِيِّ (١١/٥٧ ـ ٥٨).

قَالَ النَّبِيُّ ﷺ: «لَا أَحَدَ أَحَبُّ إِلَيْهِ العُذْرُ مِنَ اللهِ، وَمِنْ أَجْلِ ذَلِكَ بَعَثَ الْمُبَشِّرِينَ وَالْمُنْذِرِينَ»(١).

وَعَلَيْهِ، فَقَدْ كَانَ القَائِمُ بِهَذِهِ الوَظِيفَةِ فِي عَهْدِ التَّنْزِيلِ هُوَ النَّبِيُّ ﷺ، أَمَّا بَعْدَهُ فَقَدِ انْتَقَلَتْ إِلَى وَرَثَتِهِ فِيهَا، وَهُمُ العُلَمَاءُ، الَّذِينَ وَرِثُوا عنهُ عِلْمَ النُّبُوَّةِ، وَحَمَلُوا عَنْهُ الرِّسَالَةَ، كَمَا قَالَ ﷺ: «إِنَّ الْعُلَمَاءَ وَرَثَةُ الْأَنْبِيَاءِ»(٢)، وهُمْ مَن دَعَا لَهُمْ بِقَوْلِهِ: «نَضَّرَ اللهُ امْرَأً سَمِعَ مِنَّا حَدِيثًا، فَحَفِظَهُ حَتَّى يُبَلِّغَهُ غَيْرَهُ، فَإِنَّهُ رُبَّ حَامِلِ فِقْهٍ لَيْسَ بِفَقِيهٍ، وَرُبَّ حَامِلِ فِقْهٍ إِلَى مَنْ هُوَ أَفْقَهُ مِنْهُ»(٣).

وَهَؤُلَاءِ العُلَمَاءُ هُمُ الْمُكَلَّفُونَ بَعْدَهُ بِوَظِيفَةِ تَبْلِيغِ الشَّرِيعَةِ، كَمَا أَمَرَ ﷺ فِي خُطْبَةِ الوَدَاعِ بِقَوْلِهِ: «لِيُبَلِّغِ الشَّاهِدُ مِنْكُمُ الغَائِبَ»(٤).

---

(١) مُتَّفَقٌ عليهِ: أَخْرَجَهُ الْبُخَارِيُّ (رقم: ٧٤١٦)؛ ومُسْلِمٌ (رقم: ١٤٩٩) مِنْ حَدِيثِ الْمُغِيرَةِ بْنِ شُعْبَةَ.

(٢) أَخْرَجَهُ أَحْمَدُ (رقم: ٢١٧١٥، ٢١٧١٦)؛ وأَبُو دَاوُدَ (رقم: ٣٦٤١، ٣٦٤٢)؛ والتِّرْمِذِيُّ (رقم: ٢٦٨٢)؛ وابْنُ مَاجَةَ (رقم: ٢٢٣)، مِنْ حَدِيثِ أَبِي الدَّرْدَاءِ، وهُوَ حَدِيثٌ حَسَنٌ.

(٣) أَخْرَجَهُ أَحْمَدُ (رقم: ٢١٥٩٠)؛ وأَبُو دَاوُدَ (رقم: ٣٦٦٠)؛ والتِّرْمِذِيُّ (رقم: ٢٦٥٦)؛ والنَّسَائِيُّ فِي «الْكُبْرَى» (رقم: ٥٨١٦)؛ وابْنُ مَاجَةَ (رقم: ٢٣٠) مِنْ حَدِيثِ زَيْدِ بْنِ ثَابِتٍ، وإِسْنَادُهُ صَحِيحٌ، وقَالَ التِّرْمِذِيُّ: «حَدِيثٌ حَسَنٌ»، ولَهُ أَسَانِيدُ عَن جَمَاعَةٍ مِنَ الصَّحَابَةِ.

(٤) مُتَّفَقٌ عليهِ: أَخْرَجَهُ الْبُخَارِيُّ (رقم: ١٠٥)؛ ومُسْلِمٌ (رقم: ١٦٧٩) مِنْ حَدِيثِ أَبِي بَكْرَةَ الثَّقَفِيِّ.

وَقَالَ اللهُ تَعَالَى: ﴿فَسْـَٔلُوٓاْ أَهْلَ ٱلذِّكْرِ إِن كُنتُمْ لَا تَعْلَمُونَ﴾ [النَّحل: ٤٣]، دَلَّتِ الآيَةُ بعِبارَتها عَلى فَرْضِ الرُّجُوعِ إلى أَهْلِ الذِّكْرِ مِنْ أَجْلِ سُؤالِهِمْ عِنْدَ عَدَمِ العِلْمِ، وأَعْظَمُ الذِّكْرِ القُرْآنُ، كَما قالَ تَعالَى: ﴿إِنَّا نَحْنُ نَزَّلْنَا ٱلذِّكْرَ وَإِنَّا لَهُۥ لَحَٰفِظُونَ﴾ [الْحِجْر: ٩]، وقَالَ: ﴿وَإِنَّهُۥ لَذِكْرٌ لَّكَ وَلِقَوْمِكَ﴾ [الزُّخْرُف: ٤٤]، فأَمَرَ بسُؤَالِهِمْ لأَنَّهُم إنَّما يَعُودُونَ إلى القُرْآنِ.

وَهذِهِ وَظيفَةٌ لا يُمْكِنُ أن تَتَحَقَّقَ إلَّا بإيجادِ مَنْ يَتأَهَّلُ ليَكُونَ مِنْ أهلِ الذِّكْرِ، فَدَلَّتِ الآيَةُ على فَرْضِ إيجادِهِمْ؛ لأنَّ وُجوبَ السُّؤَالِ لا يَتِمُّ امْتِثالُهُ مَعَ عَدَمِهِمْ.

وَهذا فَرْضٌ يَلزَمُ تحقُّقُهُ عَلى الدَّوامِ، لا يَخْلو منه زَمَانٌ؛ لأنَّ الحاجَةَ الْمُقْتَضِيَةَ للسُّؤالِ لا تَنْقَطِعُ وَلا تَنْتَهِي.

عَنِ الصَّلْتِ بْنِ رَاشِدٍ (وكانَ ثِقَةً) قَالَ: سَأَلْتُ طَاوُسًا عَنْ مَسْأَلَةٍ، فَقَالَ لِي: كَانَ هَذَا؟ قُلْتُ: نَعَمْ، قَالَ: آللهِ. قُلْتُ: آللهِ. ثُمَّ قَالَ: إنَّ أَصْحَابَنَا أَخبَرُونَا عَنْ مُعَاذِ بْنِ جَبَلٍ رضي الله عنه، أَنَّهُ قَالَ: «يَا أَيُّهَا النَّاسُ، لَا تَعْجَلُوا بِالْبَلَاءِ قَبْلَ نُزُولِهِ؛ فَيُذْهَبَ بِكُمْ هَهُنَا وَهَهُنَا، فَإِنَّكُمْ إِنْ لَمْ تَعْجَلُوا بِالْبَلَاءِ قَبْلَ نُزُولِهِ، لَمْ يَنْفَكَّ الْمُسْلِمُونَ أَنْ يَكُونَ فِيهِمْ مَنْ إِذَا سُئِلَ سُدِّدَ، وَإِذَا قَالَ وُفِّقَ»(١).

---

(١) أخْرَجَهُ الدَّارِمِيُّ (رقم: ١٥٥)، وَإسنادُهُ صَحيحٌ إلى طاوُسٍ.

حُكْمُ إيجادِ الْمُجتَهِدِينَ

مِمَّا تَقَدَّمَ قَرِيبًا يَتَلَخَّصُ أَنَّ الاجْتِهَادَ ضَرُورَةٌ دِينِيَّةٌ وَحَيَاتِيَّةٌ.

ويُبَيِّنُ الشَّافِعيُّ أَنَّ تَعْطِيلَهُ تَسْوِيغٌ لِلكَلامِ في الدِّينِ بِغَيْرِ أَصْلٍ، فَقالَ: «لَو جازَ تَعطِيلُ القِياسِ جازَ لأهلِ العُقُولِ مِن غيرِ أهلِ العلمِ أن يَقولوا فِيما ليسَ فيهِ خبرٌ بِما يَحْضُرُهم مِن الاستِحْسانِ»[١].

وَحُكْمُهُ بِحَسَبِ دَرَجاتِ الأَحْكامِ الشَّرْعِيَّةِ، كَما قالَ إمامُ الحَرَمَيْنِ الجُوَينِيُّ: «أَمَّا ما يَقَعُ فَرْضًا على الكِفايَةِ، فَهُوَ ما يَزِيدُ على المتعَيِّنِ إلى بُلوغِ رُتْبَةِ الاجْتِهادِ، فَإِنَّ قِوامَ الشَّرْعِ بالمجتَهِدِينَ»[٢].

وَقالَ الشَّهرَسْتَانِيُّ: «الاجْتِهادُ مِنْ فُرُوضِ الكِفاياتِ، لا مِنْ فُرُوضِ الأعيانِ: إذا اشْتَغَلَ بتَحْصِيلهِ واحِدٌ سَقَطَ الفَرْضُ عَنِ الجَميعِ، وإن قَصَّرَ فيهِ أهلُ عَصْرٍ عَصَوا بتَرْكِهِ، وأشرَفوا على خَطَرٍ عَظِيمٍ»[٣].

(١) الرِّسالَة، للشَّافِعِيِّ (النص: ١٤٥٨).
(٢) نِهايَة المطْلَبِ، للجُوَينِيِّ (٤١٧/١٧).
(٣) الْمِلَل والنِّحل، للشَّهرَسْتَانِيِّ (١٠/٢).

وهَذَا مُقْتَضَى نُصُوصِ أئِمَّةِ الْفِقْهِ في النَّهْيِ عَنْ تَقلِيدِهِمْ، قَالَ الماوَرْدِيُّ في سِيَاقِ التَّنبيهِ عَلى نُكْتَةِ نَهْيِ الشَّافِعِيِّ عَن تَقْلِيدِهِ: «لَوْ مُنِعَ جَمِيعُ النَّاسِ مِنَ التَّقْلِيدِ وَكُلِّفُوا الاجْتِهَادَ لَتَعَيَّنَ فَرْضُ الْعِلْمِ عَلَى الْكَافَّةِ، وَفِي هَذَا اخْتِلَالُ نِظَامٍ وَفَسَادٌ، فَلَوْ كانَ يَجْمَعُهُم التَّقلِيدُ لَبَطَلَ الاجْتِهَادُ وَسَقَطَ فَرْضُ الْعِلْمِ، وَفي هذا تَعْطِيلُ الشَّرِيعَةِ وذَهابُ العِلْمِ، فلِذَلِكَ وَجَبَ الاجْتِهَادُ عَلَى مَنْ تقَعُ بِهِ كِفَايَةٌ؛ لِيكُونَ الْبَاقُونَ تَبَعًا وَمُقَلِّدِينَ. قَالَ اللهُ تَعَالَى: ﴿فَلَوْلَا نَفَرَ مِن كُلِّ فِرْقَةٍ مِّنْهُمْ طَآئِفَةٌ لِّيَتَفَقَّهُواْ فِي ٱلدِّينِ وَلِيُنذِرُواْ قَوْمَهُمْ إِذَا رَجَعُوٓاْ إِلَيْهِمْ لَعَلَّهُمْ يَحْذَرُونَ﴾ [التَّوْبَة: ١٢٢]، فَلَمْ يَسْقُطِ الاجْتِهَادُ عَنْ جَمِيعِهِمْ، وَلَا أُمِرَ بِهِ كَافَّتُهُمْ»(١).

والاجْتِهادُ هُنا هُوَ عِلْمُ الخاصَّةِ، وَإذا كانَ كُلُّ مُكَلَّفٍ مَأمُورًا بالنَّظَرِ وَالاعْتِبَارِ وتَدبُّرِ الْقُرْآنِ، وذَلِكَ كُلُّهُ اجْتِهَادٌ، لَكِنْ نَصِيبُ مَنِ اخْتصَّ بِما يَزِيدُ عَلى الْمَعْرِفَةِ الْعَيْنِيَّةِ أَكْبرُ، فَقَوْلُهُ تَعالى: ﴿كِتَٰبٌ أَنزَلْنَٰهُ إِلَيْكَ مُبَٰرَكٌ لِّيَدَّبَّرُوٓاْ ءَايَٰتِهِۦ وَلِيَتَذَكَّرَ أُوْلُواْ ٱلْأَلْبَٰبِ﴾ [ص: ٢٩]، يُوجِبُ النَّظَرَ مُطْلَقًا دُونَ حَدٍّ، نَصِيبُ كُلِّ مُكَلَّفٍ مِنْهُ بحَسَبِهِ، وَما يَتَعذَّرُ عَلى أَحَدٍ بُلُوغُهُ بنَفْسِهِ كَفاهُ حاجَتَهُ فيهِ غَيْرُهُ، كَما هُوَ الشَّأنُ في كُلِّ ما هُوَ مِنْ فُرُوضِ الْكِفايَاتِ.

والْعَجَبُ، كَيفَ يُمْكِنُ أَنْ يَتَحقَّقَ هَذا وَالنَّاسُ بَعْدَ المذَاهِبِ

---

(١) الحاوِي الكَبِير، للماوَرْدِيِّ (١/٢٠ ـ ٢١) وفي السِّياقِ خَلَلٌ في المطبُوعَةِ قوَّمتُهُ من: الرَّدّ عَلى مَنْ أَخْلَدَ إلى الأَرْضِ، للسُّيوطِيِّ (ص: ٦٨).

وَعَلى مَدَى القُرُونِ الطَّويلَةِ مِن تاريخِ المسلِمِينَ يَتوارَدُونَ عَلى أنَّ الاجتِهادَ في نُصُوصِ الكِتابِ والسُّنَّةِ وَاستِعْمالِ سائِرِ أدِلَّةِ وَوسائِلِ الاستْنباطِ لم يَعُدْ لهُ اعتِبارٌ، سِوَى ما يُشْبِهُ التَّبرُّكَ بتَحصيلهِ، ولا حِيلَةَ لتَفعِيلهِ؟!

فَالنَّاظِرُ يَرَى أنَّ النَّشاطَ الْحَقِيقِيَّ للتَّصْنِيفِ بالتَّفْصِيلِ وَالتَّحلِيلِ لِعِلْمِ أصُولِ الْفِقْهِ إنَّما وَقَعَ مُعْظَمُهُ بَعْدَ أنْ سَلَّمَ الْجُمْهُورُ الْأَكْبَرُ لِلْفِقْهِ الْمَذْهَبِيِّ وَالْفُرُوعِ الْمُقَرَّرَةِ، فتَقُولُ: لِمَنْ صُنِّفَ كُلُّ ذَلِكَ؟ وما وَجْهُ هَذَا الاعْتِنَاءِ الهائِلِ بِهِ؟ وَيَنْتَهِي الْعَجَبُ حِينَ تَرَى أنَّ مَنْ جَرَى عَلى طَرِيقَةِ الْحَنَفِيَّةِ فَإنَّما جَرَتْ أصُولُهُمْ عَلى ما يُشْبِهُ الإخْبَارَ عَنْ أصُولِ الْمَذْهَبِ، لَا لِتُسْتَعْمَلَ، وإِنَّما إظْهَارًا لِلْمَنْهَجِ الَّذِي اتُّبِعَ، وَقُضِيَ الأمْرُ. وَإن نَظَرْتَهُ عِنْدَ سِوَاهُمْ فَهُوَ إغْراقٌ في النَّظَرِيَّةِ، أكْبَرُ قادَتِها مِنْ عُلَماءِ الْكَلامِ، وإن كانَ لجَمْهَرَةٍ كَبِيرَةٍ مِنْهُمْ اعْتِنَاءٌ بِالْفِقْهِ، وَلَكِنَّكَ لا تكادُ تَرَى لِلْأصُولِ فِيهِ شَأنًا؛ فَأَحَدُهُمْ يَكُونُ في الأصُولِ مُتَكَلِّمًا نَظَّارًا، وَفي الْفُرُوعِ مُتَمَذْهِبًا مُسَلِّمًا مُنصاعًا إلى ما انْتَهَى إلَيْهِ الْمَذْهَبُ.

تَارِيخُ الاجْتِهَادِ

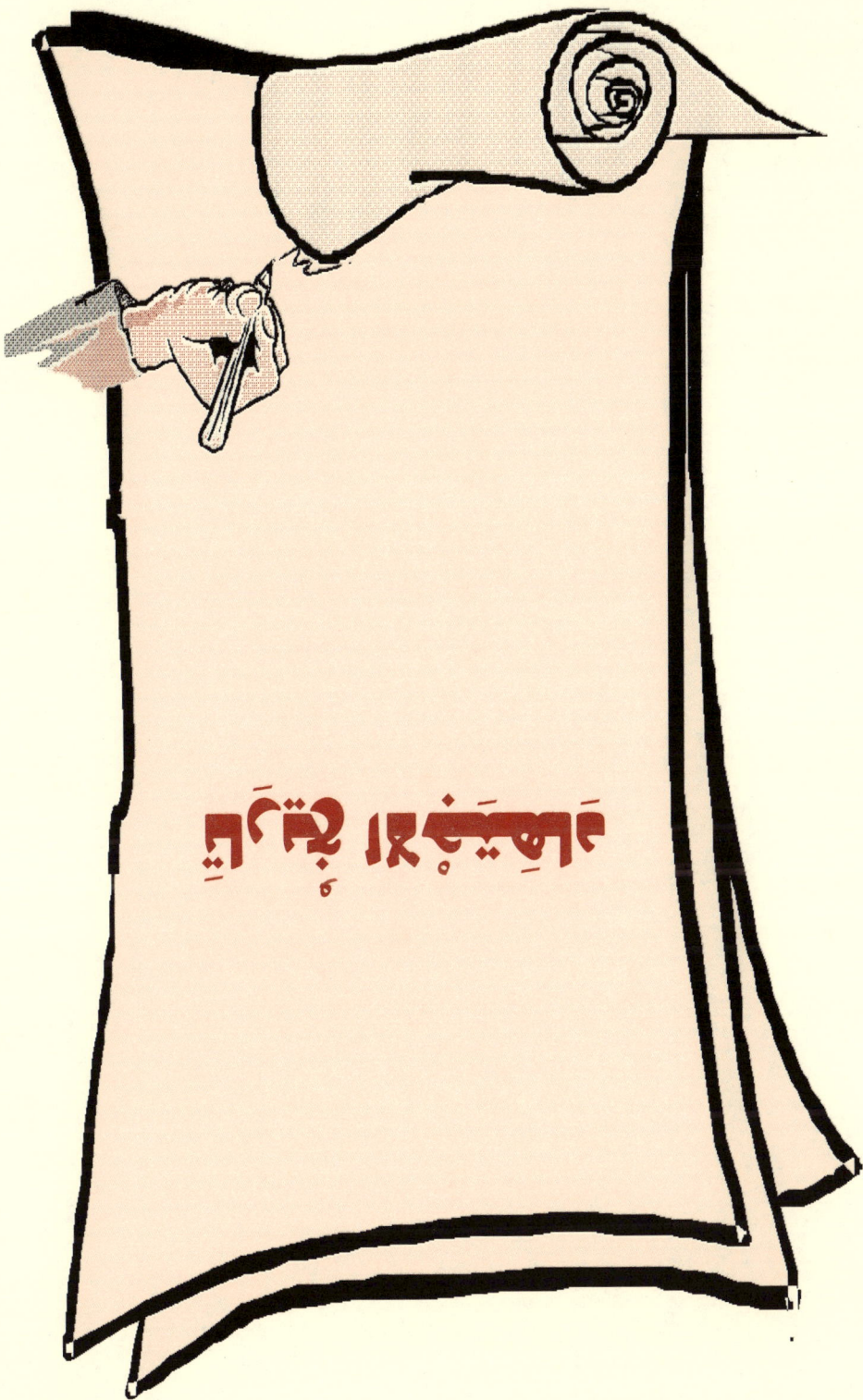

أَوَّلًا: الاجْتِهَادُ قَبْلَ الْمَذَاهِبِ

كانَ الاجْتِهَادُ وَاقِعًا في عَهْدِ التَّنْزِيلِ، فَقَدْ دَلَّتِ النُّصُوصُ الْمُتَوَاتِرَةُ كَثْرَةً عَلَى صِحَّةِ ذَلِكَ، وَهِيَ نَفْسُ الأَدِلَّةِ الَّتِي يُسْتَدَلُّ بِهَا لِمَشْرُوعِيَّةِ الاجْتِهَادِ لِمَنْ بَعْدَ عَهْدِ التَّنْزِيلِ مِنَ الْفُقَهَاءِ، كَذَلِكَ حُصُولُ الْكَثِيرِ مِنَ الْوَقَائِعِ الَّتِي فِيهَا الاجْتِهَادُ مِنَ النَّبِيِّ ﷺ، وَمِنْ بَعْضِ أَصْحَابِهِ فِي عَصْرِهِ، وَذَلِكَ فِي سِيَاقَيِ الاجْتِهَادِ: تَفْسِيرِ النَّصِّ، وَتَحْقِيقِ الْمَنَاطِ.

وَهَذِهِ قَضِيَّةٌ تَنَازَعَهَا الأُصُولِيُّونَ قَدِيمًا: فَمِنْهُمْ مَنْ أَثْبَتَ الاجْتِهَادَ لِلنَّبِيِّ ﷺ وَهُمُ الْجُمْهُورُ، وَمِنْهُمْ مَنْ نَفَى، وَمِنْهُمْ مَنْ فَصَّلَ فَأَثْبَتَهُ فِي طَرَفٍ وَنَفَاهُ فِي آخَرَ[١]، وَكَذَا الاجْتِهَادُ مِنْ بَعْضِ أَصْحَابِهِ فِي حَيَاتِهِ[٢]، وَالْخِلَافُ تَنْظِيرِيٌّ، وَالتَّحْقِيقُ أَنَّهُ لَا مَعْنَى لِلتَّنْظِيرِ الْمُجَرَّدِ فِي قَضِيَّةٍ تَارِيخِيَّةٍ تُثْبِتُ الْوَقَائِعُ حُصُولَهَا بِمَا لَا يَقْبَلُ الْقَدْحَ،

---

(١) انْظُرْ: الْبَحْر الْمُحِيط، لِلزَّرْكَشِيِّ (٢١٤/٦)؛ إِرْشَاد الْفُحُولِ، لِلشَّوْكَانِيِّ (١٠٤٥/٢).

(٢) انْظُرْ: الْبَحْر الْمُحِيط، لِلزَّرْكَشِيِّ (٢٢٠/٦)؛ إِرْشَاد الْفُحُولِ، لِلشَّوْكَانِيِّ (١٠٥٠/٢).

كَمَا أَنَّهُ مُقْتَضَى الْعُقُولِ، فَالاِجْتِهَادُ صَنْعَةٌ بَشَرِيَّةٌ يَدُلُّ التَّمَكُّنُ فِيهَا عَلَى بُلُوغِ الْمَقَامَاتِ الْعَلِيَّةِ، فَكَيْفَ يَجُوزُ فِي الْعَقْلِ أَنْ يَكُونَ أَوَّلُ مَنْ خُوطِبَ بِالْوَحْيِ لَا نَصِيبَ لَهُمْ فِيهِ وَهُمْ مُضْطَرُّونَ إِلَى فَهْمِ الْخِطَابِ، وَتَنْزِيلِهِ عَلَى الْوَقَائِعِ، وَتَطْبِيقِهِ فِي الْأَحْوَالِ الْمُخْتَلِفَةِ.

ثُمَّ الاِجْتِهَادُ فِي عَصْرِ الصَّحَابَةِ بَقِيَ حُرًّا مَرْجِعِيَّتُهُ النَّصُّ وَالْمَقْصِدُ وَالْعَقْلُ، وَأَمْثِلَتُهُ كَثِيرَةٌ جِدًّا لَا تَنْحَصِرُ، كَالْقَرَارِ الَّذِي اتُّخِذَ لِحَرْبِ الرِّدَّةِ، وَجَمْعِ الْقُرْآنِ، وَالْحُكْمِ فِي أَرْضِ السَّوَادِ، وَضَبْطِ التَّارِيخِ، وَاتِّخَاذِ الدَّوَاوِينِ، وَالْإِلْزَامِ بِطَلَاقِ الثَّلَاثِ، وَالتَّشْدِيدِ فِي عُقُوبَةِ الشَّارِبِ، وَغَيْرِ ذَلِكَ، وَكَانَ الْمُجْتَهِدُونَ كَثِيرِينَ فِي الصَّحَابَةِ، مِنْهُمْ عُمَرُ بْنُ الْخَطَّابِ، وَعَلِيُّ بْنُ أَبِي طَالِبٍ، وَعَبْدُاللهِ بْنُ مَسْعُودٍ، وَعَائِشَةُ أُمُّ الْمُؤْمِنِينَ، وَزَيْدُ بْنُ ثَابِتٍ، وَعَبْدُاللهِ بْنُ عَبَّاسٍ، وَعَبْدُاللهِ بْنُ عُمَرَ.

وَهَكَذَا كَانَ الاِجْتِهَادُ فِي عَصْرِ التَّابِعِينَ جَارِيًا فِي نَسَقِ اجْتِهَادِ الصَّحَابَةِ، وَبَرَزَ فِيهِ خَلْقٌ مِنْ تَلَامِذَةِ الصَّحَابَةِ، مِنْهُمْ: فُقَهَاءُ الْمَدِينَةِ السَّبْعَةُ: سَعِيدُ بْنُ الْمُسَيَّبِ، وَعُرْوَةُ بْنُ الزُّبَيْرِ، وَالْقَاسِمُ بْنُ مُحَمَّدِ بْنِ أَبِي بَكْرٍ، وَعُبَيْدُاللهِ بْنُ عَبْدِاللهِ بْنِ عُتْبَةَ، وَخَارِجَةُ بْنُ زَيْدِ بْنِ ثَابِتٍ، وَأَبُو بَكْرِ بْنُ عَبْدِالرَّحْمَنِ، وَسُلَيْمَانُ بْنُ يَسَارٍ. وَسِوَاهُمْ كَسَالِمِ بْنِ عَبْدِاللهِ بْنِ عُمَرَ، وَمُحَمَّدِ بْنِ عَلِيٍّ الْبَاقِرِ، وَمِنَ النِّسَاءِ: عَمْرَةُ بِنْتُ عَبْدِالرَّحْمَنِ. وَأَصْحَابُ عَبْدِاللهِ بْنِ عَبَّاسٍ، مِثْلُ: عَطَاءِ بْنِ أَبِي رَبَاحٍ، وَطَاوُسٍ الْيَمَانِيِّ، وَمُجَاهِدٍ الْمَكِّيِّ. وَأَصْحَابُ عَلِيِّ بْنِ أَبِي طَالِبٍ،

وَعَبْدِاللهِ بْنِ مَسْعُودٍ، مِثْلُ: عَلْقَمَةَ بْنِ قَيْسٍ، وَالأَسْوَدِ بْنِ يَزِيدَ، وَمَسْرُوقِ بْنِ الأَجْدَعِ، وَشُرَيْحٍ الْقَاضِي، وَأَبِي وَائِلٍ.

وَمِنْ سِوَاهُمْ مِنْ أَعْيَانِ الْمُجْتَهِدِينَ مِنْ أَئِمَّةِ التَّابِعِينَ: الْحَسَنُ الْبَصْرِيُّ، وَمُحَمَّدُ بْنُ سِيرِينَ، وَأَبُو الشَّعْثَاءِ جَابِرُ بْنُ زَيْدٍ، وَعَامِرٌ الشَّعْبِيُّ، وَمُحَمَّدُ بْنُ الْمُنْكَدِرِ، وَابْنُ أَبِي مُلَيْكَةَ.

وَبَعْدَ هَؤُلَاءِ أَعْيَانٌ مِنْ كِبَارِ الْفُقَهَاءِ: كَأَبِي بَكْرِ بْنِ حَزْمٍ، وَقَتَادَةَ السَّدُوسِيِّ، وَابْنِ شِهَابٍ الزُّهْرِيِّ، وَمَكْحُولٍ الشَّامِيِّ، وَعُمَرَ بْنِ عَبْدِالْعَزِيزِ، وَإِبْرَاهِيمَ النَّخَعِيِّ، وَأَبِي الزِّنَادِ، وَسُلَيْمَانَ الأَعْمَشِ، وَمَنْصُورِ بْنِ الْمُعْتَمِرِ، وَعَبْدِالْمَلْكِ بْنِ جُرَيْجٍ، وَرَبِيعَةَ الرَّأْيِ، وَحَمَّادِ بْنِ أَبِي سُلَيْمَانَ، وَالْحَكَمِ بْنِ عُتَيْبَةَ.

ثُمَّ الْفُقَهَاءُ مِنْ أَئِمَّةِ الاجْتِهَادِ قَبْلَ الْمَذَاهِبِ، كَجَعْفَرِ بْنِ مُحَمَّدٍ الصَّادِقِ، وَأَبِي حَنِيفَةَ، وَابْنِ أَبِي لَيْلَى، وَعَبْدِاللهِ بْنِ شُبْرُمَةَ، وَالْحَسَنِ بْنِ صَالِحٍ، وَسُفْيَانَ الثَّوْرِيِّ، وَمَالِكِ بْنِ أَنَسٍ، وَالأَوْزَاعِيِّ، وَاللَّيْثِ بْنِ سَعْدٍ، وَعَبْدِاللهِ بْنِ الْمُبَارَكِ، وَالشَّافِعِيِّ، وَأَبِي عُبَيْدٍ الْهَرَوِيِّ، وَأَحْمَدَ بْنِ حَنْبَلٍ، وَإِسْحَاقَ بْنِ رَاهُوَيْهِ، وَدَاوُدَ بْنِ عَلِيٍّ.

قَالَ الْمُزَنِيُّ تِلْمِيذُ الشَّافِعِيِّ: «الْفُقَهَاءُ مِنْ عَصْرِ رَسُولِ اللهِ ﷺ إِلَى يَوْمِنَا، وَهَلُمَّ جَرًّا، اسْتَعْمَلُوا الْمَقَايِيسَ فِي الْفِقْهِ فِي جَمِيعِ الأَحْكَامِ مِنْ أَمْرِ دِينِهِمْ، وَأَجْمَعُوا أَنَّ نَظِيرَ الْحَقِّ حَقٌّ،

وَنَظِيرَ الْبَاطِلِ بَاطِلٌ، فَلَا يَجُوزُ لِأَحَدٍ إِنْكَارُ الْقِيَاسِ؛ لِأَنَّهُ التَّشْبِيهُ بِالْأُمُورِ وَالتَّمْثِيلُ عَلَيْهَا»[١].

ثُمَّ جَاءَتِ الْمَذَاهِبُ، لِيَسْتَقِرَّ أَمْرُهَا أَثْنَاءَ الْمِئَةِ الرَّابِعَةِ، وَكَانَتْ مَدَارِسَ لِلتَّلَقِّي، وَلَكِنْ تَدَرَّجَ الْحَالُ بِالنَّاسِ لَتَقْتَصِرَ بَعْدُ كُلُّ مَدْرَسَةٍ عَلَى آلِيَّاتِ إِمَامِهَا فِي الْأُصُولِ، وَأَمْثِلَتِهِ فِي الْفِقْهِ، حَتَّى أَصْبَحَ ذَلِكَ غَايَةَ الْمَطْلُوبِ.

❋ ❋ ❋

---

(١) جَامِعُ بَيَانِ الْعِلْمِ وَفَضْلِهِ، لِابْنِ عَبْدِالْبَرِّ (رقم: ١٦٤٨).

ثَانِيًا: الاجْتِهَادُ بَعْدَ الْمَذَاهِب

قَالَ ابْنُ الصَّلَاحِ: «مُنْذُ دَهْرٍ طَوِيلٍ طُوِيَ بِسَاطُ الْمُفْتِي الْمُسْتَقِلِّ الْمُطْلَقِ وَالْمُجْتَهِدِ الْمُسْتَقِلِّ، وَأَفْضَى أَمْرُ الْفَتْوَى إِلَى الْفُقَهَاءِ الْمُنْتَسِبِينَ إِلَى أَئِمَّةِ الْمَذَاهِبِ الْمَتْبُوعَةِ»(١).

وَأَتْبَعَ ابْنُ الصَّلَاحِ ذَلِكَ بِذِكْرِ أَحْوَالِ الْمُفْتِينَ الْمُنْتَسِبِينَ لِلْمَذَاهِبِ، وَجَعَلَهُمْ عَلَى أَحْوَالٍ أَرْبَعٍ(٢):

أَوَّلُهَا: مَنْ سَلَكَ طَرِيقَ إِمَامٍ مِنَ الْأَئِمَّةِ كَأَبِي حَنِيفَةَ وَالشَّافِعِيِّ فِي الاجْتِهَادِ، وَلَيْسَ مُقَلِّدًا لِذَلِكَ الْإِمَامِ غَالِبًا، وَقَدْ يُقَلِّدُ فِي الشَّيْءِ، كَمَا يَكُونُ مِنْهُ الاسْتِقْلَالُ فِي الاجْتِهَادِ الجُزْئِيِّ.

ثَانِيهَا: مَنْ كَانَ مُجْتَهِدًا فِي مَذْهَبِ إِمَامِهِ، مُتَمَكِّنًا فِيهِ، يُقَرِّرُ مَذْهَبَهُ بِالدَّلِيلِ، لَكِنَّهُ لَا يَتَجَاوَزُ فِي أَدِلَّتِهِ أُصُولَ إِمَامِهِ وَقَوَاعِدَهُ، مَعَ عِلْمِهِ بِالفِقْهِ وَأُصُولِهِ، وَهِيَ صِفَةُ أَصْحَابِ الْوُجُوهِ وَالطُّرُقِ فِي الْمَذْهَبِ.

---

(١) فَتَاوَى ابْنِ الصَّلَاحِ (ص: ٢٩).

(٢) انظُرْ: فَتَاوَى ابْنِ الصَّلَاحِ (ص: ٢٩ ـ ٣٧).

وَقالَ في هَذا الصِّنْفِ: «الَّذِي رَأَيْتهُ مِنْ كَلَامِ الْأَئِمَّةِ يُشْعِرُ بِأَنَّ مَن كَانَتْ هَذِهِ حَالَتَهُ فَفَرْضُ الْكِفَايَةِ لَا يَتَأَدَّى بِهِ، وَوَجهُهُ أَنَّ مَا فِيهِ مِن التَّقْلِيدِ نَقْصٌ وخَلَلٌ فِي الْمَقْصُودِ»(١).

ثالِثُها: مَنْ كانَ فَقِيهَ النَّفْسِ حَافِظًا لِمَذْهَبِ إِمَامِهِ، عَارِفًا بِأَدِلَّتِهِ، يُحْسِنُ تَقرِيرَهَا وتَصْوِيرَهَا وَالْمُوازَنَةَ بينَها، لَكِنْ ليسَ له ما لأَهْلِ الحالِ السَّابقَةِ مِنَ التَّخْرِيجِ للوُجُوهِ لقُصورٍ فيهِ عَن دَرَجَتِهِم في الحِفْظِ والخِبرَةِ بالاستِنباطِ والتَّمَكُّنِ في الأصُولِ.

ورَابِعُها: مَنْ كانَ يُحسِنُ حِفْظَ الْمَذْهَبِ وَنَقْلَهُ وفَهْمَهُ، ولَكِنَّه غيرُ مُتمكِّنٍ في تَقريرِ أدِلَّتِه وتَحريرِ أقيِسَتِهِ، فمِثْلهُ يُعْتَمَدُ نَقْلُهُ وفَتْواهُ بما يَنقلُهُ، وَلا حَظَّ لَهُ في الاجتِهَادِ.

وَحَرَّرَتْ عِبارَةُ السُّيُوطِيِّ قِسْمَةَ الْمُجْتَهِدِينَ بَعْدَ الْمَذاهِبِ إِلَى ثَلاثَةٍ، إِلَيْكَها مَعَ بَعْضِ الإِضافَةِ:

الْأَوَّلُ: الْمُطلَقُ الْمُسْتَقِلُّ.

وهُوَ الَّذِي اسْتَقَلَّ بِقَواعِدَ لنَفْسِهِ، يَبْنِي عَلَيْها الْفِقْهَ خارِجًا عَنْ قَواعِدِ الْمَذاهِبِ الْمُقرَّرَة. وَهَذَا هُوَ الَّذِي عَرَّفَهُ ابْنُ الصَّلاحِ بِقَوْلِهِ: «المجتَهِدُ المسْتَقِلُّ هُوَ الَّذِي يَسْتَقِلُّ بِإِدْرَاكِ الْأَحْكَامِ الشَّرْعِيَّةِ من الْأَدِلَّةِ الشَّرْعِيَّةِ، مِنْ غير تَقْلِيدٍ وتَقَيُّدٍ بِمذهَبِ أحَدٍ»(٢).

(١) فَتاوى ابنِ الصَّلاحِ (ص: ٣٢).
(٢) فَتاوى ابنِ الصَّلاحِ (ص: ٢٦).

قَالَ السُّيُوطِيُّ: «وَهَذَا شَيْءٌ فُقِدَ مِنْ دَهْرٍ، بَلْ لَوْ أَرَادَهُ الإِنْسَانُ الْيَوْمَ لَامْتَنَعَ عَلَيْهِ وَلَمْ يَجُزْ لَهُ، نَصَّ عَلَيْهِ غَيْرُ وَاحِدٍ»[١].

وَهَذَا الْحُكْمُ بِالامْتِنَاعِ يُمْكِنُ تَصْوِيرُهُ بِأَنَّهُ لَيْسَ لِسَدِّ بَابِ الإِقْدَامِ عَلَيْهِ مَعَ الإِمْكَانِ، وَإِنَّمَا لِأَنَّهُمْ رَأَوْا أَنَّهُ مَا مِنْ أُسْلُوبٍ أَوْ طَرِيقٍ لِلاسْتِدْلَالِ إِلَّا وَقَدْ سَبَقَ إِلَيْهِ مَنْ تَقَدَّمَ، فَلَا حِيلَةَ لِاسْتِحْدَاثِ أَصْلٍ جَدِيدٍ أَوْ قَاعِدَةٍ لَمْ تُعْرَفْ قَبْلُ[٢]، وَإِنْ كَانَ السُّيُوطِيُّ أَثْبَتَ حُكْمًا تَكْلِيفِيًّا فِي الْمَنْعِ أَيْضًا.

قَالَ ابْنُ الْمُنَيِّرِ الإِسْكَنْدَرَانِيُّ الْمَالِكِيُّ: «أَتْبَاعُ الْأَئِمَّةِ الْآنَ الَّذِينَ حَازُوا شُرُوطَ الاجْتِهَادِ مُجْتَهِدُونَ، مُلْتَزِمُونَ أَنْ لَا يُحْدِثُوا مَذْهَبًا. أَمَّا كَوْنُهُمْ مُجْتَهِدِينَ فَلِأَنَّ الْأَوْصَافَ قَائِمَةٌ بِهِمْ، وَأَمَّا كَوْنُهُمْ مُلْتَزِمِينَ أَنْ لَا يُحْدِثُوا مَذْهَبًا، فَلِأَنَّ إِحْدَاثَ مَذْهَبٍ زَائِدٍ، بِحَيْثُ يَكُونُ لِفُرُوعِهِ أُصُولٌ وَقَوَاعِدُ مُبَايِنَةٌ لِسَائِرِ قَوَاعِدِ الْمُتَقَدِّمِينَ مُتَعَذِّرُ الْوُجُودِ؛ لِاسْتِيعَابِ الْمُتَقَدِّمِينَ سَائِرَ الْأَسَالِيبِ»[٣].

الثَّانِي: الْمُطْلَقُ غَيْرُ الْمُسْتَقِلِّ.

وَهُوَ الَّذِي وُجِدَتْ فِيهِ شُرُوطُ الاجْتِهَادِ الَّتِي اتَّصَفَ بِهَا الْمُجْتَهِدُ الْمُسْتَقِلُّ، لَكِنَّهُ لَمْ يَبْتَكِرْ لِنَفْسِهِ قَوَاعِدَ، بَلْ سَلَكَ طَرِيقَةَ إِمَامٍ مِنْ أَئِمَّةِ الْمَذَاهِبِ فِي الاجْتِهَادِ.

---

(١) الرَّدُّ عَلَى مَنْ أَخْلَدَ إِلَى الْأَرْضِ، لِلسُّيُوطِيِّ (ص: ١١٣).

(٢) انْظُر: الْوُصُولُ إِلَى الْأُصُولِ، لِابْنِ بَرْهَانَ (٣٥٢/٢).

(٣) نَقَلَهُ الزَّرْكَشِيُّ فِي «الْبَحْرِ الْمُحِيطِ» (٢٨٥/٦)؛ وَالسُّيُوطِيُّ فِي «الرَّدِّ عَلَى مَنْ أَخْلَدَ إِلَى الْأَرْضِ» (ص: ١١٣).

وهَذَا الصِّنْفُ يَسْتَوْعِبُ الْمُجْتَهِدِينَ مِنْ فُقَهاءِ الْمَذاهِبِ مِمَّن جَرَوا عَلى قَواعِدِ وأُصولِ الْمَذْهَبِ، لَكِنْ لَهُمْ آراؤُهُمُ الَّتِي تَمَيَّزوا بِها عَنْ آراءِ إمامِ الْمَذْهَبِ، وَهُمُ الْمَرْتَبَةُ الْعُلْيَا مِنَ الْمُنْتَسِبِينَ إلى الْمَذاهِبِ الْمَتْبُوعَةِ، وَيُمَثَّلُ لهُمْ بمُحَمَّدِ بْنِ الحَسَنِ صَاحِبِ أبي حَنِيفَةَ، وَابْنِ القاسِمِ صَاحِبِ مَالكٍ، وَالْمُزَنِيِّ صَاحِبِ الشَّافِعِيِّ، ونَحْوِهِمْ.

وفِي مِثْلِ هَؤُلَاءِ يَقُولُ الرَّافِعِيُّ: «وَإِنَّمَا يُنْسَبُ هَؤُلَاءِ إلى الشَّافِعِيِّ رضي الله عنه وَغَيْرِهِ؛ لِأَنَّهُمْ يَجْرُونَ عَلى طَرِيقَتِهِ في الاجْتِهادِ وَاسْتِعْمالِ الأَدِلَّةِ وَتَرْتِيبِ بَعْضِهَا عَلى بَعْضٍ، وَيُوافِقُ اجْتِهادُهُمُ اجْتِهادَ مُمَهِّدِي تِلْكَ الطُّرُقِ، وَإِذَا خَالَفَ أَحْيانًا لم يُبالُوا بِالْمُخالَفَةِ، وهَذا كَما أَنَّ الشَّافِعِيَّ رضي الله عنه يَقُولُ في كَلامِهِ: وَقَالَ بَعْضُ أَصْحَابِنا وَيُرِيدُ بِهِ مالِكًا؛ لِتَوافُقِهِمَا عَلى اتِّباعِ السُّنَّةِ الْمَأْثُورَةِ عَنْ رَسُولِ اللهِ ﷺ»[1].

وَالثَّالِثُ: الْمُقَيَّدُ.

وهَؤُلَاءِ هُمْ أَصْحابُ الْمَرْتَبَةِ الثَّانِيَةِ فِي تَقْسِيمِ ابْنِ الصَّلاحِ، وَمَنْ قَارَبَهُمْ، وصِفَةُ اجْتِهادِ أَحَدِهِمْ أَنَّهُ: «إِذَا سُئِلَ عَنْ حادِثَةٍ نَظَرَ في نُصُوصِ إمامِهِ كنَظَرِ الْمُطْلَقِ في أُصُولِ الشَّرْعِ، فإذا لم يَجِدْ لإمامِهِ في المسأَلَةِ نصًّا قاسَ على أُصولِهِ وخَرَّجَ عَلَيْها»[2].

---

(١) فَتح الْعَزيز، للرَّافِعِيِّ (١٢/٤٢٢).

(٢) قَمْع أهل الزَّيْغ والإلحادِ عَنِ الطَّعْنِ في تَقليدِ أئمَّةِ الاجتِهادِ، لِلجَكَنيِّ (ص: ٢١).

وَحِينَ رَأَى السُّيُوطِيُّ أَنَّ هَذَا الصِّنْفَ قَصَرُوا عَنْ دَرَجَةِ الْمُجْتَهِدِ الْمُطْلَقِ غَيْرِ الْمُسْتَقِلِّ لِأَجْلِ قُصُورِ مَعْرِفَتِهِمْ بِالْحَدِيثِ وَالْعَرَبِيَّةِ ـ عَلَى مَا عَبَّرَ عَنْهُ ابْنُ الصَّلَاحِ [١] ـ، وَأَنَّهُ ـ أَعْنِي السُّيُوطِيَّ ـ لَا يُجَارِيهِ أَحَدٌ فِي عَصْرِهِ عَلَى وَجْهِ الْأَرْضِ كُلِّهَا فِي مَعْرِفَةِ ذَلِكَ مَعَ مَعْرِفَتِهِ بِمَذْهَبِ الشَّافِعِيِّ، ادَّعَى لِنَفْسِهِ رُتْبَةَ الاجْتِهَادِ الْمُطْلَقِ [٢].

❊ ❊ ❊

---

(١) انْظُرْ: فَتَاوَى ابْنِ الصَّلَاحِ (ص: ٣٢).

(٢) انْظُرْ: الرَّدَّ عَلَى مَنْ أَخْلَدَ إِلَى الْأَرْضِ، لِلسُّيُوطِيِّ (ص: ١١٦).

هَلْ لِلْمُقَلِّدِ أَنْ يُفْتِيَ؟

قالَ أَبُو مُحَمَّدٍ عَبْدُاللهِ بْنُ إِبْرَاهِيمَ الأَصِيلِيُّ شَيْخُ المالِكِيَّةِ (ت: ٣٩٢هـ): قالَ لي الأَبْهَرِيُّ أبُو بَكرٍ محمَّدُ بْنُ صالحٍ: كَيْفَ صِفَةُ الفَقِيهِ عِنْدَكُم بالأَنْدَلُسِ؟ فَقُلْتُ لَهُ: يَقْرَأُ المدَوَّنَةَ، ورُبَّما الْمُسْتَخْرَجَةَ، فإذا حَفِظَ مَسائِلَهُما أَفْتى. فَقالَ لي: هَذا ما هُوَ! فقُلْتُ لَهُ: نَعَمْ. فَقالَ لي: أجمعَتِ الأمَّةُ على أنَّ مَن هَذِهِ صِفَتُهُ لا يَحِلُّ له أن يُفْتِيَ[1].

وَهَذَا يَتَّفِقُ مَعَ قَوْلِ مَن قالَ: رُتْبَةُ الفَتْوَى هِيَ رُتْبَةُ الاجْتِهادِ، أَمَّا الْمُقَلِّدُ وَمَنْ لَمْ يَبْلُغْ رُتْبَةَ الاجْتِهَادِ فَلا يَحِلُّ لهُ أن يُفْتِيَ.

قالَ ابنُ حَزْمٍ فِيمَنْ أخَذَ الْمَسائِلَ تَقْلِيدًا: «لا يَحِلُّ لمسْلِمٍ أن يَسْتَفْتِيَهُ، وَلا يَحِلُّ له أن يُفْتِيَ بَيْنَ اثْنَيْنِ، ولا يَحِلُّ للإمامِ أن يُوَلِّيَهُ قَضاءً ولا حُكْمًا أصلًا، وَلا يَحِلُّ له إن قُلِّدَ ذلكَ أن يَحْكُمَ بَيْنَ اثْنَيْنِ»[2].

---

(١) أَخرَجَهُ ابْنُ حَزْمٍ فِي «الإِحْكَام في أُصُولِ الأَحْكام» (١٢٩/٥)، والأبهَرِيُّ هَذا هُو شَيخُ المالكِيَّةِ ببَغدادَ، وكانَ من الفُقَهاءِ العُلَماءِ بالسُّنَنِ (ت: ٣٧٥هـ).

(٢) الإِحْكَام في أُصُولِ الأَحْكامِ، لِابن حَزْمٍ (١٢٨/٥).

وَحَكَى السُّبْكِيُّ عَنْ أَبِي إِسْحَاقَ الْإِسْفِرَايِينِيِّ إِجْمَاعَ الشَّافِعِيَّةِ أَنَّ شَخْصًا «لَوْ حَفِظَ مَذْهَبَ الْأَئِمَّةِ مِنْ دَفْتَرِهِمْ، ثُمَّ أَرَادَ أَنْ يَحْكُمَ بِهِ وَيُفْتِيَ، لَمْ يَكُنْ لَهُ ذَلِكَ؛ لِأَنَّهُ جَاهِلٌ بِدَلِيلِ هَذَا الْمَذْهَبِ»(١).

وَقَالَ ابْنُ الصَّلَاحِ بَعْدَ أَنْ ذَكَرَ عَنْ بَعْضِ أَعْيَانِ الشَّافِعِيَّةِ الْقَوْلَ بِمَنْعِ الْمُقَلِّدِ أَنْ يُفْتِيَ بِمَا هُوَ مُقَلِّدٌ فِيهِ: «وَذَكَرَ الشَّيْخُ أَبُو مُحَمَّدٍ الْجُوَيْنِيُّ فِي شَرْحِهِ لِرِسَالَةِ الشَّافِعِيِّ عَنْ شَيْخِهِ أَبِي بَكْرٍ الْقَفَّالِ الْمَرْوَزِيِّ أَنَّهُ يَجُوزُ لِمَنْ حَفِظَ مَذْهَبَ صَاحِبِ مَذْهَبٍ وَنُصُوصَهُ أَنْ يُفْتِيَ بِهِ وَإِنْ لَمْ يَكُنْ عَارِفًا بِغَوَامِضِهِ وَحَقَائِقِهِ(٢). وَخَالَفَهُ الشَّيْخُ أَبُو مُحَمَّدٍ وَقَالَ: لَا يَجُوزُ أَنْ يُفْتِيَ بِمَذْهَبِ غَيْرِهِ إِذَا لَمْ يَكُنْ مُتَبَحِّرًا فِيهِ عَالِمًا بِغَوَامِضِهِ وَحَقَائِقِهِ، كَمَا لَا يَجُوزُ لِلْعَامِّيِّ الَّذِي جَمَعَ فَتَاوَى الْمُفْتِينَ أَنْ يُفْتِيَ بِهَا، وَإِذَا كَانَ مُتَبَحِّرًا بِهَا جَازَ أَنْ يُفْتِيَ بِهَا». وَعَلَّقَ عَلَى ذَلِكَ ابْنُ الصَّلَاحِ بِقَوْلِهِ: «قَوْلُ مَنْ قَالَ: لَا يَجُوزُ أَنْ يُفْتِيَ بِذَلِكَ. مَعْنَاهُ: أَنَّهُ لَا يَذْكُرُهُ فِي صُورَةِ مَا يَقُولُهُ مِنْ عِنْدِ نَفْسِهِ، بَلْ يُضِيفُهُ إِلَى غَيْرِهِ وَيَحْكِيهِ عَنْ إِمَامِهِ الَّذِي قَلَّدَهُ، فَعَلَى هَذَا مَنْ عَدَدْنَاهُ فِي أَصْنَافِ الْمُفْتِينَ مِنَ الْمُقَلِّدِينَ، لَيْسُوا عَلَى الْحَقِيقَةِ مِنَ الْمُفْتِينَ،

(١) حَكَاهُ السُّيُوطِيُّ فِي «الرَّدِّ عَلَى مَنْ أَخْلَدَ إِلَى الْأَرْضِ» (ص: ١١٨).

(٢) وَنَقَلَ الْبَغَوِيُّ فِي «التَّهْذِيبِ» (١/١٣١) عَنْ شَيْخِهِ الْقَاضِي حُسَيْنٍ، عَنْ شَيْخِهِ الْقَفَّالِ، قَالَ: «مَنْ يَتَبَحَّرُ فِي مَذْهَبِ وَاحِدٍ مِنْ أَئِمَّةِ السَّلَفِ، وَلَمْ يَبْلُغْ رُتْبَةَ الِاجْتِهَادِ، يَجُوزُ أَنْ يُفْتِيَ عَلَى مَذْهَبِ ذَلِكَ الْإِمَامِ، فَيَكُونُ الْمُسْتَفْتِي مُقَلِّدًا لِذَلِكَ الْإِمَامِ». وَقَالَ الْقَاضِي حُسَيْنٌ بَعْدَهُ: «وَلَهُ أَنْ يُخَرِّجَ عَلَى أُصُولِهِ إِنْ لَمْ يَجِدْ لَهُ تِلْكَ الْوَاقِعَةَ». فَعَلَّقَ عَلَيْهِ الْبَغَوِيُّ بِقَوْلِهِ: «وَهَذَا أَحْسَنُ، خُصُوصًا فِي هَذَا الزَّمَانِ الَّذِي قَصَرَتْ فِيهِ الْهِمَمُ عَنِ التَّعَلُّمِ».

وَلَكِنَّهُمْ قَامُوا مَقَامَ الْمُفْتِينَ وَأَدَّوْا عَنْهُمْ، فَعُدُّوا مَعَهُمْ»(١).

وهَذَا وَجْهُ عَدَمِ الاعْتِدَادِ بِمَنْ هَذِهِ صِفَتُهُ فِي الْخِلَافِ وَالإِجْمَاعِ، كَمَا قالَ الرَّازِيُّ: «لَا عِبْرَةَ بِالفَقِيهِ الحافِظِ لِلأَحْكَامِ وَالمذاهِبِ إِذَا لم يَكُنْ مُتَمَكِّنًا مِنَ الاجْتِهادِ»(٢).

وَقالَ العِزُّ بْنُ عَبْدِالسَّلَامِ في فَتْوَى الْمُقَلِّدِ: «إِنَّهُ حامِلُ فِقْهٍ، لَيْسَ بِمُفْتٍ وَلَا فَقِيهٍ، بَلْ هُوَ كَمَنْ يَنْقُلُ فَتْوَى عَنْ إِمامٍ مِنَ الأَئِمَّةِ، لَا يُشْتَرَطُ فِيهِ إِلَّا الْعَدَالَةُ وَفَهْمُ مَا يَنْقُلُهُ»(٣).

وقَدْ جَرَى بَعْضُ الفُقَهاءِ عَلى التَّفْرِيقِ بَيْنَ الرُّتْبَتَيْنِ؛ لأَنَّ مِنْهُمْ مِنْ مَنَحَ حَقَّ الإِفْتاءِ لِمَنْ كَانَ بَصِيرًا بِفُرُوعِ الْمَذْهَبِ الْمُعَيَّنِ، وَحِينَ أَتَى الغَزَّالِيُّ في «الْوَسِيطِ» عَلى ما يُوهِمُ التَّفْرِيقَ بَيْنَ الْمَنصِبَيْنِ، تَعَقَّبَهُ ابْنُ الرِّفْعَةِ فَقالَ: «الْمُرادُ بِرُتْبَةِ الْفَتْوَى رُتْبَةُ الاجْتِهادِ»(٤)، وَقالَ الشَّافِعِيَّةُ في شُرُوطِ الْمُفْتِي: «وَيُشْتَرَطُ فِيهِ أَهْلِيَّةُ الاجْتِهادِ»(٥).

وَلا شَكَّ أَنَّهُمْ رُبَّما أعادُوا ذَلِكَ إِلى الاجْتِهادِ في قِسْمَيْهِ:

---

(١) فَتاوى ابنِ الصَّلاحِ (ص: ٣٨ ـ ٣٩).

(٢) الْمَحْصُول، لِلرَّازِي (١٩٨/٤).

(٣) نَقَلَهُ السُّيُوطِيُّ في «الرَّدِّ على مَنْ أَخْلَدَ إلى الأرْضِ» (ص: ٩٢).

(٤) انْظُرْ: الوَسِيط، لِلغَزَّالِيِّ (١٠/٧). وتَعَقُّبُ ابْنِ الرِّفْعَةِ في كِتابِهِ: «الْمَطْلَب العالِي في شَرْحِ وَسِيطِ الغَزَّالِيِّ»، وعَنْهُ نَقَلَ السُّيُوطِيُّ ذلكَ في «الرَّدِّ على مَنْ أَخْلَدَ إلى الأرْضِ» (ص: ٧٣، ٧٨).

(٥) انْظُرْ: فَتْحَ الْعَزِيزِ، للرَّافِعِيِّ (٤٢٠/١٢)؛ رَوضَةَ الطَّالِبِين، لِلنَّوَوِيِّ (٩٩/١١).

الْمُطْلَقِ وَالْمُقَيَّدِ، كَمَا لَخَّصَ النَّوَوِيُّ ذَلِكَ فَقَالَ: «إِنَّ الْمُجْتَهِدَ فِي الشَّرْعِ مُطْلَقًا يُفْتِي، وَإِنَّ الْمُتَبَحِّرَ فِي مَذْهَبِ بَعْضِ الْأَئِمَّةِ الْمُجْتَهِدِينَ يُفْتِي أَيْضًا عَلَى الصَّحِيحِ»[١].

وَقَدْ سُئِلَ الْعِزُّ بْنُ عَبْدِالسَّلَامِ عَنْ شَرْطِ مَنْصِبِ الْفُتْيَا، فَأَجَابَ: «يُشْتَرَطُ فِي الْمُفْتِي وَالْحَاكِمِ أَنْ يَكُونَ مُجْتَهِدًا فِي أُصُولِ الشَّرِيعَةِ، عَارِفًا بِمَآخِذِ الْأَحْكَامِ، فَإِنْ عَجَزَ عَنْ ذَلِكَ فَلْيَكُنْ مُجْتَهِدًا فِي مَذْهَبٍ مِنَ الْمَذَاهِبِ، فَإِنْ عَجَزَ عَنْ ذَلِكَ فَلَهُ أَنْ يُفْتِيَ بِمَا يَتَحَقَّقُهُ وَلَا يَشُكُّ فِيهِ وَمَا يَبْرَحُ عَنْ ذَلِكَ، فَإِنْ كَانَ خَطَؤُهُ فِيهِ بَعِيدًا نَادِرًا جَازَ لَهُ الْفَتْوَى وَالْحُكْمُ، وَإِلَّا فَلَا»[٢].

وَهَكَذَا سُئِلَ أَبُو الْوَلِيدِ بْنُ رُشْدٍ الْكَبِيرُ: هَلْ يَجُوزُ أَنْ يُسْتَفْتَى مَنْ قَرَأَ الْكُتُبَ الْمُسْتَعْمَلَةَ، مِثْلَ الْمُدَوَّنَةِ وَالْعُتْبِيَّةِ، دُونَ رِوَايَةٍ، أَوِ الْكُتُبَ الْمُتَأَخِّرَةَ الَّتِي لَا تُوجَدُ بِهَا رِوَايَاتٌ، أَمْ لَا؟ فَكَانَ جَوَابُهُ: «مَنْ قَرَأَ الْكُتُبَ الَّتِي ذُكِرَتْ، وَتَفَقَّهَ فِيهَا عَنِ الشُّيُوخِ، وَفَهِمَ مَعَانِيَهَا، وَعَرَفَ الْأُصُولَ الَّتِي بُنِيَتْ عَلَيْهَا مَسَائِلُهَا مِنَ الْكِتَابِ وَالسُّنَّةِ وَالْإِجْمَاعِ، وَأَحْكَمَ وَجْهَ النَّظَرِ وَالْقِيَاسِ، وَلَمْ يَخْفَ عَلَيْهِ نَاسِخُ الْقُرْآنِ مِنْ مَنْسُوخِهِ، وَلَا سَقِيمُ السُّنَّةِ مِنْ صَحِيحِهَا، إِذَا نَظَرَ فِيهَا وَكَانَ مَعَهُ مِنَ اللِّسَانِ مَا يُفْهَمُ بِهِ مَعْنَى الْخِطَابِ، جَازَ أَنْ يُسْتَفْتَى فِيمَا يَنْزِلُ مِنَ النَّوَازِلِ الَّتِي لَا نَصَّ فِيهَا، فَيُفْتِي فِيهَا بِاجْتِهَادٍ.

---

(١) رَوْضَةُ الطَّالِبِينَ، لِلنَّوَوِيِّ (١٠/٢٢٣).
(٢) الْفَتَاوَى، لِلْعِزِّ بْنِ عَبْدِالسَّلَامِ (ص: ٩١).

وَمَنْ لَمْ يَلْحَقْ بِهَذِهِ الدَّرَجَةِ فَلَا يَصِحُّ أَنْ يُسْتَفْتَى فِي الْمُجْتَهَدَاتِ الَّتِي لَا نَصَّ فِيهَا، وَلَا يَجُوزُ أَنْ يُفْتِيَ بِرَأْيِهِ فِي شَيْءٍ مِنْهَا، إِلَّا أَنْ يُخْبِرَ بِرِوَايَةٍ عَنْ عَالِمٍ، فَيُقَلَّدَ فِيمَا يُخْبِرُ بِهِ مِنْ حُجَّةٍ نَقَلَهَا عَنْهُ، وَإِنْ كَانَ فِيهَا اخْتِلَافٌ بَيْنَهُمْ أَخْبَرَ بِالَّذِي تَرَجَّحَ عِنْدَهُ مِنْ ذَلِكَ، وَإِنْ كَانَ مِمَّنْ لَهُ فَهْمٌ وَمَعْرِفَةٌ بِوُجُوهِ التَّرْجِيحِ بَيْنَ الرِّوَايَاتِ، جَازَ لِلْحَاكِمِ أَنْ يَقْضِيَ بِقَوْلِهِ إِذَا لَمْ يَجِدْ سِوَاهُ، مِمَّنْ كَمُلَتْ لَهُ آلَاتُ الِاجْتِهَادِ، وَكَانَ لِلْقَاضِي أَنْ يُقَلِّدَهُ أَيْضًا حِينَئِذٍ فِي فَتْوَاهُ. وَإِنْ لَمْ يَتَفَقَّهْ فِيمَا قَرَأَ، فَلَا يَجُوزُ أَنْ يُسْتَفْتَى، وَلَا يَحِلُّ لَهُ هُوَ أَنْ يُفْتِيَ»[١].

فَهَكَذَا أَصْبَحَ أَغْلَبُ مَا يَعُودُ إِلَيْهِ تَفْعِيلُ الِاجْتِهَادِ بَعْدَ اسْتِقْرَارِ الْمَذَاهِبِ هُوَ الِاجْتِهَادَ فِي إِطَارِ الْمَذْهَبِ الْمُعَيَّنِ، وَهُوَ مَا أَوْجَبُوهُ عَلَى مَنْ يَتَعَرَّضُ لِلْإِفْتَاءِ أَوِ الْقَضَاءِ.

وَعَلَيْهِ، فَلَمَّا أُصِّلَ لِعُسْرِ الِاجْتِهَادِ الْمُسْتَقِلِّ الْمُطْلَقِ، انْتُهِيَ بَعْدُ إِلَى وَصْفِ مَنْ لَمْ يَكُنْ لَهُ مِنْ شَرَائِطِهِ شَيْءٌ، سِوَى أَنَّهُ يَدْرُسُ مَذْهَبًا وَيُحْسِنُ حِفْظَ فُرُوعِهِ، كَمَا قِيلَ: «مَنْ حَفِظَ الْمَبْسُوطَ كَانَ مُجْتَهِدًا»، وَهُوَ مَبْسُوطُ مُحَمَّدِ بْنِ الْحَسَنِ الشَّيْبَانِيِّ الَّذِي يُعْرَفُ بِالْأَصْلِ، فِي فِقْهِ الْحَنَفِيَّةِ، قَالَ الشَّاهُ الدَّهْلَوِيُّ: «وَإِنْ لَمْ يَكُنْ لَهُ عِلْمٌ بِالرِّوَايَةِ أَصْلًا، وَلَا بِحَدِيثٍ وَاحِدٍ»[٢].

❋ ❋ ❋

(١) مَسَائِلُ أَبِي الْوَلِيدِ بْنِ رُشْدٍ (١١٣٩/٢).

(٢) الْإِنْصَافُ فِي بَيَانِ أَسْبَابِ الِاخْتِلَافِ، لِلدَّهْلَوِيِّ (ص: ٦١).

انْحِسَارُ الاجْتِهَادِ

نَفَتْ طائِفَةٌ وُجُودَ الاجتِهادِ الْمُسْتَقِلِّ أو الْمُطْلَقِ مُنْذُ عَهْدٍ بَعْيدٍ، حَتَّى نَقَلَ ابْنُ الصَّلاحِ عَنْ بَعْضِ الشَّافِعِيَّةِ أَنَّهُ لا يُوجَدُ بَعْدَ الشَّافِعِيِّ مُجْتَهِدٌ مُسْتَقِلٌّ، وتَنازَعُوا أمرَهُمْ بَيْنَهُمْ في مِثْلِ أبي يُوسُفَ وَالْمُزَنِيِّ وَابْنِ سُرَيْجٍ: هَل كَانُوا مِنَ الْمُجْتَهِدِينَ المستَقِلِّينَ، أَو من الْمُجْتَهِدِينَ فِي الْمذاهِبِ، قَالَ ابْنُ الصَّلاحِ: «وَلَا يُنْكَرُ دَعْوَى ذَلِكَ فِيهم فِي فَنٍّ مِنَ الْفِقْهِ دُونَ فَنٍّ»[1]، يُشِيرُ إلى الاجتِهَادِ الجُزئِيِّ.

وَالَّذِي يَظْهَرُ لِلْمُتَأَمِّلِ في خِلَافِهِمْ أَنَّ قَضِيَّةَ الاسْتِقْلَالِ مَسْأَلَةٌ نِسْبِيَّةٌ، وتَقَرِيبُ ذَلِكَ بِالنَّظَرِ إِلَى نُشُوءِ الْمَدَارِسِ الْفِقْهِيَّةِ فِي أَوَّلِ أمْرِهَا، وَلْنُمَثِّلْ لَهُ بِالإمامِ أَبِي حَنِيفَةَ، فاعْتِبارُهُ مُسْتَقِلًّا لَم يَعْنِ أَنَّهُ بَدَأَ مِنْ فَراغٍ، بَلْ كانَ امْتِدَادًا لِمَدْرَسَةٍ مَوْجُودَةٍ قائِمَةٍ، وَهِيَ مَدْرَسَةُ الرَّأْيِ الْكُوفِيَّةُ، فَهُوَ تِلْمِيذُ مَدْرَسَةِ حَمَّادِ بْنِ أَبِي سُلَيْمانَ، الَّذِي هُوَ تِلْمِيذُ مَدْرَسَةِ إبْراهِيمَ النَّخَعِيِّ وَأَضْرَابِهِ، وَالَّتِي مُنْتَهاها إلى عَبْدِاللهِ بْنِ مَسْعُودٍ وَغَيْرِهِ مِمَّنْ كانَ بِالْكُوفَةِ مِنْ أَصْحابِ النَّبِيِّ ﷺ،

(١) فَتاوى ابنِ الصَّلاحِ (ص: ٣١). وانظُرْ: الْبَحْر الْمُحِيط، للزَّرْكَشِيِّ (٦/٢١٢).

وَلَمْ يَنْفَكَّ أَبُو حَنِيفَةَ عَنِ التَّأَثُّرِ بِهَذِهِ الْمَدْرَسَةِ، لَكِنَّهُ حَرَّرَ الْمَسَائِلَ وَأَصَّلَ وَفَصَّلَ عَلَى مَنْهَجٍ مُطَّرِدٍ غَالِبٍ.

فَمَنْ جَرَى عَلَى طَرِيقَتِهِ وَتَتَلْمَذَ فِي مَدْرَسَتِهِ، كَأَبِي يُوسُفَ وَمُحَمَّدِ بْنِ الْحَسَنِ وَزُفَرَ وَعَافِيَةَ الْقَاضِي وَسِوَاهُمْ بَعْدَهُمْ كَالطَّحَاوِيِّ وَالْكَرْخِيِّ وَالنَّسَفِيِّ وَالسَّرْخَسِيِّ وَابْنِ الْهُمَامِ، فَإِنَّما انْتَهَى إِلَى ذَلِكَ بِما قَامَ لَهُ عَلَيْهِ مِنَ الدَّلَائِلِ، لَمْ يَكُنْ حَبِيسًا عَلَى رَأْيِهِ، لَكِنَّهُ فِي إِطَارِ مَنْهَجِ تِلْكَ الْمَدْرَسَةِ كَما كَانَ أَبُو حَنِيفَةَ نَفْسُهُ فِي إِطَارِ تِلْكَ الْمَدْرَسَةِ، وَإِنَّما بَرَزَ الانْتِماءُ لِأَبِي حَنِيفَةَ لاسْتِقْرَارِ الْقَوَاعِدِ وَالأُصُولِ، وَاتِّباعِ مَنْ بَعْدَهُ مِنْ أَصْحابِهِ لِمَنْهَجِهِ.

وَهَكَذَا كَانَ أَصْحابُ الإِمَامِ مَالِكِ بْنِ أَنَسٍ، كَابْنِ الْقَاسِمِ، وَابْنِ وَهْبٍ، وَابْنِ الماجِشُونِ، وَأَشْهَبَ، وَأَصْبَغَ، وَغَيْرِهِمْ، وَمِمَّن جَاءَ بَعْدُ خَلْقٌ كَثِيرٌ: كَإِسْماعِيلَ الْقَاضِي، وَالْقَاضِي عَبْدِالْوَهَّابِ، وَابْنِ عَبْدِالْبَرِّ، وَأَبِي الْحَسَنِ اللَّخْمِيِّ، وَأَبِي عَبْدِاللهِ المازِرِيِّ، وَابْنِ الْعَرَبِيِّ، وَابْنِ رُشْدِ الْكَبِيرِ.

وَأَصْحابُ الإِمَامِ الشَّافِعِيِّ كَالْمُزَنِيِّ، وَالْبُوَيْطِيِّ، وَأَبِي ثَوْرٍ، وَمَنْ ضَرَبَ بِنَصِيبٍ وَافِرٍ فِي الاجْتِهادِ مِنْ طَبَقَاتٍ تَالِيَةٍ كَالْمُحَمَّدِينَ: ابْنِ خُزَيْمَةَ، وَابْنِ جَرِيرٍ، وَابْنِ الْمُنْذِرِ، وَابْنِ نَصْرٍ، وكَابْنِ سُرَيْجٍ، وَأَبِي مُحَمَّدِ الْجُوَيْنِيِّ، وَابْنِهِ أَبِي الْمَعالِي، وَالْقَاضِي حُسَيْنٍ، وَالْبَغَوِيِّ، وَالْغَزَّالِيِّ، وَالْعِزِّ بْنِ عَبْدِالسَّلامِ، وابْنِ دَقِيقِ الْعِيدِ، وَخَلائِقَ سِوَاهُمْ.

وَأَصْحابُ الإِمَامِ أَحْمَدَ بْنِ حَنْبَلٍ، كَأَبِي بَكْرٍ الأَثْرَمِ،

وَأَبِي دَاوُدَ السِّجِسْتَانِيِّ، وَمَنْ بَعْدَ الطَّبَقَةِ الأُولَى مِنْهُمْ كَأَبِي بَكْرٍ الْخَلَّالِ، وَأَبِي الْقَاسِمِ الْخِرَقِيِّ، وَأَبِي يَعْلَى الْفَرَّاءِ، وَأَبِي الْوَفَاءِ بْنِ عَقِيلٍ، إِلَى تَقِيِّ الدِّينِ ابْنِ تَيْمِيَّةَ، وَمَنْ بَعْدَهُ مِنْ أَعْيَانِ مُجْتَهِدِيهِمْ.

كُلُّ هَؤُلَاءِ وَسِوَاهُمْ، فِي أَزْمَانِهِمْ وَبَعْدَهُمْ، مِنْ أَتْبَاعِ مَذَاهِبِ الْفُقَهَاءِ، كَانَتْ لَهُمْ آرَاؤُهُمْ وَاخْتِيَارَاتُهُمْ وَمُشَارَكَتُهُمْ فِي الِاجْتِهَادِ، وَلَكِنْ فِي إِطَارِ أُصُولِ الْمَدْرَسَةِ الَّتِي يَنْتَمُونَ إِلَيْهَا، وَرُبَّمَا خَرَجَ بَعْضُهُمْ عَنْهَا إِلَى غَيْرِهَا فِي الشَّيْءِ بَعْدَ الشَّيْءِ، أَوْ كُلِّيًّا. وَالْمَقْصُودُ أَنَّ الِاجْتِهَادَ لَمْ يَتَوَقَّفْ.

قَالَ السُّيُوطِيُّ (ت: ٩١١): «ذَكَرَ ذَاكِرٌ أَنَّ الِاجْتِهَادَ قَدِ انْقَطَعَ مِنْ مِئَتَيْ سَنَةٍ، وَهَذَا كَلَامُ مَنْ لَا عِلْمَ لَهُ بِطَبَقَاتِ الْعُلَمَاءِ وَلَا وَقَفَ عَلَى تَرَاجُمِهِمْ»(١).

وَقَدِ ادَّعَى تَاجُ الدِّينِ السُّبْكِيُّ بُلُوغَ وَالِدِهِ تَقِيِّ الدِّينِ رُتْبَةَ الِاجْتِهَادِ الْمُطْلَقِ، وَقَالَ: «فَإِنْ قُلْتَ: مَا ادَّعَيْتُمْ مِنْ بُلُوغِ الشَّيْخِ الْإِمَامِ غَفَرَ اللهُ لَهُ وَلَكُمْ دَرَجَةَ الِاجْتِهَادِ الْمُطْلَقِ مَرْدُودٌ بِقَوْلِ الْغَزَّالِيِّ فِي الْوَسِيطِ: وَقَدْ خَلَا الْعَصْرُ عَنِ الْمُجْتَهِدِ الْمُسْتَقِلِّ. وَهَذَا لَمْ يَنْفَرِدْ بِهِ، بَلْ سَبَقَهُ إِلَيْهِ الْقَفَّالُ شَيْخُ الْخُرَاسَانِيِّينَ، وَذَكَرَهُ الرَّافِعِيُّ وَالنَّوَوِيُّ عَنِ الْوَسِيطِ سَاكِتَيْنِ عَلَيْهِ. قُلْتُ: قَدْ نَظَرْتُ فِي هَذَا الْكَلَامِ غَيْرَ مَرَّةٍ وَفَكَّرْتُ فِيهِ، وَظَهَرَ لِي أَنَّهُ وَمَنْ سَبَقَهُ إِلَيْهِ إِنَّمَا أَرَادُوا خَلَا عَنْ مُجْتَهِدٍ

---

(١) تَقْرِيرُ الِاسْتِنَادِ، لِلسُّيُوطِيِّ (ص: ٦٣).

قَائِمٍ بِأَعْبَاءِ الْقَضَاءِ فَإِنَّهُ لَمْ يَكُنْ يَلِي الْقَضَاءَ فِي زَمَانِهِمْ مَرْمُوقٌ وَلَا مَنْظُورٌ إِلَيْهِ بِكَثِيرِ عِلْمٍ، بَلْ كَانَتْ جَهَابِذَةُ الْعُلَمَاءِ مِنْهُمْ يَرْبَأُونَ بِأَنْفُسِهِمْ عَنِ الْقَضَاءِ. وَكَيْفَ يُمْكِنُ الْقَضَاءُ عَلَى الْأَعْصَارِ بِخُلُوِّهَا عَنْ مُجْتَهِدٍ؟ هَذَا مُنْكَرٌ مِنَ الْقَوْلِ، وَالْقَفَّالُ نَفْسُهُ كَانَ يَقُولُ لِلسَّائِلِ فِي مَسْأَلَةِ الصُّبْرَةِ: أَتَسْأَلُنِي عَنْ مَذْهَبِ الشَّافِعِيِّ أَمْ مَا عِنْدِي؟ وَقَالَ هُوَ وَالشَّيْخُ أَبُو عَلِيٍّ وَالْقَاضِي الْحُسَيْنُ وَغَيْرُهُمْ: لَسْنَا مُقَلِّدِينَ لِلشَّافِعِيِّ، بَلْ مُوَافِقِينَ، وَافَقَ رَأْيُنَا رَأْيَهُ. فَمَا هَذَا كَلَامُ مَنْ يَدَّعِي زَوَالَ رُتْبَةِ الِاجْتِهَادِ، وَقَدْ قَالَتْ طَوَائِفُ: لَا يَخْلُو كُلُّ عَصْرٍ عَنْ مُجْتَهِدٍ. وَهِيَ مَسْأَلَةٌ خِلَافِيَّةٌ بَيْنَ الْأُصُولِيِّينَ، يُعْجِبُنِي فِيهَا قَوْلُ الْمُجْتَهِدِ الْمُطْلَقِ تَقِيِّ الدِّينِ ابْنِ دَقِيقِ الْعِيدِ: إِنَّهُ لَا يَخْلُو الْعَصْرُ عَنْ مُجْتَهِدٍ إِلَّا إِذَا تَدَاعَى الزَّمَانُ وَقَرُبَتِ السَّاعَةُ. وَهَذَا الْقَرْنُ الَّذِي نَحْنُ فِيهِ قَدْ كَانَ فِيهِ هَذَانِ الرَّجُلَانِ، وَهُمَا: الْوَالِدُ، وَقَبْلَهُ ابْنُ دَقِيقِ الْعِيدِ، مَا شَكَّ أَحَدٌ فِي أَنَّهُمَا بَلَغَا هَذِهِ الرُّتْبَةَ وَجَاوَزَاهَا، وَقَدْ نَطَقَ الْوَالِدُ وَقَبْلَهُ شَيْخُهُ ابْنُ الرِّفْعَةِ، وَكَانَ مِنْ أَقْرَانِ ابْنِ دَقِيقِ الْعِيدِ، بِأَنَّ ابْنَ دَقِيقِ الْعِيدِ مُجْتَهِدٌ لَا شَكَّ فِيهِ، وَمَا اخْتَلَفَ تَلَامِذَةُ ابْنِ عَبْدِالسَّلَامِ فِي أَنَّهُ بَلَغَ رُتْبَةَ الِاجْتِهَادِ، وَهَكَذَا لَا يُعْهَدُ عَصْرٌ إِلَّا وَقَدْ أَقَامَ اللهُ بِهِ الْحُجَّةَ بِعَالِمٍ بَيْنَ أَظْهُرِ الْمُسْلِمِينَ، وَلَنْ تَبْرَحَ حُجَّةُ اللهِ تَعَالَى قَائِمَةً وَإِنْ تَفَاوَتَتْ مَرَاتِبُ الْقَائِمِينَ، وَشَرِيعَةُ الْإِسْلَامِ ظَاهِرَةٌ وَإِنِ اخْتَلَفَ ظُهُورُهَا عَلَى أَيْدِي الْمُظْهِرِينَ، وَلِلَّهِ الْحَمْدُ وَالشُّكْرُ وَالثَّنَاءُ الْحَسَنُ»[١].

---

[١] التَّرْشِيحُ عَلَى التَّوْشِيحِ، لِابْنِ السُّبْكِيِّ (الْوَرَقَة: ١١٦/ب ـ ١١٧/أ).

السَّبَبُ في القُعُود عَنْ رُتْبَةِ الاجْتِهاد

قِيلَ: مُنْذُ القَرْنِ الثَّامِنِ الَّذِي انْقَرَضَ فيهِ مَذْهَبُ دَاوُدَ الظَّاهِريِّ إلى عَصْرِنا الحَدِيثِ مَنَعَ جَمِيعُ العُلَماءِ اتِّباعَ مَذْهَبِ مُجْتَهِدٍ غَيْرِ الأَرْبَعَةِ[١].

وَيُعَلِّلُ هؤُلاءِ ذلِكَ المَنْعَ بِما ذَكَرَهُ قَدِيمًا إِمامُ الحَرَمَيْنِ في حَقِّ العَوامِّ، قالَ: «أَجْمَعَ المُحَقِّقُونَ على أَنَّ العَوامَّ لَيْسَ لهم أَنْ يَتَعَلَّقُوا بِمَذاهِبِ أَعْيَانِ الصَّحابَةِ رَضِيَ اللهُ تعالى عَنْهُمْ، بَلْ عَلَيْهِمْ أَنْ يَتْبَعُوا مَذاهِبَ الأَئِمَّةِ الَّذِينَ سَبَرُوا ونَظَرُوا، وبَوَّبُوا الأَبْوابَ، وَذَكَرُوا أَوْضاعَ المَسائِلِ، وتَعَرَّضُوا لِلْكَلامِ على مَذاهِبِ الأَوَّلِينَ. والسَّبَبُ فيهِ أَنَّ الَّذِينَ دَرَجُوا وَإِنْ كانُوا قُدْوَةً في الدِّينِ، وأُسْوَةً لِلْمُسْلِمِينَ، فَإِنَّهُمْ لم يَفْتَنُّوا بِتَهْذِيبِ مَسالِكِ الاجْتِهادِ، وَإِيضاحِ طُرُقِ النَّظَرِ والجِدَالِ وضَبْطِ المَقالِ، وَمَنْ خَلَفَهُمْ مِنْ أَئِمَّةِ الفِقْهِ كَفَوْا مَنْ بَعْدَهُمُ النَّظَرَ في مَذاهِبِ الصَّحابَةِ، فَكانَ العَامِّيُّ مَأْمُورًا

---

[١] انْظُر: قَمْع أهل الزَّيْغِ والإلحاد عَن الطَّعْنِ في تَقْلِيد أئمَّةِ الاجْتِهادِ، لِلْجَكَنِيِّ (ص: ١١٠).

بِاتِّبَاعِ مَذَاهِبِ السَّابِرِينَ»[١].

وَنَقَلَ الْقَرَافِيُّ عَنِ ابْنِ الصَّلَاحِ: «أَنَّ التَّقْلِيدَ يَتَعَيَّنُ لِهَذِهِ الْأَئِمَّةِ الْأَرْبَعَةِ دُونَ غَيْرِهِمْ مِنَ الصَّحَابَةِ ﷺ وَغَيْرِهِمْ»، وَفَسَّرَ ذَلِكَ بِتَفْسِيرٍ آخَرَ غَيْرِ تَفْسِيرِ إِمَامِ الْحَرَمَيْنِ، فَقَالَ: «إِنَّ مَذَاهِبَ هَؤُلَاءِ انْتَشَرَتْ وَانْبَسَطَتْ، حَتَّى ظَهَرَ فِيهَا تَقْيِيدُ مُطْلَقِهَا، وَتَخْصِيصُ عَامِّهَا، وَشُرُوطُ فُرُوعِهَا، فَإِذَا أَطْلَقُوا حُكْمًا فِي مَوْضِعٍ وُجِدَ تَكْمِيلُهُ فِي مَوْضِعٍ آخَرَ. أَمَّا غَيْرُهُمْ فَتُنْقَلُ عَنْهُ الْفَتَاوَى مُجَرَّدَةً، فَلَعَلَّ لَهَا مُكَمِّلًا وَمُقَيِّدًا أَوْ مُخَصِّصًا لَوِ انْبَسَطَ كَلَامُ قَائِلِهِ لَظَهَرَ، فَيَصِيرُ فِي تَقْلِيدِهِ عَلَى غَيْرِ ثِقَةٍ، بِخِلَافِ هَؤُلَاءِ الْأَرْبَعَةِ»[٢].

وَهَذَا الرَّأْيُ وَإِنْ قَالَ بِهِ جَمَاعَةٌ آخَرُونَ، وَهُوَ الَّذِي شَاعَ وَاسْتَقَرَّ عَلَى مَدَى الْقُرُونِ، وَلَكِنْ قَالَ الزَّرْكَشِيُّ: «وَذَهَبَ غَيْرُهُمْ إِلَى أَنَّ الصَّحَابَةَ يُقَلَّدُونَ؛ لِأَنَّهُمْ قَدْ نَالُوا رُتْبَةَ الِاجْتِهَادِ، وَهُمْ بِالصُّحْبَةِ يَزْدَادُونَ رِفْعَةً. وَهَذَا هُوَ الصَّحِيحُ إِنْ عُلِمَ دَلِيلُهُ»[٣].

وَسُئِلَ الْعِزُّ بْنُ عَبْدِالسَّلَامِ: إِذَا صَحَّ مَذْهَبُ أَبِي بَكْرٍ أَوْ أَحَدٍ مِنْ عُلَمَاءِ الصَّحَابَةِ فِي شَيْءٍ، فَلِمَاذَا يُعَرَّجُ عَنْ مَذْهَبِهِ إِلَى غَيْرِهِ؟

(١) الْبُرْهَانُ فِي أُصُولِ الْفِقْهِ، لِلْجُوَيْنِيِّ (١١٤٦/٢). وَانْظُرْ: الْغِيَاثِيُّ، لِلْجُوَيْنِيِّ (ص: ٤٨٧)؛ الْبَحْرُ الْمُحِيطُ، لِلزَّرْكَشِيِّ (٢٨٨/٦ ـ ٢٨٩).

(٢) نَفَائِسُ الْأُصُولِ، لِلْقَرَافِيِّ (٣٩٦٦/٩). وَانْظُرْ: الْبَحْرَ الْمُحِيطَ، لِلزَّرْكَشِيِّ (٢٩٠/٦).

(٣) الْبَحْرُ الْمُحِيطُ، لِلزَّرْكَشِيِّ (٢٩٠/٦).

فَأجَابَ: «إِذَا صَحَّ عَنْ مَذْهَبِ بَعْضِ الصَّحَابَةِ مَذْهَبٌ فِي حُكْمٍ مِنَ الأَحْكَامِ لَمْ يَجُزْ مُخَالَفَتُهُ إِلَّا بِدَلِيلٍ أَوْضَحَ مِنْ دَلِيلِهِ، وَلَا يَجِبُ عَلَى الْمُجْتَهِدِينَ تَقْلِيدُ الصَّحَابَةِ فِي مَسَائِلِ الْخِلَافِ، بَلْ لَا يَحِلُّ لَهُمْ ذَلِكَ مَعَ ظُهُورِ أَدِلَّتِهِمْ عَلَى أَدِلَّةِ الصَّحَابَةِ؛ لِأَنَّ اللهَ أَمَرَ بِاتِّبَاعِ الأَدِلَّةِ الَّتِي نَصَبَها عَلَى أَحْكَامِهِ، وَلَا يُوجِبُ تَقْلِيدُ الْعُلَمَاءِ إِلَّا عَلَى الْعَامَّةِ الَّذِينَ لَا يَعْرِفُونَ أَدِلَّةَ الأَحْكَامِ الشَّرْعِيَّةِ»[١].

وَهَكَذَا قَالَ ابْنُ الصَّلَاحِ فِي تَرْكِ الْمَذْهَبِ لِلْحَدِيثِ: «مَنْ وَجَدَ مِنَ الشَّافِعِيِّينَ حَدِيثًا يُخَالِفُ مَذْهَبَهُ، نَظَرَ: فَإِنْ كَمَلَتْ آلَاتُ الِاجْتِهادِ فِيهِ: إِمَّا مُطْلقًا، وَإِمَّا مِنْ ذَلِكَ الْبَابِ، أَوْ فِي تِلْكَ الْمَسْأَلَةِ؛ كَانَ لَهُ الِاسْتِقْلَالُ بِالْعَمَلِ بِذَلِكَ الْحَدِيثِ. وَإِنْ لَمْ تَكْمُلْ إِلَيْهِ وَوَجَدَ فِي قَلْبِهِ حَزَازَةً مِنْ مُخَالَفَةِ الْحَدِيثِ بَعْدَ أَنْ بَحَثَ، فَلَمْ يَجِدْ لِمُخَالَفَتِهِ عَنْهُ جَوَابًا شَافِيًا فَلْيَنْظُرْ: هَلْ عَمِلَ بِذَلِكَ الْحَدِيثِ إِمَامٌ مُسْتَقِلٌّ، فَإِنْ وَجَدَ فَلَهُ أَنْ يَتَمَذْهَبَ بِمَذْهِبِهِ فِي الْعَمَلِ بِذَلِكَ الْحَدِيثِ عُذْرًا فِي تَرْكِ مَذْهَبِ إِمَامِهِ فِي ذَلِكَ»[٢].

هَذِهِ الْعِبَارَاتُ مِنَ الْعِزِّ وَابْنِ الصَّلَاحِ لَمْ تُمْلَ مِنْ فَرَاغٍ، إِنَّمَا جَاءَتْ بِسَبَبِ غَلَبَةِ التَّقْلِيدِ الْمَذْهَبِيِّ، الَّذِي دَفَعَ بِبَعْضِ الْمُسْتَفْتِينَ لِيَسْأَلَ عَنْ مَذَاهِبِ الصَّحَابَةِ حِينَ تَأْتِي عَلَى خِلَافِ الْمَذْهَبِ الْمَتْبُوعِ، وَانْتَهَى بِابْنِ الصَّلَاحِ إِلَى أَنْ يَجْعَلَ لِلْعَمَلِ بِدَلَالَةِ الْحَدِيثِ

---

(١) الْفَتَاوَى، لِلْعِزِّ بْنِ عَبْدِالسَّلَامِ (ص: ٤٠).

(٢) فَتَاوَى ابْنِ الصَّلَاحِ (ص: ٥٨ ـ ٥٩).

مَدَارِجَ وَحَرَجًا، بِحَيْثُ لَا يَنْتَهِي إِلَيْهِ الْمُعْتَنِي بِالْفِقْهِ عَلَى أَيِّ حَالٍ بِرَأْيِهِ وَفِكْرِهِ وَمَا تَحَقَّقَ لَهُ مِنْ أَهْلِيَّةِ النَّظَرِ، حَتَّى يَجِدَ لَهُ إِمَامًا تَقَدَّمَهُ مِنْ أَئِمَّةِ الْمَذَاهِبِ!

فَتَأَمَّلْ كَمْ كَانَ لِطُغْيَانِ التَّقْلِيدِ لِلْمَذَاهِبِ مِنْ كَبِيرِ الْأَثَرِ لِتَمْكِينِ حَالَةِ سَدِّ بَابِ الِاجْتِهَادِ، وَالَّتِي لَا يَبْدُو فِي التَّحْقِيقِ أَنَّ هُنَاكَ مَنْ أَفْتَى بِهَا فِي عَصْرٍ مِنَ الْعُصُورِ الْمُتَقَدِّمَةِ، مَنْ زَعَمَ أَنَّهُ فِي أَوَاخِرِ الْمِئَةِ الرَّابِعَةِ، أَوْ بَعْدَهَا، إِنَّمَا حِينَ انْتَهَى النَّاسُ إِلَى حَبْسِ الْعُقُولِ فِي الْمَذَاهِبِ الْمَتْبُوعَةِ، وَعَمِلَ الْأَتْبَاعُ عَلَى بَذْلِ أَعْمَارِهِمْ فِي خِدْمَتِهَا، كَانَ ذَلِكَ بِمَنْزِلَةِ الْإِعْلَانِ عَنْ مَنْعِ الِاجْتِهَادِ، بُدِئَتِ الْمَقَالَةُ بِانْتِفَاءِ وُجُودِ الْمُجْتَهِدِ الْمُسْتَقِلِّ، وَانْتَهَتْ إِلَى زَعْمِ أَنَّهُ لَا طَرِيقَ إِلَى الِاجْتِهَادِ، فَإِنْ كَانَ فَفِي نَفْسِ الْمَذْهَبِ الْمُعَيَّنِ لَا فِي أَدِلَّةِ التَّشْرِيعِ.

قَالَ ابْنُ خَلْدُونٍ: «وَوَقَفَ التَّقْلِيدُ فِي الْأَمْصَارِ عِنْدَ هَؤُلَاءِ الْأَرْبَعَةِ، وَدَرَسَ الْمُقَلِّدُونَ لِمَنْ سِوَاهُمْ، وَسَدَّ النَّاسُ بَابَ الْخِلَافِ وَطُرُقَهُ لَمَّا كَثُرَ تَشَعُّبُ الِاصْطِلَاحَاتِ فِي الْعُلُومِ، وَلِمَّا عَاقَ عَنِ الْوُصُولِ إِلَى رُتْبَةِ الِاجْتِهَادِ، وَلِمَّا خُشِيَ مِنْ إِسْنَادِ ذَلِكَ إِلَى غَيْرِ أَهْلِهِ وَمَنْ لَا يُوثَقُ بِرَأْيِهِ وَلَا بِدِينِهِ، فَصَرَّحُوا بِالْعَجْزِ وَالْإِعْوَازِ، وَرَدُّوا النَّاسَ إِلَى تَقْلِيدِ هَؤُلَاءِ»، حَتَّى قَالَ: «وَمُدَّعِي الِاجْتِهَادِ لِهَذَا الْعَهْدِ مَرْدُودٌ، مَنْكُوصٌ عَلَى عَقِبِهِ، مَهْجُورٌ تَقْلِيدُهُ، وَقَدْ صَارَ أَهْلُ الْإِسْلَامِ الْيَوْمَ عَلَى تَقْلِيدِ هَؤُلَاءِ الْأَئِمَّةِ الْأَرْبَعَةِ»[1].

---

(١) مُقَدِّمَةُ ابْنِ خَلْدُونٍ (٢/٨٠٣ ـ ضِمْنَ تَارِيخِهِ).

وَقَالَ حَسَنٌ الْعَطَّارُ الشَّافِعِيُّ (ت: ١٢٥٠هـ): «إِنَّ بُلُوغَ رُتْبَةِ الاجْتِهَادِ فِي الْأَزْمِنَةِ الْمُتَأَخِّرَةِ رُبَّمَا نَقْطَعُ بِعَدَمِ وُقُوعِهِ وَإِنْ كَانَ دَاخِلاً فِي حَيِّزِ الْإِمْكَانِ، وَالْعَلَّامَةُ السُّيُوطِيُّ مَعَ تَبَحُّرِهِ فِي الْعُلُومِ الَّتِي هِيَ أَدَوَاتُ الاجْتِهَادِ لَمَّا ادَّعَاهُ قَامَ عَلَيْهِ النَّكِيرُ مِنْ أَهْلِ عَصْرِهِ»[١].

وَإِنَّ مِمَّا قَادَ إِلَيْهِ الْحَرَجُ مِنْ قَصْرِ الْفِقْهِ عَلَى الْمَذَاهِبِ الْأَرْبَعَةِ وَفِي إِطَارِهَا، إِشْكَالِيَّةُ الْحَاجَةِ إِلَى أَجْوِبَةِ الْمُسْتَجِدَّاتِ، فَانْتَهَى الْجُوَيْنِيُّ لِلْمَخْرَجِ مِنْ ذَلِكَ فِي إِطَارِ الْمَذَاهِبِ، وَذَلِكَ بِتَأْصِيلِ الْآلِيَّةِ الَّتِي يَنْبَغِي اتِّبَاعُهَا عِنْدَ وُقُوعِ وَاقِعَةٍ، بِأَنَّ الشَّأْنَ لَا يَنْفَكُّ عَنْ أَحَدِ حَالَيْنِ:

أَوَّلُهُمَا: أَنْ يُوجَدَ فِيهَا نَصٌّ لِلْأَئِمَّةِ الْمَاضِينَ فِي نَفْسِ تِلْكَ الْمَسْأَلَةِ، فَعَلَى الْمُفْتِي أَنْ يَنْتَهِيَ إِلَيْهِ وَيَقُولَ بِهِ.

وَثَانِيهِمَا: أَنْ لَا يُوجَدَ فِيهَا نَصٌّ سَابِقٌ، وَفِيهَا قَالَ الْجُوَيْنِيُّ: «وَإِنْ وَقَعَتْ وَاقِعَاتٌ لَا نُصُوصَ لِصَاحِبِ الْمَذْهَبِ فِي أَعْيَانِهَا، فَمَا يَعْرَى عَنِ النَّصِّ يَنْقَسِمُ قِسْمَيْنِ: أَحَدُهُمَا: أَنْ يَكُونَ فِي مَعْنَى الْمَنْصُوصِ عَلَيْهِ، وَلَا يَحْتَاجُ فِي دَرْكِ ذَلِكَ إِلَى فَضْلِ نَظَرٍ، وَسَبْرِ عِبَرٍ، وَإِنْعَامِ فِكَرٍ، فَلَا يُتَصَوَّرُ أَنْ يَخْلُوَ عَنِ الْإِحَاطَةِ بِمَدَارِكِ هَذِهِ الْمَسَالِكِ مَنْ يَسْتَقِلُّ بِنَقْلِ الْفِقْهِ، فَلْيُلْحَقْ فِي هَذَا الْقِسْمِ غَيْرُ الْمَنْصُوصِ عَلَيْهِ بِالْمَنْصُوصِ عَلَيْهِ».

---

[١] حَاشِيَةُ الْعَطَّارِ عَلَى جَمْعِ الْجَوَامِعِ (٢/٤٢٣).

قال: «فَإِذَا جَرَى لِصَاحِبِ الْمَذْهَبِ مِثْلُ ذَلِكَ، لَمْ يَشُكَّ الْمُسْتَقِلُّ بِنَقْلِ مَذْهَبِهِ فِي هَذَا الضَّرْبِ فِي إِلْحَاقِ مَا فِي مَعْنَى الْمَنْصُوصِ عَلَيْهِ بِالْمَنْصُوصِ عَلَيْهِ. وَإِذَا احْتَوَى الْفَقِيهُ عَلَى مَذْهَبِ إِمَامٍ مُقَدَّمٍ حِفْظًا وَدِرَايَةً، وَاسْتَبَانَ أَنَّ غَيْرَ الْمَذْكُورِ مُلْتَحِقٌ بِالْمَذْكُورِ فِيمَا لَا يُحْتَاجُ فِيهِ إِلَى اسْتِثَارَةِ مَعَانٍ، وَاسْتِنْبَاطِ عِلَلٍ، فَلَا يَكَادُ يَشِذُّ عَنْ مَحْفُوظِ هَذَا النَّاقِلِ حُكْمُ وَاقِعَةٍ فِي مُطَّرِدِ الْعَادَاتِ. وَالسَّبَبُ فِيهِ أَنَّ مَذَاهِبَ الْأَئِمَّةِ لَا تَخْلُو فِي كُلِّ كِتَابٍ، بَلْ فِي كُلِّ بَابٍ عَنْ جَوَامِعَ وَضَوَابِطَ وَتَقَاسِيمَ، تَحْوِي طَرَائِقَ الْكَلَامِ فِي الْمُمْكِنَاتِ، مَا وَقَعَ مِنْهَا وَمَا لَمْ يَقَعْ»(١).

ثُمَّ خَرَّجَ الْقِسْمَ الثَّانِيَ عَلَى إِعَادَةِ فُرُوعِ النَّوَازِلِ الَّتِي لا نَصَّ فِيهَا عَلَى الْقَوَاعِدِ؛ إِذْ لَا بُدَّ مِنْ وُجُودِ حُكْمٍ لِلشَّارِعِ فِيهَا(٢).

وقَالَ الزَّيْنُ ابْنُ نُجَيْمٍ الْحَنَفِيُّ: «وَمَنْ لَمْ يَبْلُغْ رُتْبَةَ الاجْتِهَادِ، بَلْ وَقَفَ عَلَى أُصُولِ إِمَامِهِ وَتَمَكَّنَ مِنْ قِيَاسِ مَا لَمْ يَنُصَّ عَلَيْهِ عَلَى الْمَنْصُوصِ فَلَيْسَ بِمُقَلِّدٍ فِي نَفْسِهِ، بَلْ هُوَ وَاسِطَةٌ، فَإِنْ نَصَّ صَاحِبُ الْمَذْهَبِ عَلَى الْحُكْمِ وَالْعِلَّةِ أَلْحَقَ بِهَا غَيْرَ الْمَنْصُوصِ، وَلَوْ نَصَّ عَلَى الْحُكْمِ فَقَطْ فَلَهُ أَنْ يَسْتَنْبِطَ الْعِلَّةَ وَيَقِيسَ، وَلْيَقُلْ: هَذَا قِيَاسُ مَذْهَبِهِ، لَا قَوْلُهُ، وَإِنْ اخْتَلَفَ نَصُّ إِمَامِهِ فِي مُشْتَبِهَيْنِ فَلَهُ التَّخْرِيجُ مِنْ أَحَدِهِمَا إِلَى الْآخَرِ»(٣).

(١) الْغِيَاثِي، لِلْجُوَيْنِيِّ (ص: ٤٩٢ ـ ٤٩٣).
(٢) الْغِيَاثِي، لِلْجُوَيْنِيِّ (ص: ٥٠٠).
(٣) الْبَحْر الرَّائِق، لِابْنِ نُجَيْمٍ (٦/ ٢٩٠).

قَالَ الْجُوَيْنِيُّ: «وَلَعَلَّ الْفَقِيهَ الْمُسْتَقِلَّ بِمَذْهَبِ إِمَامٍ، أَقْدَرُ عَلَى الْإِلْحَاقِ بِأُصُولِ الْمَذْهَبِ الَّذِي حَوَاهُ، مِنَ الْمُجْتَهِدِ فِي مُحَاوَلَتِهِ الْإِلْحَاقَ بِأُصُولِ الشَّرِيعَةِ، فَإِنَّ الْإِمَامَ الْمُقَلَّدَ الْمُقَدَّمَ بَذَلَ كُنْهَ مَجْهُودِهِ فِي الضَّبْطِ، وَوَضْعِ الْكِتَابِ، وَتَبْوِيبِ الْأَبْوَابِ، وَتَمْهِيدِ مَسَالِكِ الْقِيَاسِ وَالْأَسْبَابِ، وَالْمُجْتَهِدَ الَّذِي يَبْغِي رَدَّ الْأَمْرِ إِلَى أَصْلِ الشَّرْعِ لَا يُصَادِفُ فِيهِ مِنَ التَّمْهِيدِ وَالتَّقْعِيدِ مَا يَجِدُهُ نَاقِلُ الْمَذْهَبِ فِي أَصْلِ الْمَذْهَبِ الْمُهَذَّبِ الْمُفَرَّعِ الْمُرَتَّبِ»(١).

---

(١) الْغِيَاثِي، لِلْجُوَيْنِيِّ (ص: ٤٩٥).

التَّخَلُّفُ الْفِكْرِيُّ وَالإِبْدَاعِيُّ سَبَبٌ فِي انْحِسَارِ الاجْتِهَادِ

قَالَ الْحَجْوِيُّ يُعِيدُ الْبَلَاءَ فِي ضَعْفِ الاجْتِهَادِ إِلَى التَّخَلُّفِ فِي الْفِكْرِ وَالْبَحْثِ وَالأَخْذِ بِأَسْبَابِ التَّقَدُّمِ وَصِنَاعَةِ الْحَيَاةِ: «يَظْهَرُ لِي أَنَّ نَدْرَةَ الْمُجْتَهِدِينَ أَوْ عَدَمَهُمْ هُوَ مِنَ الْفُتُورِ الَّذِي أَصَابَ عُمُومَ الأُمَّةِ فِي الْعُلُومِ وَغَيْرِهَا، فَإِذَا اسْتَيْقَظَتْ مِنْ سُبَاتِهَا، وَانْجَلَى عَنْهَا كَابُوسُ الْخُمُولِ، وَتَقَدَّمَتْ فِي مَظَاهِرِ حَيَاتِهَا الَّتِي أَجَلُّهَا الْعُلُومُ، وَظَهَرَ فِيهَا فَطَاحِلُ عُلَمَاءِ الدُّنْيَا مِنْ طَبِيعِيَّاتٍ وَرِيَاضِيَّاتٍ وَفَلْسَفَةٍ، وَظَهَرَ الْمُخْتَرِعُونَ وَالْمُكْتَشِفُونَ وَالْمُبْتَكِرُونَ كَالأُمَمِ الأُورُوبِّيَّةِ وَالأَمْرِيكِيَّةِ الْحَيَّةِ، عِنْدَ ذَلِكَ يَتَنَافَسُ عُلَمَاءُ الدِّينِ مَعَ عُلَمَاءِ الدُّنْيَا فَيَظْهَرَ الْمُجْتَهِدُونَ.

وَقَدْ قَدَّمْنَا أَنَّ الاسْتِبْدَادَ مَاحٍ أَوْ مُضَادٌّ لِلاجْتِهَادِ وَحُرِّيَّةِ الْفِكْرِ؛ إِذْ هِيَ مِنْ دَوَاعِي الاجْتِهَادِ، وَلَا شَكَّ أَنَّ الأُمَمَ الإِسْلَامِيَّةَ لَا تَشْغَلُ مَقَامًا سَامِيًا بَيْنَ الأُمَمِ مَا دَامَتْ نَاقِصَةً فِي هَذِهِ الْمَيَادِينِ، وَهِيَ مُحْتَاجَةٌ لِمُجْتَهِدِينَ بِإِطْلَاقٍ، عَارِفِينَ بِعُلُومِ الاجْتِمَاعِ وَالْحُقُوقِ،

يَكُونُ مِنْهُمْ أَساطِينُ لِسَنِّ قَوَانِينَ دُنْيَوِيَّةٍ طِبْقَ الشَّرِيعَةِ الْمُطَهَّرَةِ تُنَاسِبُ رُوحَ الْعَصْرِ، وَتَنْطَبِقُ عَلى الأَحْوَالِ الْمُتَجَدِّدَةِ وَالتَّرَقِّي الْعَصْرِيِّ، كَمَا يُوجَدُ عِنْدَ سائِرِ الأُمَمِ لِجَانٌ مِنَ الْفَطاحِلِ الْمُشَرِّعِينَ فِي مَجالِسِ النُّوَّابِ وَالشُّيُوخِ لِهَذا الْغَرَضِ»(١).

(١) الْفِكْر السَّامِيِّ في تَاريخ الْفِقْهِ الإِسْلَامِيِّ، لِلْحَجْوِيِّ (٢/٥١٨ ـ ٥١٩).

فُقْدَانُ الْجُرْأَةِ سَبَبٌ فِي انْحِسَارِ الاجْتِهَادِ

قَدْ أُلْبِسَتْ حَالَةُ حَبْسِ الْعُقُولِ فِي إِطَارِ الْفُرُوعِ الْمَذْهَبِيَّةِ، وَإِفْنَاءِ الأَعْمَارِ فِيهَا، وَإِنْ كَانَتْ قَدْ وُضِعَتْ بِصِنَاعَةٍ بَشَرِيَّةٍ مُنْذُ قُرُونٍ طَوِيلَةٍ، لَبُوسَ التَّقْوَى وَالتَّوَاضُعِ، فَسُمِّيَ الْعَجْزُ تَقْوَى وَدِينًا وَوَرَعًا، وَجَبُنَتِ الْعُقُولُ عَنْ أَنْ تَقُومَ بِمَا أَوْجَبَ اللهُ عَلَيْهَا مِنَ الْتِزَامِ أَحْكَامِ الشَّرِيعَةِ بِمَا يَتَّفِقُ مَعَ حِفْظِ الضَّرُورِيِّ وَتَحْقِيقِ الْحَاجِيِّ وَضَبْطِ التَّحْسِينِيِّ فِي إِطَارِهَا، الأَمْرُ الَّذِي يَتَلَاءَمُ مَعَ تَأْثِيرِ الزَّمَانِ وَالْمَكَانِ.

وَمَا أَجْوَدَ قَوْلَ عِزِّ الدِّينِ ابْنِ جَمَاعَةَ: «إِحَالَةُ أَهْلِ زَمَانِنَا وُجُودَ الْمُجْتَهِدِ يَصْدُرُ عَنْ جُبْنٍ مَا، وَإِلَّا فَكَثِيرًا مَا يَكُونُ الْقَائِلُونَ لِذَلِكَ مِنَ الْمُجْتَهِدِينَ، وَمَا الْمَانِعُ مِنْ فَضْلِ اللهِ وَاخْتِصَاصِ بَعْضِ الْفَيْضِ وَالْوَهْبِ وَالْعَطَاءِ بِبَعْضِ أَهْلِ الصَّفْوَةِ؟»(١).

وَعَجَبًا لِمَنْ يَتَصَوَّرُ أَنَّهُ لَمْ يَبْقَ بِالإِمْكَانِ أَبْدَعُ مِمَّا كَانَ، وَأَنَّ عُقُولَ مَنْ سَبَقَ قَدْ أَتَتْ عَلَى كُلِّ شَيْءٍ مَا دَامَ ذَلِكَ مَوْصُولًا بِالدِّينِ!

(١) نَقَلَهُ السُّيُوطِيُّ فِي «الرَّدّ عَلَى مَنْ أَخْلَدَ إِلَى الأَرْضِ» (ص: ١٤٧).

قَالَ الأَمِيرُ الصَّنْعَانِيُّ: «وَكَأَنَّ أُولَئِكَ الْمُسْتَبْعِدِينَ لَمَّا رَأَوْا كَثْرَةَ أَتْبَاعِ الْأَئِمَّةِ الْمُتَقَدِّمِينَ، وَعَظَمَتَهُمْ لِمَا وَهَبَ اللهُ لَهُمْ مِنَ الْعِلْمِ وَالدِّينِ، فِي صُدُورِ الْأَعْيَانِ مِنَ الْمُتَأَخِّرِينَ، ظَنُّوا أَنَّهُمْ غَيْرُ مَخْلُوقِينَ مِنْ سُلَالَةٍ مِنْ طِينٍ. وَلَوْ نَظَرُوا بِعَيْنِ الْإِنْصَافِ، وَتَتَبَّعُوا أَحْوَالَ الْأَسْلَافِ وَالأَخْلَافِ، لَعَلِمُوا يَقِينًا أَنَّ فِي الْمُتَأَخِّرِينَ عَنْ أُولَئِكَ الْأَئِمَّةِ مَنْ هُوَ أَطْوَلُ مِنْهُمْ فِي المعارِفِ باعًا، وَأَكْثَرُ فِي عُلُومِ الاجْتِهَادِ اتِّساعًا، قَدْ قَيَّضَهُمُ اللهُ لِحِفْظِ عُلُومِ الاجْتِهَادِ، مِنْ كُلِّ ذِي هِمَّةٍ صَادِقَةٍ وَنِيَّةٍ صَالِحَةٍ مِنَ الْعِبادِ، قَدْ قَرَّبُوا لِلْمُتَأَخِّرِينَ مِنْهَا كُلَّ بَعِيدٍ، وَمَهَّدُوها لَهُمْ كُلَّ تَمْهِيدٍ»(١). وَعَدَّ مَنْعَ الاجْتِهَادِ مِنْ كُفْرَانِ النِّعْمَةِ، وجُحُودِ الْمِنَّةِ(٢).

وَقَال الشَّوْكَانِيُّ: «وَمَنْ حَصَرَ فَضْلَ اللهِ عَلَى بَعْضِ خَلْقِهِ، وَقَصَرَ فَهْمَ هَذِهِ الشَّرِيعَةِ الْمُطَهَّرَةِ عَلَى مَنْ تَقَدَّمَ عَصْرَهُ، فَقَدْ تَجَرَّأَ عَلَى اللهِ عَزَّ وَجَلَّ، ثُمَّ عَلَى شَرِيعَتِهِ الْمَوْضُوعَةِ لِكُلِّ عِبادِهِ، ثُمَّ عَلَى عِبَادِهِ الَّذِينَ تَعَبَّدَهُمُ اللهُ بِالْكِتَابِ وَالسُّنَّةِ»(٣).

وكَانَ خَلِيلٌ المالِكِيُّ (ت: ٧٧٦هـ) ذَكَرَ الرَّأْيَيْنِ فِي إِمْكَانِ خُلُوِّ الْعَصْرِ مِنَ الْمُجْتَهِدِ، ثُمَّ قَالَ: «وَهُوَ عَزِيزُ الْوُجُودِ فِي زَمَنِنا، وَقَدْ شَهِدَ الْمَازِرِيُّ بِانْتِفائِهِ بِبِلادِ الْمَغْرِبِ فِي زَمانِهِ، فَكَيْفَ فِي زَمَنِنَا؟!

(١) إِرْشَادُ النُّقَّادِ إلى تَيْسِيرِ الاجْتِهادِ، لِلصَّنْعانِيِّ (ص: ٩٠).
(٢) إِرْشَادُ النُّقَّادِ إلى تَيْسِيرِ الاجْتِهادِ، لِلصَّنْعانِيِّ (ص: ١٥٨).
(٣) إِرْشَادُ الْفُحُولِ، لِلشَّوْكَانِيِّ (٢/١٠٤١).

وَهُوَ فِي زَمَنِنَا أَمْكَنُ لَوْ أَرَادَ اللهُ بِنَا الْهِدَايَةَ؛ لِأَنَّ الْأَحَادِيثَ وَالتَّفَاسِيرَ قَدْ دُوِّنَتْ، وَكَانَ الرَّجُلُ يَرْحَلُ فِي طَلَبِ الْحَدِيثِ الْوَاحِدِ، لَكِنْ لَا بُدَّ مِنْ قَبْضِ الْعِلْمِ عَلَى مَا أَخْبَرَ بِهِ ﷺ. فَإِنْ قِيلَ: يَحْتَاجُ الْمُجْتَهِدُ أَن يَكُونَ عَالِمًا بِمَوَاضِعِ الْإِجْمَاعِ وَالخِلَافِ، وَهُوَ مُتَعَذِّرٌ فِي زَمَانِنَا لِكَثْرَةِ الْمَذَاهِبِ وَتَشَعُّبِهَا. قِيلَ: يَكْفِيهِ أَنْ يَعْلَمَ أَنَّ الْمَسْأَلَةَ لَيْسَت مُجْمَعًا عَلَيْهَا؛ لِأَنَّ الْقَصْدَ أَنْ يَحْتَرِزَ مِنْ مُخَالَفَةِ الْإِجْمَاعِ، وذَلِكَ مُمْكِنٌ»[1].

۩ ۩ ۩

---

(١) التَّوْضِيح، لِخَلِيلِ بْنِ إِسْحاقَ الْمَالِكِيِّ (٧/٣٩٢).

هَلْ يَخْلُو زَمانٌ مِنْ مُجْتَهِدٍ؟

وَتَبعَ تِلْكَ الْحَالَةَ الَّتِي أُصِّلَ لَهَا وَقُنِّنَتْ مِنْ قِبَلِ الْكَثِيرِينَ مِنْ فَرْضِ تَقْلِيدِ الْمَذَاهِبِ، أَنِ اضْطُرَّ النُّظَّارُ لِبَحْثِ قَضِيَّةِ: هَلْ يَخْلُو عَصْرٌ مِنَ الْعُصُورِ مِنْ مُجْتَهِدٍ؟

وَالتَّعَرُّضُ لِتَوْضِيحِ هَذِهِ الْمَسْأَلَةِ، وَمَا دَفَعَ إِلَى الاعْتِنَاءِ بِهَا مُهِمٌّ - فِي رَأْيِ الْبَاحِثِ - لِتأَكِيدِ مَا تَقَدَّم ذِكْرُهُ مِنِ انْحِسَارِ الاجْتِهَادِ وَتَعْطِيلِ دَوْرِهِ فِي نَهْضَةِ الأُمَّةِ، فَمَا هِيَ سِوَى إِفْرازٍ لِمَا انْتَهَتْ إِلَيْهِ حالَةُ تَعْطِيلِ الاجْتِهَادِ.

هَذِهِ الْقَضِيَّةُ تَنازَعَها الأُصُولِيُّونَ مُنْذُ عَهْدٍ بَعْيدٍ، وانْقَسَمُوا فيها عَلَى قَوْلَيْنِ[1]:

الأَوَّلُ: جَوازُ خُلُوِّ زَمَانٍ مِنْ مُجْتَهِدٍ، وَهُوَ قَوْلُ خَلْقٍ مِنَ الأُصُولِيِّينَ.

---

(١) انْظُرْ: الْإِحْكَام في أُصُولِ الْأَحْكامِ، للآمِدِيِّ (٢٨٣/٤)؛ الْمِعْيَار الْمُعْرِب، لِلْوَنْشَرِيسِيِّ (٣٠٩/٩)؛ إِرْشَاد الْفُحُولِ، لِلشَّوْكَانِيِّ (١٠٣٥/٢).

قَالَ إِمامُ الحَرَمَيْنِ الْجُوَيْنِيُّ (ت: ٤٧٨هـ): «يَجُوزُ شُغُورُ الزَّمانِ عَنِ العُلَماءِ، وتعَطُّلِ الشَّريعَةِ، وَانْتِهاءِ الأَمْرِ إِلى الفَتْرَةِ»[١].

وَقالَ فِي مَوْضِعٍ آخَرَ فِي سِيَاقِ حَدِيثِهِ عَنْ خُلُوِّ الزَّمانِ عَنِ الْمُجْتَهِدِينَ وَنَقَلَةِ الْمَذَاهِبِ: «إِذَا خَلَا الزَّمانُ عَنِ الْمُفْتِينَ البَالِغِينَ مَبْلَغَ الْمُجْتَهِدِينَ، وَلَكِنْ لَمْ يَعْرَ الدَّهْرُ عَنْ نَقَلَةِ الْمَذَاهِبِ الصَّحِيحَةِ عَنِ الْأَئِمَّةِ الْمَاضِينَ، وَتَكَادُ هَذِهِ الصُّورَةُ تُوَافِقُ هَذَا الزَّمَانَ وَأَهْلَهُ»[٢].

وَقَالَ الغَزَّالِيُّ (ت: ٥٠٥هـ): «وَقَدْ خَلَا الْعَصْرُ عَنِ الْمُجْتَهِدِ المسْتَقِلِّ»[٣].

وَقَالَ الرَّافِعِيُّ (ت: ٦٢٣هـ): «الخَلْقُ كَالْمُتَّفِقِينَ عَلَى أَنَّهُ لا مُجْتَهِدَ الْيَوْمَ، فَلَوْ مَنَعْنا مِنْ تَقْلِيدِ الماضِينَ لَتَرَكْنا النَّاسَ حَيارَى»[٤].

وَرَدَّهُ الزَّرْكَشِيُّ بِقَوْلِهِ: «وَنَقْلُ الاتِّفَاقِ فِيهِ عَجِيبٌ، وَالْمَسْأَلَةُ خِلَافِيَّةٌ بَيْنَنَا وَبَيْنَ الْحَنابِلَةِ، وَسَاعَدَهُمْ بَعْضُ أَئِمَّتِنَا، وَالْحَقُّ أَنَّ الْفَقِيهَ الْفَطِنَ الْقَيَّاسَ كَالْمُجْتَهِدِ فِي حَقِّ الْعَامِّيِّ، لَا النَّاقِلِ فَقَطْ»[٥].

وَالثَّانِي: امْتِناعُ خُلُوِّ زَمانٍ مِنْ مُجْتَهِدٍ، وَهُو قَوْلُ الحَنابِلَةِ،

---

(١) الْبُرْهان في أُصولِ الفِقْهِ، لِلْجُوَيْنِيِّ (١/٦٩١).
(٢) الْغِيَاثِي، لِلْجُوَيْنِيِّ (ص: ٤٨٩).
(٣) الوَسِيط، لِلغَزَّالِيِّ (٧/٢٩١).
(٤) فَتْح الْعَزِيز، للرَّافِعِيِّ (١٢/٤٢١).
(٥) البَحْر الْمُحِيط، للزَّرْكَشِيِّ (٦/٢٠٧).

وطائِفَةٍ مِنْ أعْيانِ الشَّافِعِيَّةِ، كَأَبِي إسْحاقَ الإسْفِرايِينِيِّ، وَأَبِي عَبْدِاللهِ الزُّبَيْرِيِّ، واخْتارَهُ ابْنُ دَقِيقِ الْعِيدِ، وكَذَا قالَهُ بَعْضُ المالِكِيَّةِ، كالقَاضِي عَبْدِالْوَهَّابِ وَغَيْرِهِ(١).

قالَ أبو الْوَفاءِ ابْنُ عَقِيلٍ (ت: ٥١٣): «لَا يَجُوزُ خُلُوُّ عَصْرٍ مِنَ الأعصارِ مِنْ مُجْتَهِدٍ يَجُوزُ لِلعامِّيِّ تَقْلِيدُهُ، ... خِلَافًا لِبَعْضِ الْمُحْدَثِينَ في قَوْلِهِمْ: لَمْ يَبْقَ في عَصْرِنا مُجْتَهِدٌ»(٢).

وهَؤُلَاءِ انْتَصَرُوا بِوُجُوهٍ قَوِيَّةٍ:

مِنْهَا: أنَّ خُلُوَّ زمانٍ مِنْ مُجْتَهِدٍ إِحْداثٌ لِفَراغٍ تَشْرِيعِيٍّ لا يَصِحُّ وُجُودُهُ مَعَ اعْتِقَادِ اسْتِمْرَارِ الشَّرِيعَةِ، إِذْ يَعْنِي بِالضَّرُورَةِ زَوالَ الْحُجَّةِ الْمُلْزِمَةِ، وأن يُتْرَكَ النَّاسُ إِلَى أَهْوائِهِمْ دُونَ مَرْجِعِيَّةٍ مِنَ الْوَحْيِ، وَهُوَ خِلَافُ مَا يَقْتَضِيهِ اعْتِقَادُ دَوامِ الْحُجَّةِ بَعْدَ بِعْثَةِ النَّبِيِّ ﷺ وَخَتْمِ الرِّسَالَةِ والنُّبُوَّةِ بِهِ.

وَمِنْهَا: تَجْوِيزُ تَواطُؤِ الأُمَّةِ عَلَى تَرْكِ فَرِيضَةٍ، وهُوَ تَواطُؤٌ مُمْتَنِعٌ، إِذْ لا تَجْتَمِعُ الأُمَّةُ عَلى ضَلَالَةٍ.

وَمِنْهَا: تَخَلُّفُ دَلَالَةِ الْخَبَرِ في الطَّائِفَةِ الْمَنْصُورَةِ، وَقَدْ صَحَّ مِنْ حَدِيثِ جَمْعٍ مِنَ الصَّحَابَةِ عَنِ النَّبِيِّ ﷺ، مِنْهَا قَوْلُهُ: «لَا تَزَالُ طَائِفَةٌ مِنْ أُمَّتِي ظَاهِرِينَ عَلَى الْحَقِّ، لَا يَضُرُّهُمْ مَنْ خَذَلَهُمْ،

---

(١) انْظُرْ: الرَّدّ عَلى مَنْ أَخْلَدَ إلى الأَرْضِ، للسُّيوطِيِّ (ص: ١٠٢)؛ الْمُخْتَصَرَ الْفِقْهِيّ، لابْنِ عَرَفَةَ (٩/١٠٤).

(٢) الْواضِح في أُصولِ الْفِقْهِ، لابْنِ عَقِيلٍ (٥/٤٢١).

حَتَّى يَأْتِيَ أَمْرُ اللهِ وَهُمْ كَذَلِكَ»[١]. وَقَوْلُهُ: «لَا تَزَالُ طَائِفَةٌ مِنْ أُمَّتِي قَائِمَةً بِأَمْرِ اللهِ، لَا يَضُرُّهُمْ مَنْ خَذَلَهُمْ أَوْ خَالَفَهُمْ، حَتَّى يَأْتِيَ أَمْرُ اللهِ وَهُمْ ظَاهِرُونَ عَلَى النَّاسِ»[٢].

قَالَ الزُّبَيْرُ بْنُ أحمَدَ الزُّبَيرِيُّ أحَدُ أعيانِ أئمَّةِ الشَّافعِيَّةِ (ت: ٣١٧هـ): «لَنْ تَخْلُوَ الْأَرْضُ مِنْ قَائِمٍ لِلَّهِ بِالْحُجَّةِ فِي كُلِّ وَقْتٍ وَدَهْرٍ وَزَمَانٍ، وَلَكِنَّ ذَلِكَ قَلِيلٌ فِي كَثِيرٍ، فَأَمَّا أَنْ يَكُونَ غَيْرَ مَوْجُودٍ... فَلَيْسَ بِصَوَابٍ؛ لِأَنَّهُ لَوْ عُدِمَ الْفُقَهَاءُ لَمْ تَقُم الْفَرَائِضُ كُلُّهَا، وَلَوْ عُطِّلَتِ الْفَرَائِضُ كُلُّهَا لَحَلَّتِ النِّقْمَةُ بِذَلِكَ فِي الْخَلْقِ، كَمَا جَاءَ فِي الْخَبَرِ: (لَا تَقُومُ السَّاعَةُ إِلَّا عَلَى شِرَارِ النَّاسِ)، وَنَحْنُ نَعُوذُ بِاللهِ أَنْ نُؤَخَّرَ مَعَ الْأَشْرَارِ»[٣].

وَنَصَّ عَلى مَعْنى ذَلِكَ ابْنُ دَقِيقِ العِيدِ، فَقالَ: «وَالأَرْضُ لا تَخْلو مِنْ قائِمٍ للهِ بالحُجَّةِ، والأَمَّةُ الشَّرِيفَةُ لا بُدَّ فِيها مِن سالِكٍ إلى الحَقِّ عَلى واضِحِ المحَجَّةِ، إلى أن يَأتِيَ أمْرُ اللهِ في أشْراطِ السَّاعَةِ الكُبْرى...»[٤].

وَقالَ ابنُ القيِّم: «وَاخْتَلَفُوا مَتَى انسَدَّ بَابُ الاجْتِهادِ عَلَى أَقْوالٍ كَثِيرَةٍ مَا أَنْزَلَ اللهُ بِهَا مِنْ سُلْطَانٍ، وَعِنْدَ هَؤُلَاءِ أَنَّ الْأَرْضَ قَدْ خَلَتْ

(١) أخْرَجَهُ مُسْلِمٌ (رقم: ١٩٢٠) مِنْ حَدِيثِ ثَوْبَانَ مَولى النَّبِيِّ ﷺ.
(٢) مُتَّفَقٌ عليهِ: أخرجَهُ البُخارِيُّ (رقم: ٧٤٦٠)؛ ومُسْلِمٌ (رقم: ١٠٣٧) مِنْ حَدِيثِ مُعاوِيَةَ بْنِ أبي سُفْيانَ.
(٣) البَحْر المُحِيط، للزَّرْكَشِيِّ (٦/٢٠٨) نَقلًا عن كِتابِ «المُسْكِت» للزُّبَيرِيِّ.
(٤) شَرح الإلمام، لابن دَقيق العِيدِ (١/٧).

مِنْ قَائِمٍ للهِ بِحُجَّةٍ، وَلَمْ يَبْقَ فِيهَا مَنْ يَتَكَلَّمُ بِالْعِلْمِ، وَلَمْ يَحِلَّ لِأَحَدٍ بَعْدُ أَنْ يَنْظُرَ فِي كِتَابِ اللهِ وَلَا سُنَّةِ رَسُولِهِ لِأَخْذِ الْأَحْكَامِ مِنْهُمَا، وَلَا يَقْضِيَ وَيُفْتِيَ بِمَا فِيهِمَا حَتَّى يَعْرِضَهُ عَلَى قَوْلِ مُقَلَّدِهِ وَمَتْبُوعِهِ، فَإِنْ وَافَقَهُ حَكَمَ بِهِ وَأَفْتَى بِهِ، وَإِلَّا رَدَّهُ وَلَمْ يَقْبَلْهُ. وَهَذِهِ أَقْوَالٌ قَدْ بَلَغَتْ مِنَ الْفَسَادِ وَالْبُطْلَانِ وَالتَّنَاقُضِ، وَالْقَوْلِ عَلَى اللهِ بِلَا عِلْمٍ، وَإِبْطَالِ حُجَجِهِ، وَالزُّهْدِ فِي كِتَابِهِ وَسُنَّةِ رَسُولِهِ، وَتَلَقِّي الْأَحْكَامِ مِنْهُمَا مَبْلَغَهَا، وَيَأْبَى اللهُ إِلَّا أَنْ يُتِمَّ نُورَهُ وَيُصَدِّقَ قَوْلَ رَسُولِهِ: إِنَّهُ لَا تَخْلُو الْأَرْضُ مِنْ قَائِمٍ للهِ بِحُجَجِهِ، وَلَنْ تَزَالَ طَائِفَةٌ مِنْ أُمَّتِهِ عَلَى مَحْضِ الْحَقِّ الَّذِي بَعَثَهُ بِهِ، وَأَنَّهُ لَا يَزَالُ يُبْعَثُ عَلَى رَأْسِ كُلِّ مِئَةِ سَنَةٍ لِهَذِهِ الْأُمَّةِ مَنْ يُجَدِّدُ لَهَا دِينَهَا»[1].

كَمَا بَالَغَ الشَّوكَانِيُّ فِي إِنْكَارِ الْمَقُولَةِ بِسَدِّ بَابِ الاجْتِهَادِ، وَأَعَادَ أَمْرَهَا إِلَى التَّقْلِيدِ وَالتَّمَذْهُبِ، وَوَصَفَهَا بِالبِدْعَةِ، بَل بِأُمِّ البِدَعِ، وَأَنَّ أَصْحَابَهَا مَا قَنِعُوا بِمَا هُمْ عَلَيْهِ مِنْ بِدْعَةِ التَّقْلِيدِ، قَالَ: «حَتَّى سَدُّوا عَلَى أُمَّةِ مُحَمَّدٍ ﷺ بَابَ مَعرِفَةِ الشَّرِيعَةِ مِن كِتَابِ اللهِ وَسُنَّةِ رَسُولِهِ ﷺ، وَأَنَّهُ لَا سَبِيلَ إِلَى ذَلِكَ وَلَا طَرِيقَ، حَتَّى كَأَنَّ الأَفْهَامَ البَشَرِيَّةَ قَد تَغَيَّرَتْ، وَالعُقُولَ الإِنْسَانِيَّةَ قَد ذَهَبَتْ»[2].

وَأَصْحَابُ الْقَوْلِ الثَّانِي هَؤُلَاءِ لَا يُنْكِرُونَ فُتُورَ الشَّرِيعَةِ فِي آخِرِ الزَّمَانِ، عَلَى مَا ذَكَرَهُ الزُّبَيْرِيُّ، وَيُذْكَرُ لَهُمْ مِنَ الأَدِلَّةِ مَا جَاءَ

(١) إعلام الموقِّعين، لابنِ القيِّم (٤/٣٢).

(٢) القَول المفيد في أدلَّة الاجتِهادِ والتَّقليد، للشَّوكانيِّ (ص: ٦٣).

مِنَ الأَحَادِيثِ الصَّحِيحَةِ في رَفْعِ العِلْمِ وكَثْرَةِ الجَهْلِ، وغُرْبَةِ الإِسْلَامِ، واسْتِفْتَاءِ الجُهَّالِ. فَهُمْ لَمْ يَقُولُوا: إِنَّهُ يَمْتَنِعُ خُلُوُّ الزَّمَانِ مِنْ مُجْتَهِدٍ مُجَدِّدٍ مُطْلَقًا، وإِنَّمَا مَا دَامَتِ الشَّرَائِعُ في مُتَنَاوَلِ النَّاسِ، والقُرْآنُ والسُّنَنُ مَحْفُوظَةً مَوْجُودَةً، ولَمْ يَحِنْ زَمَانُ الشَّرِّ الَّذِي لَا خَيْرَ فِيهِ، والَّذِي سَبَبُهُ الإِعْرَاضُ عَنْ دِينِ اللهِ الَّذِي شَرَعَ لِعِبَادَهِ. وإِنَّمَا قَوْلُهُمْ عَلَى مَعْنَى أَنَّهُ لَا يَجُوزُ لِلْأُمَّةِ أَنْ تُهْمِلَ القِيَامَ بِهَذِهِ الفَرِيضَةِ، ومِنْ ثَمَّ تَنْتَهِي إِلَى تَعْطِيلِهَا، وتَؤُولُ إِلَى غُرْبَةِ الدِّينِ، واسْتِفْتَاءِ الجَاهِلِينَ، وغَلَبَةِ الأَشْرَارِ.

لَكِنْ مِنْ أَصْحَابِ الرَّأْي الأَوَّلِ مَنْ أَجَابُوا عَنِ اسْتِدْلَالِ أَصْحَابِ الرَّأْي الثَّانِي بِأَنَّ الكِفَايَةَ تَتَحَقَّقُ بِالْمُقَلِّدِ إِذَا تَعَيَّنَتِ الحَاجَةُ[١]، وهَذَا يَعْنِي أَنَّ الزَّمَانَ يُمْكِنُ خُلُوُّهُ مِنَ المُجْتَهِدِ.

قَالَ مَجْدُ الدِّينِ عَلِيُّ بْنُ وَهْبٍ القُشَيْرِيُّ المَالِكِيُّ والِدُ ابْنِ دَقِيقِ العِيدِ (ت: ٦٦٧هـ): «عَزَّ المُجْتَهِدُ في هَذِهِ الأَعْصَارِ، ولَيْسَ ذَلِكَ لِتَعَذُّرِ حُصُولِ آلَةِ الاجْتِهَادِ، بَلْ لِإِعْرَاضِ النَّاسِ في اشْتِغَالِهِمْ عَنِ الطَّرِيقِ المُفْضِيَةِ إِلَى ذَلِكَ، وتَوْقِيفُ الفُتْيَا عَلَى حُصُولِ المُجْتَهِدِ يُفْضِي إِلَى حَرَجٍ عَظِيمٍ، فَالْمُخْتَارُ قَبُولُ فَتْوَى الرَّاوِي عَنِ الأَئِمَّةِ المُتَقَدِّمِينَ»[٢].

وقَالَ الشَّاطِبِيُّ: «إِنَّ الوَقَائِعَ المُتَجَدِّدَةَ الَّتِي لَا عَهْدَ بِهَا في الزَّمَانِ المُتَقَدِّمِ قَلِيلَةٌ بِالنِّسْبَةِ إِلَى مَا تَقَدَّمَ؛ لِاتِّسَاعِ النَّظَرِ والاجْتِهَادِ

---

(١) انْظُرْ: المُخْتَصَرَ الفِقْهِيَّ، لِابْنِ عَرَفَةَ (١٠٥/٩).
(٢) نَقَلَهُ الزَّرْكَشِيُّ في «البَحْرِ المُحِيطِ» (٢٠٨/٦).

مِنَ الْمُتَقَدِّمِينَ، فَيُمْكِنُ تَقْلِيدُهُمْ فِيهِ؛ لِأَنَّهُ مُعْظَمُ الشَّرِيعَةِ، فَلَا تَتَعَطَّلُ الشَّرِيعَةُ بِتَعَطُّلِ بَعْضِ الْجُزْئِيَّاتِ»(١).

وَفِي مِثْلِ هَذَا الْجَوَابِ فِي رَأْيِي تَسْوِيغٌ لِفِكْرَةِ تَعْطِيلِ الِاجْتِهَادِ، فَحَيْثُ رَكَنُوا إِلَى التَّقْلِيدِ وَأَقَامُوهُ مَقَامَ الِاجْتِهَادِ انْتَهَى الْحَالُ بِالْجُمْهُورِ الْأَعْظَمِ مِنَ الْمُنْتَسِبِينَ لِلْفِقْهِ إِلَى أَنْ يُفْنُوا الْأَعْمَارَ فِي فُرُوعِ الْمَذَاهِبِ، يَبْحَثُونَ فِيهَا عَنِ الْمَخَارِجِ مِنْ نَوَازِلِ أَزْمَانِهِمْ وَمُعْضِلَاتِ أَعْصَارِهِمْ، وَكَمْ ضَاقَتْ بِهِمْ تِلْكَ الْفُرُوعُ وَتَعَسَّرَتْ، وَهِيَ وَبِلِسَانِ الْحَالِ تُرِيدُ الْخَلَاصَ مِمَّا حَمَّلُوهَا بِهِ مِنَ الْأَثْقَالِ مِمَّا لَا تَحْتَمِلُهُ لُغَةٌ وَلَا بَيَانٌ، وَاللهُ الْمُسْتَعَانُ!

وَالَّذِي يَبْدُو أَنَّهُ حَتَّى لِأَصْحَابِ الْقَوْلِ الْأَوَّلِ لَا يَصِحُّ اعْتِقَادُ خُلُوِّ الزَّمَانِ مِنَ الْمُجْتَهِدِ، فَهُمْ حِينَ عَرَّفُوا الْإِجْمَاعَ أَنَّهُ اتِّفَاقُ الْمُجْتَهِدِينَ(٢)، أَوْجَبُوا اسْتِمْرَارَ وُجُودِ ذَلِكَ، وَغَايَةُ أَمْرِهِمْ أَنْ تَنَازَعُوا فِي قَضِيَّةِ مَا لَوْ خَلَا الزَّمَانُ مِنْ عَدَدِ التَّوَاتُرِ مِنَ الْمُجْتَهِدِينَ، وَلَمْ يَكُنْ سِوَى مُجْتَهِدٍ وَاحِدٍ، فَهَلْ يَتَحَقَّقُ بِهِ الْوَاجِبُ أَمْ لَا؟ فِي تَفْصِيلٍ لَيْسَ مِنْ غَرَضِ هَذِهِ الْبَحْثِ.

كَذَلِكَ فَإِنَّكَ تَرَى فِي طَبَقَاتِ عُلَمَاءِ الْمَذَاهِبِ الْفِقْهِيَّةِ الْأَرْبَعَةِ خَلْقًا كَثِيرًا مِنْهُمْ وُصِفُوا بِالِاجْتِهَادِ إِلَى زَمَنٍ مُتَأَخِّرٍ جِدًّا، مِمَّا يَعْنِي

---

(١) الْمُوَافَقَاتُ، لِلشَّاطِبِيِّ (٥/٣٩).

(٢) وَانْظُرْ: الْوَاضِحُ فِي أُصُولِ الْفِقْهِ، لِابْنِ عَقِيلٍ (٥/٤٢٢).

أَنَّ مَا نَفَوْهُ غَيْرُ مَا أَثْبَتُوهُ، فَنَفْيُهُمْ كَانَ لِلِاجْتِهَادِ الْمُسْتَقِلِّ، لَا لِلِاجْتِهَادِ فِي إِطَارِ الْمَذْهَبِ.

قَالَ الزَّرْكَشِيُّ: «وَالْحَقُّ أَنَّ الْعَصْرَ خَلَا عَنِ الْمُجْتَهِدِ الْمُطْلَقِ، لَا عَنْ مُجْتَهِدٍ فِي مَذْهَبِ أَحَدِ الْأَئِمَّةِ الْأَرْبَعَةِ، وَقَدْ وَقَعَ الِاتِّفَاقُ بَيْنَ الْمُسْلِمِينَ عَلَى أَنَّ الْحَقَّ مُنْحَصِرٌ فِي هَذِهِ الْمَذَاهِبِ، وَحِينَئِذٍ فَلَا يَجُوزُ الْعَمَلُ بِغَيْرِهَا، فَلَا يَجُوزُ أَنْ يَقَعَ الِاجْتِهَادُ إِلَّا فِيهَا»[١].

وَقَدْ قَالَ الْفَقِيهُ أَبُو الْقَاسِمِ الْغِبْرِينِيُّ التُّونُسِيُّ (ت بَعْدَ: ٧٧٠هـ): «لَمْ يَكُنْ فِي مَغْرِبِنَا كُلِّهِ فِي الْقَرْنِ الْخَامِسِ فَضْلًا عَنِ الثَّامِنِ مُجْتَهِدٌ فِي الْأَحْكَامِ الشَّرْعِيَّةِ، مُسْتَقِلٌّ فِيهَا بِرَأْيِهِ».

فَتَعَقَّبَهُ الْخَطِيبُ مُحَمَّدُ بْنُ أَحْمَدَ ابْنُ مَرْزُوقٍ التِّلْمِسَانِيُّ (ت: ٧٨١هـ) فَقَالَ: «أَمَّا الِاجْتِهَادُ فِي الْفُرُوعِ الْمَذْهَبِيَّةِ فَما خَلَتْ مِنْهُ الْبِلَادُ، وَلَا عَدِمَتْهُ هَذِهِ الْأُمَّةُ، هَذَا سَبِيلُكَ يَا سَيِّدَنَا الْخَطِيبُ، وَمِنْ أَجْلِهِ تَصَدَّرْتَ، وَبِهِ اشْتَهَرْتَ، وَلَوْلَا النَّظَرُ فِي تَرْجِيحِ الْأَقْوَالِ، وَالتَّنْبِيهُ عَلَى مَسَالِكِ التَّعْلِيلِ وَمَدَارِكِ الْأَدِلَّةِ، وَبَيَانِ تَنْزِيلِ الْفُرُوعِ عَلَى الْأُصُولِ، وَإِيضَاحِ الْمُشْكِلِ، وَتَقْيِيدِ الْمُهْمَلِ، وَمُقَابَلَةِ بَعْضِ الْأَقْوَالِ بِبَعْضٍ، وَالنَّظَرِ فِي تَقْوِيَةِ قَوِيِّهَا، وَتَضْعِيفِ ضَعِيفِهَا؛ لَتَعَطَّلَتِ الدُّرُوسُ، وَغُلِّقَتِ الْمَدَارِسُ، أَفَلِلْمُدَرِّسِ فَائِدَةٌ غَيْرُ هَذَا

---

[١] الْبَحْرُ الْمُحِيطُ، لِلزَّرْكَشِيِّ (٦/٢٠٩).

وَتَعْلِيمِهِ وَإِيضَاحِهِ لِلطَّلَبَةِ وَتَفْهِيمِهِ؟ وَلَوْ لَمْ يَكُنْ وَظِيفٌ إِلَّا سَرْدُ الْأَحْكَامِ وَنَقْلَ الْأَقْوَالِ، لَمَا افْتَقَرَ إِلَى الْمُدَرِّسِ مُفْتَقِرٌ»[١].

وَقَالَ الْعَلَّامَةُ عَبْدُالْعَلِيِّ اللَّكْنَوِيُّ: «مِنَ النَّاسِ مَنْ حَكَمَ بِوُجُوبِ الْخُلُوِّ مِنْ بَعْدِ الْعَلَّامَةِ النَّسَفِيِّ، وَاخْتُتِمَ الِاجْتِهَادُ بِهِ، وَعَنَوُا الِاجْتِهَادَ فِي الْمَذْهَبِ. وَأَمَّا الِاجْتِهَادُ الْمُطْلَقُ فَقَالُوا: اخْتُتِمَ بِالْأَئِمَّةِ الْأَرْبَعَةِ، حَتَّى أَوْجَبُوا تَقْلِيدَ وَاحِدٍ مِنْ هَؤُلَاءِ عَلَى الْأُمَّةِ. وَهَذَا كُلُّهُ هَوَسٌ مِنْ هَوَسَاتِهِمْ، لَمْ يَأْتُوا بِدَلِيلٍ، وَلَا يُعْبَأُ بِكَلَامِهِمْ، وَإِنَّمَا هُمْ مِنَ الَّذِينَ حَكَمَ الْحَدِيثُ أَنَّهُمْ أَفْتَوْا بِغَيْرِ عِلْمٍ فَضَلُّوا وَأَضَلُّوا، وَلَمْ يَفْهَمُوا أَنَّ هَذَا إِخْبَارٌ بِالْغَيْبِ فِي خَمْسٍ لَا يَعْلَمُهُنَّ إِلَّا اللهُ تَعَالى»[٢].

وَتَقَدَّمَ عَنِ التَّاجِ السُّبْكِيِّ أَنَّهُ حَمَلَ زَعْمَ مَنْ زَعَمَ خُلُوَّ الزَّمَانِ عَنِ الْمُجْتَهِدِ، أَنَّهُمْ أَرَادُوا فِي الْقَضَاءِ لَا فِي الْإِفْتَاءِ؛ تَبَعًا لِمَا رَأَوْا عَلَيْهِ قُضَاةَ زَمَانِهِمْ فِي انْعِدَامِ حَظِّهِمْ مِنَ الِاجْتِهَادِ.

وَقَدْ أَنْكَرَ السُّيُوطِيُّ دَعْوَى خُلُوِّ عَصْرٍ مِنْ مُجْتَهِدٍ، وَأَلَّفَ فِي ذَلِكَ كِتَابَيْنِ: «الرَّدُّ عَلَى مَنْ أَخْلَدَ إِلَى الْأَرْضِ وَجَهِلَ أَنَّ الِاجْتِهَادَ فِي كُلِّ عَصْرٍ فَرْضٌ»، وَ«تَقْرِيرُ الِاسْتِنَادِ فِي تَفْسِيرِ الِاجْتِهَادِ».

وَمِنْ قَوْلِهِ: «الْعَجَبُ مِمَّنْ لَا يُصَدِّقُ بِوُجُودِ مُجْتَهِدٍ الْيَوْمَ مَعَ صَلَاحِيَّةِ الْقُدْرَةِ الْإِلَهِيَّةِ بِمِثْلِ مَا وَقَعَ فِي الزَّمَنِ الْمَاضِي! وَأَعْظَمُ مِنْهُ

___

[١] الْمِعْيَارُ الْمُعْرِبُ، لِلْوَنْشَرِيسِيِّ (٣٠٩/٩).

[٢] فَوَاتِحُ الرَّحَمُوتِ بِشَرْحِ مُسَلَّمِ الثُّبُوتِ، لِعَبْدِالْعَلِيِّ السَّهَالَوِيِّ اللَّكْنَوِيِّ (٤٣١/٢).

وَأَغْرَبُ مِنْ ذَلِكَ أَنْ يُتْلَى عَلَى آذَانِهِمْ فِي كُتُبِ الْأُصُولِ بُكْرَةً وَعَشِيًّا ذِكْرُ الْمُجْتَهِدِينَ مِنَ الْيَهُودِ وَالنَّصَارَى، فَكَيْفَ يُقَرِّرُونَ بِإِمْكَانِ الِاجْتِهَادِ فِي أُولَئِكَ الْمِلَلِ وَيَسْتَبْعِدُونَهُ فِي الْمُتَأَخِّرِينَ مِنْ هَذِهِ الْمِلَّةِ الشَّرِيفَةِ الَّتِي حَبَاهَا اللهُ بِكُلِّ خَيْرٍ! مَعَ الْأَحَادِيثِ الدَّالَّةِ عَلَى اسْتِمْرَارِهِ فِيهِمْ إِلَى قِيَامِ السَّاعَةِ، وَإِلَى وُجُودِ أَشْرَاطِهَا»؟!؟ [١].

وَقَالَ الشَّوْكَانِيُّ: «وَقَوْلُ هَؤُلَاءِ الْقَائِلِينَ بِخُلُوِّ الْعَصْرِ عَنِ الْمُجْتَهِدِ، مِمَّا يُقْضَى مِنْهُ الْعَجَبُ، فَإِنَّهُمْ إِنْ قَالُوا ذَلِكَ بِاعْتِبَارِ الْمُعَاصِرِينَ لَهُمْ، فَقَدْ عَاصَرَ الْقَفَّالَ وَالْغَزَالِيَّ وَالرَّازِيَّ وَالرَّافِعِيَّ مِنَ الْأَئِمَّةِ الْقَائِمِينَ بِعُلُومِ الِاجْتِهَادِ عَلَى الْوَفَاءِ وَالْكَمَالِ جَمَاعَةٌ مِنْهُمْ. وَمَنْ كَانَ لَهُ إِلْمَامٌ بِعِلْمِ التَّارِيخِ، وَاطِّلَاعٌ عَلَى أَحْوَالِ عُلَمَاءِ الْإِسْلَامِ فِي كُلِّ عَصْرٍ لَا يَخْفَى عَلَيْهِ مِثْلُ هَذَا، بَلْ قَدْ جَاءَ بَعْدَهُمْ مِنْ أَهْلِ الْعِلْمِ مَنْ جَمَعَ اللهُ لَهُ مِنَ الْعُلُومِ فَوْقَ مَا اعْتَبَرَهُ أَهْلُ الْعِلْمِ فِي الِاجْتِهَادِ. وَإِنْ قَالُوا ذَلِكَ لَا بِهَذَا الِاعْتِبَارِ، بَلْ بِاعْتِبَارِ أَنَّ اللهَ ﷿ رَفَعَ مَا تَفَضَّلَ بِهِ عَلَى مَنْ قَبْلَ هَؤُلَاءِ مِنْ هَذِهِ الْأُمَّةِ مِنْ كَمَالِ الْفَهْمِ، وَقُوَّةِ الْإِدْرَاكِ، وَالِاسْتِعْدَادِ لِلْمَعَارِفِ، فَهَذِهِ دَعْوَى مِنْ أَبْطَلِ الْبَاطِلَاتِ، بَلْ هِيَ جَهَالَةٌ مِنَ الْجَهَالَاتِ.

وَإِنْ كَانَ ذَلِكَ بِاعْتِبَارِ تَيْسِيرِ الْعِلْمِ لِمَنْ قَبْلَ هَؤُلَاءِ الْمُنْكِرِينَ، وَصُعُوبَتِهِ عَلَيْهِمْ وَعَلَى أَهْلِ عُصُورِهِمْ، فَهَذِهِ أَيْضًا دَعْوَى بَاطِلَةٌ، فَإِنَّهُ لَا يَخْفَى عَلَى مَنْ لَهُ أَدْنَى فَهْمٍ أَنَّ الِاجْتِهَادَ قَدْ يَسَّرَهُ اللهُ لِلْمُتَأَخِّرِينَ

---

(١) تَقْرِيرُ الِاسْتِنَادِ، لِلسُّيُوطِيِّ (ص: ٥٣).

تَيْسِيرًا لَمْ يَكُنْ لِلسَّابِقِينَ؛ لِأَنَّ التَّفَاسِيرَ لِلْكِتَابِ الْعَزِيزِ قَدْ دُوِّنَتْ، وَصَارَتْ فِي الْكَثْرَةِ إلى حَدٍّ لَا يُمْكِنُ حَصْرُهُ، وَالسُّنَّةَ الْمُطَهَّرَةَ قَدْ دُوِّنَتْ، وَتَكَلَّمَ الْأَئِمَّةُ عَلَى التَّفْسِيرِ وَالتَّرْجِيحِ، وَالتَّصْحِيحِ، وَالتَّخْرِيجِ، بِمَا هُوَ زِيَادَةٌ عَلَى مَا يَحْتَاجُ إِلَيْهِ الْمُجْتَهِدُ، وَقَدْ كَانَ السَّلَفُ الصَّالِحُ، وَمَنْ قَبْلَ هَؤُلَاءِ الْمُنْكِرِينَ يُرْحَلُ لِلْحَدِيثِ الْوَاحِدِ مِنْ قُطْرٍ إِلَى قُطْرٍ، فَالاجْتِهَادُ عَلَى الْمُتَأَخِّرِينَ أَيْسَرُ وَأَسْهَلُ مِنَ الاجْتِهَادِ عَلَى الْمُتَقَدِّمِينَ، وَلَا يُخَالِفُ فِي هَذَا مَنْ لَهُ فَهْمٌ صَحِيحٌ، وَعَقْلٌ سَوِيٌّ.

وَإِذَا أَمْعَنْتَ النَّظَرَ وَجَدْتَ هَؤُلَاءِ الْمُنْكِرِينَ إِنَّمَا أُتُوا مِنْ قِبَلِ أَنْفُسِهِمْ؛ فَإِنَّهُمْ لَمَّا عَكَفُوا عَلَى التَّقْلِيدِ، وَاشْتَغَلُوا بِغَيْرِ عِلْمِ الْكِتَابِ وَالسُّنَّةِ، حَكَمُوا عَلَى غَيْرِهِمْ بِمَا وَقَعُوا فِيهِ، وَاسْتَصْعَبُوا مَا سَهَّلَهُ اللهُ عَلَى مَنْ رَزَقَهُ الْعِلْمَ وَالْفَهْمَ، وَأَفَاضَ عَلَى قَلْبِهِ أَنْوَاعَ عُلُومِ الْكِتَابِ وَالسُّنَّةِ»[١].

❃ ❃ ❃

(١) إرْشَاد الْفُحُولِ، لِلشَّوْكَانِيِّ (٢/١٠٣٨ ـ ١٠٣٩).

ثَالِثًا: الْوَاقِعُ الْمُعَاصِرُ ونَظَرُهُ إلى مَفْهُومِ الاجْتِهَادِ وتَطْبِيقَاتِهِ؟

قَبْلَ أَنْ نَقْفِزَ إِلَى قِرَاءَةِ الاجْتِهَادِ فِي الوَاقِعِ المُعَاصِرِ، فَلَا بُدَّ مِنْ رِعَايَةِ بَعْضِ الْمُتَغَيِّرَاتِ الَّتِي حَصَلَتْ مُنْذُ الْقَرْنِ الثَّالِثَ عَشَرَ الْهِجْرِيِّ (التَّاسِعَ عَشَرَ الْمِيلَادِيِّ)، ذَلِكَ أَنَّ ضَعْفَ كِيَانِ الدَّوْلَةِ الْعُثْمَانِيَّةِ الَّتِي كَانَتْ تَحْكُمُ الْعَالَمَ الإِسْلَامِيَّ، ودُخُولَ الْمُسْتَعْمِرِ الْأُورُوبِيِّ بِقَاعًا شَتَّى مِنَ الْبِلَادِ الإِسْلَامِيَّةِ، تَزَامَنَ مَعَ حَالَةِ الْمَوَاتِ الْفِكْرِيِّ لَدَى مَنْ يَنْتَسِبُ إلى الْعِلْمِ الدِّينِيِّ، وَبِخَاصَّةٍ مَنْ كَانَ يَنْتَسِبُ إِلَى الْفِقْهِ فِي هَذِهِ الْمَرْحَلَةِ، وَمِنْ وَاقِعِ تِلْكَ الْفَتْرَةِ أَسُوقُ كَلَامَ بَعْضِ الْفُقَهَاءِ (!) الْمُتَأَخِّرِينَ لِيُبِينَ لَكَ عَنِ الْمَدَى الَّذِي انْتَهَى إلَيْهِ الاجْتِهَادُ:

قالَ الصَّاوِيُّ المالكيُّ (ت: ١٢٤١هـ) بَعْدَ أَنْ ذَكَرَ اخْتِلَافَ السَّلَفِ فِي حَلِّ الْأَيْمَانِ بِالْمَشِيئَةِ، وَقَوْلَهُمْ فِي قَدْرِ الْفَاصِلِ بَيْنَ الْيَمِينِ والاسْتِثْنَاءِ، ونَصَّ عَلَيْهِ عَنِ ابْنِ عَبَّاسٍ والْحَسَنِ البَصْرِيِّ وغَيْرِهِما، قالَ: «وعَامَّةُ الْمَذَاهِبِ الْأَرْبَعَةِ عَلَى خِلَافِ ذَلِكَ كُلِّهِ،

فَإِنَّ شَرْطَ حَلِّ الأَيْمَانِ بِالْمَشِيئَةِ أَنْ تَتَّصِلَ، وَأَنْ يُقْصَدَ بِهَا حَلُّ الْيَمِينِ، وَلَا يَضُرُّ الْفَصْلُ بِتَنَفُّسٍ أَوْ سُعَالٍ أَوْ عُطَاسٍ. وَلَا يَجُوزُ تَقْلِيدُ مَا عَدَا الْمَذَاهِبِ الأَرْبَعَةِ وَلَوْ وَافَقَ قَوْلَ الصَّحَابَةِ وَالْحَدِيثَ الصَّحِيحَ وَالآيَةَ، فَالْخَارِجُ عَنِ الْمَذَاهِبِ الأَرْبَعَةِ ضَالٌّ مُضِلٌّ، وَرُبَّمَا أَدَّاهُ ذَلِكَ لِلْكُفْرِ؛ لِأَنَّ الأَخْذَ بِظَوَاهِرِ الْكِتَابِ وَالسُّنَّةِ مِنْ أُصُولِ الْكُفْرِ»[1].

وَكَذَا قَالَ عُلَيْشٌ (ت: ١٢٩٩هـ): «لَا يَجُوزُ لِعَامِّيٍّ أَنْ يَتْرُكَ تَقْلِيدَ الْأَئِمَّةِ الْأَرْبَعَةِ وَيَأْخُذَ الْأَحْكَامَ مِنَ الْقُرْآنِ وَالْأَحَادِيثِ؛ لِأَنَّ ذَلِكَ لَهُ شُرُوطٌ كَثِيرَةٌ مُبَيَّنَةٌ فِي الْأُصُولِ لَا تُوجَدُ فِي أَغْلَبِ الْعُلَمَاءِ، وَلَا سِيَّمَا فِي آخِرِ الزَّمَانِ الَّذِي عَادَ الْإِسْلَامُ فِيهِ غَرِيبًا كَمَا بَدَأَ غَرِيبًا؛ وَلِأَنَّ كَثِيرًا مِنَ الْقُرْآنِ وَالْأَحَادِيثِ مَا ظَاهِرُهُ صَرِيحُ الْكُفْرِ، وَلَا يَعْلَمُ تَأْوِيلَهُ إِلَّا اللهُ تَعَالَى وَالرَّاسِخُونَ فِي الْعِلْمِ»[2].

وَقَالَ عُلَيْشٌ بِعِبَارَةٍ أَخَفَّ: «وَمَعْلُومٌ لِكُلِّ أَحَدٍ أَنَّ رُتْبَةَ الاجْتِهَادِ قَدِ انْقَطَعَتْ مُنْذُ أَزْمَانٍ، وَأَنَّهُ لَيْسَ فِي هَذِهِ الْأَزْمَانِ أَحَدٌ مِنَ الَّذِينَ بَلَغُوا دَرَجَةَ الاجْتِهَادِ، وَمَنْ تَوَهَّمَ ذَلِكَ فَقَدْ ضَحِكَتْ عَلَيْهِ نَفْسُهُ وَلَعِبَ بِهِ الشَّيْطَانُ، وَعَلَى فَرْضِ الْوُجُودِ هَلْ يَعْتَقِدُ عَاقِلٌ أَنَّهُ أَعْظَمُ مِنَ الْمُتَقَدِّمِينَ حَتَّى يَتَّبِعَ وَيَتْرُكَ مَا عَلَيْهِ الْأَوَائِلُ؟ وَالْوَاجِبُ عَلَى وُلَاةِ الْأُمُورِ وَكُلِّ مَنْ بَسَطَ اللهُ يَدَهُ، أَنْ يَزْجُرَ هَؤُلَاءِ الْقَوْمَ

---

[1] حَاشِيَةُ الصَّاوِي عَلَى الْجَلَالَيْنِ، لِأَحْمَدَ الصَّاوِيِّ (٩/٣).

[2] فَتْحُ الْعَلِيِّ الْمَالِكِ، لِعُلَيْشٍ (٨٩/١ ـ ٩٠).

وَيَمْنَعُهُمْ مِنْ إِضْلَالِ النَّاسِ، وَتَعْطِيلِ الْمَذَاهِبِ الْمُتَّبَعَةِ، فَإِنْ لَمْ يَنْزَجِرُوا أُخْرِجُوا مِنَ الْبِلَادِ، وَأُبْعِدُوا عَنِ الْعِبَادِ؛ لِيَسْتَرِيحَ النَّاسُ مِنْ شَرِّهِمْ وَتَصْلُحَ أَحْوَالُهُمْ»[١].

وَفِي سِيَاقِ إِنْكَارِهِ عَلَى بَعْضِ الظَّاهِرِيَّةِ، قَالَ: «وَهَؤُلَاءِ تَرَكُوا تَقْلِيدَ إِمَامٍ مُعَيَّنٍ، وَاتَّبَعُوا الْأَحَادِيثَ بِزَعْمِهِمْ، فَتَارَةً وَافَقُوا بَعْضَ الْمَذَاهِبِ الصَّحِيحَةِ، وَتَارَةً بَعْضَ الْمَذَاهِبِ الشَّاذَّةِ، وَتَارَةً خَرَقُوا الْإِجْمَاعَ، وَهَذَا شُؤْمُ الْخُرُوجِ عَنِ الْمَذَاهِبِ وَالابْتِدَاعِ»[٢].

فِي هَذَا السِّيَاقِ وَمَعَ ابْتِدَاءِ مَرْحَلَةٍ جَدِيدَةٍ صَاغَهَا دُخُولُ الْمُسْتَعْمِرِ، بَزَغَ مِنْ دَاخِلِ عَبَاءَةِ الْأَزْهَرِ فِكْرٌ جَدِيدٌ يَتَمَرَّدُ عَلَى الْمَأْلُوفِ، فَيَعُودُ الشَّيْخُ الْأَزْهَرِيُّ رِفَاعَةُ الطَّهْطَاوِيُّ (١٢٩٠هـ ـ ١٨٧٣م) مِنْ بَارِيسَ بِتَحَرُّرٍ فِكْرِيٍّ لِيَقُومَ بِمَشْرُوعٍ نَهْضَوِيٍّ غَيْرِ مَعْهُودٍ، نَعَمْ لَمْ يُعَدَّ مِنْ رِجَالَاتِ الاجْتِهَادِ الْفِقْهِيِّ، وَلَكِنْ كَانَ لَهُ دَوْرٌ فِي تَمْهِيدِ الْأَرْضِيَّةِ فِي مِصْرَ لِبَعْضِ مَنْ جَاءَ بَعْدَهُ، حَتَّى نَزَلَهَا جَمَالُ الدِّينِ الْأَفْغَانِيُّ (١٣١٥هـ ـ ١٨٩٧م)، فَبَثَّ بِهَا رُوحًا لِلتَّجْدِيدِ، لِيَحْمِلَ عَنْهُ الرَّايَةَ تِلْمِيذُهُ النَّجِيبُ مُحَمَّدُ عَبْدُهُ (١٣٢٣هـ ـ ١٩٠٥م)، فَيَجِدَ مِنَ الْمُعَارَضَةِ فِي تَجْدِيدِ الاجْتِهَادِ مِنَ الْمُتَمَذْهِبِينَ شَيْئًا عَجَبًا، وَعَنْهُ حَمَلَ الْفِكْرَ أَفْرَادٌ مِنْ تَلَامِذَتِهِ؛

---

[١] فَتْحُ الْعَلِيِّ الْمَالِكِ، لِعُلَيْشٍ (١/١١٠ ـ ١١١).

[٢] فَتْحُ الْعَلِيِّ الْمَالِكِ، لِعُلَيْشٍ (١/١٠٤).

لِتَسْتَمِرَّ دَعْوَةُ تَجْدِيدِ الاجْتِهَادِ، فَحَفَلَ النِّصْفُ الْأَوَّلُ مِنَ الْقَرْنِ الْعِشْرِينَ الْمِيلَادِيِّ بِأَعْمَالٍ تَجْدِيدِيَّةٍ فِي الْفِقْهِ وَالاجْتِهَادِ فِي الْمُسْتَجِدَّاتِ، وَحَتَّى بَعْضُ مَنْ كَانَ مُعَارِضًا لِلْحَرَكَةِ التَّجْدِيدِيَّةِ لِمُحَمَّدِ عَبْدُه مِنَ الْفُقَهَاءِ الْمَذْهَبِيِّينَ كَانُوا قَدْ تَأَثَّرُوا بِحُكْمِ الْمُتَغَيِّرَاتِ الْهَائِلَةِ لِلْعَالَمِ، فَظَهَرَتْ لَهُمْ مُشَارَكَاتٌ فِي تَجْدِيدِ الْفِقْهِ، كَمُحَمَّدِ بَخِيتِ الْمُطِيعِيِّ (١٣٥٤هـ ـ ١٩٣٥م)، وَمُحَمَّدٍ مُصْطَفَى الْمَرَاغِيِّ (١٣٦٤هـ ـ ١٩٤٥م)، وَتَسْتَمِرُّ مُحَاوَلَاتُ التَّجْدِيدِ فِي الاجْتِهَادِ فِي إِطَارِ الْفِقْهِ الْمُقَارَنِ، حَتَّى تَنْشَطَ الْحَرَكَةُ الاجْتِهَادِيَّةُ فِي النِّصْفِ الثَّانِي مِنَ الْقَرْنِ الْعِشْرِينَ الْمِيلَادِيِّ فِي مُخْتَلَفِ أَنْحَاءِ الْعَالَمِ الْإِسْلَامِيِّ، وَتَظْهَرَ الْمَجَامِعُ الْفِقْهِيَّةُ، وَدُورُ الْإِفْتَاءِ وَلِجَانُهُ.

مَا تَقَدَّمَ ذِكْرُهُ مِنْ تَارِيخِ الْأُمَّةِ فِي دَوْرِ الاجْتِهَادِ وَتَفْعِيلِهِ فِي الْحَيَاةِ، عَلَى مَا طَرَأَ عَلَيْهِ مِنْ ضَعْفٍ وانْحِسَارٍ، وَغَلَبَةِ التَّقْلِيدِ، وَتَعَرُّضِ نَقَلَةِ الْمَذَاهِبِ إِلَى الْجُرْأَةِ عَلَيْهِ لِمُقْتَضَى الضَّرُورَةِ، وَلَكِنَّهُ بَقِيَ يَتَمَيَّزُ بِهِ الْمُشْتَغِلُونَ بِعُلُومِ الشَّرِيعَةِ، وَلَمْ يَكُنْ يُنْسَبُ لَهُ أَوْ يَنْتَسِبُ إِلَيْهِ مَنْ كَانَ خَارِجَ هَذِهِ الدَّائِرَةِ، وَذَلِكَ إِلَى عَصْرِ الْإِصْلَاحِيِّينَ فِي الْقَرْنِ الْمَاضِي، وَلَكِنَّ الشَّأْنَ فِي عَصْرِنَا قَدْ تَغَيَّرَ جِدًّا، فَالاجْتِهَادُ الْيَوْمَ يَسْتَسِيغُهُ مَنْ أَرَادَهُ دُونَ مَعَالِمَ وَاضِحَةٍ وَلَا مَدَارِكَ ظَاهِرَةٍ، بَلْ ضَاعَ مَحَلُّ الْمُقْتَدِرِينَ فِيهِ فِي خِضَمِّ بَحْرِ الْمُتَعَالِمِينَ، وَبِخَاصَّةٍ مَعَ وَسَائِلِ الانْتِشَارِ السَّرِيعِ لِلْأَفْكَارِ فِي هَذَا الْعَصْرِ.

وَلَوْ أَرَدْنَا التَّمْثِيلَ بِأَوْلَى مَنْ يَتَعَرَّضُ لِلْفَتْوَى مِنَ الْفِئَاتِ،

مُعرِضِينَ عَنِ الْعَوَامِّ، فَأَنْتَ تَرَى الْأَصْنَافَ التَّالِيَةَ هِيَ مَنْ يَتَجَرَّأُ الْيَوْمَ عَلَى وَظِيفَةِ الاجْتِهَادِ فِي إِطَارِ الْأُمَّةِ:

١ ـ الْمَشْيَخَةُ.

وَهَذِهِ الْفِئَةُ هِيَ أَكْفَأُ الْفِئَاتِ مِنْ حَيْثُ الْوَاقِعُ!! وَهُمُ الْأَفْرَادُ مِنْ عُلَمَاءِ الْعَصْرِ الَّذِينَ يُفْتُونَ فِي الْوَسَائِلِ الْمُخْتَلِفَةِ، وَبِخَاصَّةٍ فِي نَوَازِلِ النَّاسِ وَقَضَايَاهُمْ، وَقَدْ يَشْغَلُ بَعْضُهُمْ مَنَاصِبَ الْفَتْوَى فِي بَعْضِ الْبُلْدَانِ أَوِ الْمَجْمُوعَاتِ، وَالْأَصْلُ أَنَّ مَا يُؤَدُّونَهُ مِنْ دَوْرٍ عَامٍّ يَسُدُّ ثُغْرَةً فِي سِيَاجِ الشَّرِيعَةِ، إِذْ يَجِدُ فِيهِ جُمْهُورُ النَّاسِ مَلْجَأً لِحَلِّ مَسَائِلِهِمْ فِي أَمْرِ دِينِهِمْ وَمَعَاشِهِمْ.

٢ ـ الْمُفَكِّرُونَ.

مُصْطَلَحٌ غَلَبَ عَلَى أَصْحَابِ النَّظَرِ وَالْبَحْثِ الذَّاتِيِّ لِقَضِيَّةٍ أَوْ قَضَايَا مِنْ جِهَةٍ عَقْلِيَّةٍ، وَذَلِكَ بِتَرْتِيبِ مُقَدِّمَاتِهَا وَالْخُلُوصِ بِالنَّتِيجَةِ الْمَنْطِقِيَّةِ لِتِلْكَ الْقَضِيَّةِ، وَفِي التُّرَاثِ لَمْ يُعْرَفْ هَذَا النَّعْتُ لِطَائِفَةٍ أَوْ أَفْرَادٍ عَلَى التَّعْيِينِ، وَإِنْ كَانَ قَدْ يُجَامِعُ وَصْفَ «فَيْلَسُوفٍ» أَوْ «نَظَّارٍ»، وَرُبَّمَا «أُصُولِيٍّ» أَوْ «مُتَكَلِّمٍ»، لَكِنَّهُ الْيَوْمَ أَصْبَحَ نَعْتًا لِهَذَا النَّمَطِ مِنَ الْمُثَقَّفِينَ.

وَهَؤُلَاءِ لَا يُفْتُونَ فِي الْأَصْلِ، وَلَكِنْ يَمْتَازُونَ بِطُرُوحَاتِهِمُ الْجَرِيئَةِ وَالَّتِي تَنْتَهِي بِكَثِيرٍ مِنْهُمْ إِلَى تَقْرِيرِ أَحْكَامٍ هِيَ فَتَاوَى، تُجِيبُ عَنْ تَسَاؤُلَاتٍ مُلِحَّةٍ فِي الْوَاقِعِ.

٣ ـ خَرِّيجُو الدِّرَاسَاتِ الْإِسْلَامِيَّةِ.

لَا يَخْفَى حَجْمُ التَّخَصُّصَاتِ فِي الدِّرَاسَاتِ الْإِسْلَامِيَّةِ فِي جَمِيعِ أَنْحَاءِ الْعَالَمِ، فَلَا تَكَادُ جَامِعَةٌ مِنَ الْجَامِعَاتِ فِي الْعَالَمِ الْإِسْلَامِيِّ، وَلَا جَامِعَةٌ كُبْرَى فِي الْعَالَمِ بِأَسْرِهِ تَخْلُو مِنْ وُجُودِ فَرْعٍ لِلدِّرَاسَاتِ الْإِسْلَامِيَّةِ، هَذَا فَضْلًا عَنْ تِلْكَ الْجَامِعَاتِ الَّتِي انْبَرَتْ فَقَطْ لِلْعُلُومِ الْإِسْلَامِيَّةِ، وَتَحْوِي فِي فُرُوعِهَا أَنْوَاعَ التَّخَصُّصَاتِ مِنْ تَفْسِيرٍ وَحَدِيثٍ وَفِقْهٍ وَغَيْرِ ذَلِكَ، وَإِنَّ خَلَائِقَ لَا يُحْصِيهَا إِلَّا اللهُ تَتَخَرَّجُ سَنَوِيًّا مِنْ هَذِهِ الْجَامِعَاتِ، وَكَثِيرٌ مِنْ هَؤُلَاءِ يَرَوْنَ أَنَّهُمْ مُنِحُوا بِشَهَادَةِ التَّخَرُّجِ الضَّوْءَ الْأَخْضَرَ لِلْمُرُورِ فِي طَرِيقِ الْمُفْتِينَ (الْمُجْتَهِدِينَ)، وَسَيْطَرَ عَلَى كَثِيرٍ مِنَ الْعَامَّةِ أَنَّ فِكْرَةَ «خَرِيج شَرِيعَةٍ» أَوْ «دِرَاسَاتٍ إِسْلَامِيَّةٍ» أَوْ «أُصُولِ دِينٍ» أَوْ نَحْوِ ذَلِكَ، يَعْنِي الْأَهْلِيَّةَ لِلْإِفْتَاءِ!

وَلَا شَكَّ أَنَّ فِي هَؤُلَاءِ مَنْ لَهُ مَعْرِفَةٌ بِالْأُصُولِ وَدُرْبَةٌ فِي الْفُرُوعِ، وَلَكِنَّهُمْ قِلَّةٌ، وَحَتَّى هَؤُلَاءِ فَإِنَّهُ يَغْلِبُ عَلَيْهِمْ عَدَمُ مُوَاكَبَةِ الْعَصْرِ وَمُتَغَيِّرَاتِهِ، وَضَعْفُ الِاطِّلَاعِ عَلَى حَقِيقَةِ الْمَسْأَلَةِ مَوْضِعِ الْإِفْتَاءِ، وَإِنَّمَا يَطَّلِعُ أَحَدُهُمْ عَلَى طَرَفٍ فِيهَا مِنْ خِلَالِ الْمُسْتَفْتِي نَفْسِهِ، وَقَدْ تَكُونُ تِلْكَ الْمَسْأَلَةُ مِمَّا تَعُمُّ بِهِ الْبَلْوَى.

٤ ـ أَئِمَّةُ الْمَسَاجِدِ وَالْوُعَّاظُ وَالدُّعَاةُ.

وَهَذِهِ الْفِئَةُ هِيَ مِنْ أَكْبَرِ الْفِئَاتِ فِي عَصْرِنَا مِمَّنْ يَجْرُؤُ عَلَى الْإِفْتَاءِ، وَإِنْ كَانَ عَلَى مُسْتَوَى الْمَسْجِدِ أَوِ الْحَيِّ، ذَلِكَ لِكَثْرَةِ الْجَهْلِ

بِأَحْكَامِ الشَّرْعِ عِنْدَ النَّاسِ، وكَثْرَةِ نَوَازِلِهِمْ، فَيَلْجَؤُونَ إِلَى هَذِهِ الْفِئَةِ حَيْثُ لَا يَجِدُونَ سِوَاهَا.

٥ ـ مُفْتُو الْمَواقِعِ الإلكتْرُونِيَّةِ!

وَهَذِهِ الْفِئَةِ هِيَ أَعْظَمُ الْفِئَاتِ خَطَرًا، ذَلِكَ لِسَعَةِ شُيُوعِ آرَائِهَا، وَمِنْ ثَمَّ سَعَةُ الْقَاعِدَةِ الْمُتَأَثِّرَةِ بِهَا، وَهِيَ تَضُمُّ مُفْتِينَ أَكْفَاءَ يُعْرَفُونَ، وَآخرينَ دُونَهُمْ بِقَدْرٍ مَا، وَفِي ذَاتِ الْوَقْتِ فَهِيَ تَضُمُّ دُعَاةً وُعَّاظًا اكْتَسَبُوا شُهْرَتَهُمْ بِالْوَعْظِ وَالْقَصَصِ، كَمَا تَضُمُّ أَنْمَاطًا مِنَ الْمُفَكِّرِينَ بِدَرَجَاتٍ مُتَفَاوِتَةٍ، وَكَثِيرًا مِنْ خِرِّيجِي الدِّرَاسَاتِ الإِسْلَامِيَّةِ، كَمَا تَضُمُّ مُفْتِينَ مَجَاهِيلَ لَا حَصْرَ لَهُمْ، وَبِأَسْمَاءٍ نَكِرَاتٍ لَا تُعْرَفُ، وَالْكُلُّ يَتَعَرَّضُ لِلإِفْتَاءِ، أَوْ يَضْرِبُ بِنَصِيبٍ بِرَأْيِهِ «اجْتِهَادِهِ»!

وَإِنَّ أَفْضَلَ الْمُكَوِّنَاتِ فِي إِطَارِ هَذِهِ الْفِئَاتِ: جِهَاتُ الإِفْتَاءِ الْجَمَاعِيِّ، وَذَلِكَ مِثْلُ دُورِ الإِفْتَاءِ، وَلِجَانِ الْفَتْوَى، وَالْمَجَامِعِ الْفِقْهِيَّةِ، فَهَذِهِ يَغْلِبُ عَلَيْهَا التَّخَصُّصُ وَالْكَفَاءَةُ وَإِنْ كَانَتْ بِتَفَاوُتٍ.

وَأَبْرَزُ الإِيجَابِيَّاتِ الْجَامِعَةِ لِهَذِهِ الْفِئَاتِ مَا يَلِي:

١ ـ أَنَّهَا تُؤَكِّدُ ضَرُورَةَ تَفْعِيلِ الاجْتِهَادِ.

٢ ـ التُّرَاثُ حَتَّى عِنْدَ الْمُقَلِّدِ مِنْ هَؤُلَاءِ الْمُفْتِينَ يَسْتَمِرُّ الاجْتِهَادُ فِي جَانِبٍ لَا بُدَّ مِنْهُ، وَهُوَ تَحْقِيقُ الْمَنَاطِ، فَإِنَّهُ اجْتِهَادٌ لَا انْفِكَاكَ عَنْهُ.

٣ ـ قِيَامُهَا بِسَدِّ الْحَاجَةِ بِقَدْرٍ مَا.

أَمَّا الْمَآخِذُ عَلَى هَذِهِ الْفِئَاتِ فَهِيَ مَا يَلِي:

١ ـ وُقُوعُ الْإِفْتَاءِ مِنْ غَيْرِ مُتَأَهِّلٍ، وَهُوَ غَالِبٌ عَلَى تِلْكَ الْفِئَاتِ، فَإِنَّ أَحْسَنَهَا مَنْ تَخَصَّصَ فِي الدِّرَاسَاتِ الْإِسْلَامِيَّةِ، فَهَؤُلَاءِ لَا رَيْبَ فِي كَفَاءَةِ بَعْضِهِمْ، وَلَكِنَّهُمْ كَالْإِبِلِ الْمِئَةِ لَا تَكَادُ تَجِدُ فِيهَا رَاحِلَةً، وَكَمْ مِنْ هَؤُلَاءِ رَأَيْنَاهُ لَا يُحْسِنُ تِلَاوَةَ الْقُرْآنِ، وَلَا يُمَيِّزُ الْحَدِيثَ الصَّحِيحَ مِنْ سِوَاهُ، وَلَا شَأْنَ لَهُ بِتَخْرِيجِ الْفُرُوعِ عَلَى الْأُصُولِ، وَأَحْسَنُ أَمْرِ بَعْضِهِمْ أَنْ يَرْجِعَ إِلَى آرَاءِ بَعْضِ الْمُفْتِينَ مِمَّنْ يَرْتَضِيهِمْ هُوَ وَيَرَاهُمْ أَوْلَى مِنْ غَيْرِهِمْ وَأَصْلَحَ لِيَعُودَ بِرَأْيِهِمْ عَلَى الْمُسْتَفْتِي، وَأَفْضَلُ أَحْوَالِهِ عِنْدَئِذٍ أَنْ يَقُولَ: أَفْتَى بِالْحِلِّ أَوْ بِالْحُرْمَةِ الشَّيْخُ فُلَانٌ فَيُحِيلُ عَلَيْهِ، هَذَا إِنْ لَمْ يُفْهِمِ الْمُسْتَفْتِيَ أَنَّهُ هُوَ مَنْ أَفْتَاهُ، فَغَرَّرَ بِهِ وَبِغَيْرِهِ أَنَّهُ مِنْ أَهْلِهَا. فَأَيُّ اجْتِهَادٍ هَذَا؟

٢ ـ الْإِفْتَاءُ دُونَ إِحَاطَةٍ بِالْقَضِيَّةِ مَحَلِّ الِاسْتِفْتَاءِ.

وَمِثَالُهُ أَنْ تَكُونَ قَضِيَّةً جَدِيدَةً مِنْ كُلِّ وَجْهٍ، كَقَضِيَّةٍ اقْتِصَادِيَّةٍ، أَوْ طِبِّيَّةٍ، مَثَلًا، وَيَقْتَضِي الْجَوَابُ قَبْلَ صُدُورِهِ أَنْ تُدْرَسَ فِي وَاقِعِهَا، وَتُعْرَفَ مِنْ بَيَانِ الْمُتَخَصِّصِينَ بِهَا، فَتَرَى الْمُفْتِيَ يُعَالِجُهَا مِنْ خَلْفِيَّتِهِ الْفِقْهِيَّةِ الْمُجَرَّدَةِ دُونَ كَمَالِ اطِّلَاعٍ عَلَى طَبِيعَتِهَا فَتَصْدُرُ الْفَتْوَى مَنْقُوصَةً، أَوْ غَيْرَ مُطَابِقَةٍ.

وَكَمْ فِي قِرَاءَةِ الْوَاقِعِ مِنْ خِلَالِ مَا بَلَغَتْهُ الْإِنْسَانِيَّةُ مِنَ الْعِلْمِ مِنْ أَثَرٍ هَائِلٍ عَلَى تَغْيِيرِ كَثِيرٍ مِنَ الْمَفَاهِيمِ الْمَوْرُوثَةِ، فَضْلًا عَنْ إِحْدَاثِ

تَصَوُّرَاتٍ وَإِنْشَاءِ أَجْوِبَةٍ لَيْسَ لَهَا سَابِقُ مِثَالٍ. فَمَنْ يَقْصِدُ الْيَوْمَ لِيُعَالِجَ الْقَضَايَا الْمَصْرِفِيَّةَ مَثَلًا مِنْ خِلَالِ الْفِقْهِ الْمَوْرُوثِ، فَإِنَّهُ يَبْقَى يَدُورُ فِي فَلَكٍ ضَيِّقٍ لَا يَنْتَهِي مِنْهُ إِلَى جَوَابٍ مُقْنِعٍ فِي كَثِيرٍ مِنْ تِلْكَ الْقَضَايَا، إِنْ لَمْ يَكُنْ فِي أَكْثَرِهَا. وَمَنْ يُرَتِّبُ فِقْهَهُ لِقَضِيَّةِ التَّعَامُلِ مَعَ غَيْرِ الْمُسْلِمِينَ عَلَى مَا أَكْسَبَهُ التُّرَاثُ الْفِقْهِيُّ فِي أَزْمِنَةٍ غَابِرَةٍ مِنَ الْفِقْهِ لِلْمَسْأَلَةِ فِي ظِلِّ وَاقِعٍ مُغَايِرٍ لِوَاقِعِ الْعَصْرِ، فَيُنَزِّلُ ذَلِكَ التَّصَوُّرَ عَلَى الْوَاقِعِ الْمُعَاصِرِ دُونَ اعْتِبَارٍ لِتَغَيُّرِ هَذَا الْوَاقِعِ، وَدُونَ رِعَايَةٍ لِخَلْفِيَّةِ ذَلِكَ التَّصَوُّرِ، فَإِنَّ فَتْوَاهُ سَتُلْبِسُ الإِسْلَامَ لَبُوسَ الْمُعَادَاةِ لِلْبَشَرِ، كَمَا نَرَاهُ الْيَوْمَ مَعْلَمًا لِأَكْثَرِ الْفَتَاوَى انْتِشَارًا!

٣ ـ الإِفْتَاءُ دُونَ تَحَقُّقٍ مِنْ وَاقِعِ الْقَضِيَّةِ مَحَلِّ الاسْتِفْتَاءِ، أَيْ أَنَّ الْمُفْتِيَ لَا يَقُومُ بِمَا يَلْزَمُ لِتَحْقِيقِ الْمَنَاطِ، وَأَمْثِلَتُهُ لَا تَكَادُ تَنْحَصِرُ، وَأَكْثَرُهَا ضَرَرًا تِلْكَ الآرَاءُ الَّتِي تَسْتَنِدُ إِلَى غَيْرِ بِيئَتِهَا الْمَكَانِيَّةِ أَوْ زَمَانِهَا، كَمَنْ يَعِيشُ فِي الشَّرْقِ يُجِيبُ عَنِ اسْتِفْتَاءِ تَعُمُّ بِهِ الْبَلْوَى مِنَ الْغَرْبِ، لَا يُدْرِكُ مِنْ حَقِيقَةِ الْحَالَةِ إِلَّا مَا أَفَادَهُ بِهِ الْمُسْتَفْتِي الْمُعَيَّنُ، وَيُفْتِيهِ فِي مُعْظَمِ الأَحْوَالِ وَلَمْ يَرَ لَهُ وَجْهًا وَلَا سَمِعَ لَهُ صَوْتًا.

٤ ـ تَعْمِيمُ الْفَتْوَى الْخَاصَّةِ.

وَهَذِهِ الْحَالَةُ تَتَمَثَّلُ فِي أَنْمَاطٍ عِدَّةٍ، مِنْ أَكْثَرِهَا ضَرَرًا بِالْجُمْهُورِ تِلْكَ الْفَتَاوَى الَّتِي تُعَالِجُ حَالَاتٍ خَاصَّةً، أَوْ تَتَنَاوَلُ ظَرْفًا خَاصًّا، أَوْ تُجِيبُ عَنْ مَسْأَلَةٍ شَخْصِيَّةٍ، تُنْشَرُ عَلَى مَوَاقِعِ شَبَكَةِ الإِنْتَرْنَتِ،

فَيَتَلَقَّفُهَا بِعَمَلِيَّةِ الْبَحْثِ الْبَسِيطِ مَنْ لَا تُجِيبُ عَنْ قَضِيَّتِهِ، وَلَا تُعَالِجُ مُشْكِلَتَهُ، أَوْ يَقِفُ فِيهَا عَلى آرَاءٍ مُتَنَاقِضَةٍ لِأَخْلَاطٍ مِنَ الْمُفْتِينَ، فَيَتَحَيَّرُ أَيْنَ تَكُونُ مَسْأَلَتُهُ مِنْهَا. وَإِنْ كَانَ اسْتِعْرَاضُ ذَلِكَ عَنْ طَرِيقِ تِلْكَ الْبَرَامِجِ الْحَيَّةِ لِلإِفْتَاءِ، يَتَّصِلُ الْمُسْتَفْتِي هَاتِفِيًّا فِي أَمْرٍ يَسْمَعُهُ مَنْ لَا يُحْصِي عَدَدَهُمْ وَلَا يَعْلَمُ قَدْرَهُمْ إِلَّا اللهُ، وَالْمَسْأَلَةُ خَاصَّةٌ، وَمَوْضُوعُهَا قَدْ يَضُرُّ بِبَعْضِ الْمُسْتَمِعِينَ أَوِ الْمُشَاهِدِينَ، وَكَمْ فِي هَذَا السِّيَاقِ يَخْتَلِطُ مَا تَعُمُّ فَائِدَتُهُ بِالَّذِي يَخْتَصُّ بِهِ بَعْضُ الأَفْرَادِ أَوِ الْحَالَاتِ؟

٥ ـ تَأَثُّرُ الْمُفْتِي بِظُرُوفٍ اجْتِمَاعِيَّةٍ أَوْ سِيَاسِيَّةٍ أَوْ مَعَاشِيَّةٍ أَوْ غَيْرِ ذَلِكَ.

وَهَذِهِ الْخَصْلَةُ لَيْسَتْ وَلِيدَةَ عَصْرِنَا، وَلَكِنَّ سُرْعَةَ الانْتِشَارِ الْيَوْمَ تَزِيدُ فِي سَلْبِيَّتِهَا.

وَلَا شَكَّ أَنَّ الْمُفْتِيَ بَشَرٌ، يَتَأَثَّرُ بِالْمَوَاقِفِ، وَمَا مُنِعَ الْقَاضِي أَنْ يَقْضِيَ وَهُوَ غَضْبَانُ، إِلَّا لِخُرُوجِ مِزَاجِهِ عَنِ الاعْتِدَالِ بِسَبَبِ الْغَضَبِ، فَكَذَلِكَ مَنْ تَأَثَّرَ بِعُرْفِ بِيئَتِهِ وَمُجْتَمَعِهِ حَتَّى صَارَ مِقْيَاسًا لِفِكْرِهِ فِي رِضَاهُ بِهِ أَوْ سَخَطِهِ عَلَيْهِ، وَمَنْ كَانَ سَجِينًا فَأَفْتَى فِي مَسْأَلَةٍ تَخُصُّ سَجَّانَهُ فَلَا يُمْكِنُ أَنْ يَنْفَكَّ عَنْ أَثَرِ انْفِعَالَاتِهِ فِي فَتْوَاهُ إِلَّا أَن يَشَاءَ اللهُ، بَلْ أَدْنَى مَا يَلْزَمُ أَن يُعْتَبَرَ هُنَا هُوَ أَنْ يُحْذَرَ مِنْ تِلْكَ الْفَتْوَى، وَمَنْ كَانَ مُفْتِيًا لِحَاكِمٍ تَبَيَّنَ ظُلْمُهُ، فَهُوَ يُفْتِي بِمَا يُسَوِّغُ لَهُ رَغْبَةً أَوْ رَهْبَةً، وَمَنْ كَانَ مَأْجُورًا مِنْ طَرَفٍ لِيَعِيشَ

يُفْتِي لِمَصْلَحَةِ مَنِ اسْتَأْجَرَهُ خَوْفًا عَلَى رِزْقِهِ، وَلَا شَكَّ أَنَّ هَذَا لَا يَعْنِي أَنَّ فَتْوَى الْمُفْتِي مُتَّهَمَةٌ ابْتِدَاءً، وَلَكِنَّهَا تُوجِبُ مَزِيدَ تَحَرٍّ مِنْ قِبَلِ الْمُسْتَفْتِي، كَمَا تَسْتَوْجِبُ أَنْ يَشْرَحَ فَتْوَاهُ بِالْحُجَّةِ وَالْبَيَانِ الْمُقْنِعَيْنِ بَرَاءَةً لِلذِّمَّةِ وَدَرْءًا لِلتُّهَمَةِ.

وَالْخَلَلُ الْهَائِلُ فِي شَأْنِ الْفَتْوَى فِي هَذَا الْعَصْرِ، وَالَّذِي رُبَّمَا عَبَّرَ عَنْهُ بَعْضُ الْعُقَلَاءِ بِوَصْفِهِ بِالْفَوْضَى، مَا هُوَ إِلَّا نِتَاجُ خَلَلٍ فِي الْمَنْهَجِ، أَوْ ضَعْفٍ غَالِبٍ فِي الأَهْلِيَّةِ، أَوْ فِي كِلَا الأَمْرَيْنِ.

وَمِنْ وَصْفِ الْحَجْوِيِّ لِفَتَاوَى عَصْرِهِ وَقَدْ أَدْرَكَ طَرَفًا مِنْ زَمَانِنَا أَنْ قَالَ: «وَكَمْ رَأَيْتُ وَسَمِعْتُ مِنْ فَتَاوٍ وَأَحْكَام فِي الْبَوَادِي وَالْمُدُنِ يُضْحَكُ مِنْهَا وَيُبْكَى عَلَى غُرْبَةِ الْمَغْرِبِ وَالدِّينِ مِنْ أَجْلِهَا، وَإِنَّ أَصْحَابَهَا مُحْتَاجُونَ لِلتَّعْلِيمِ كَثِيرًا، وَقَدْ تَأَفَّفَ أَحْمَدُ الْهِلَالِيُّ[(١)] فِي وَقْتِهِ مِنْ مُفْتِيهِ، وَقَبْلَهُ الْبَاجِيُّ وَابْنُ حَزْمٍ بِكَثِيرٍ، يَعْلَمُ ذَلِكَ مَنْ طَالَعَ كُتُبَ الْفَتْوَى وَالتَّارِيخِ، وَكُلُّ وَقْتٍ هُوَ كَوَقْتِنَا يُوجَدُ الْمُحْسِنُ وَالْمُتَسَلِّطُ، إِلَّا أَنَّ وَقْتَنَا هَذَا عَظُمَ فِيهِ الْجَهْلُ وَغَلَبَ الْفَسَادُ، وَأَصْبَحَتِ الْفَتْوَى بَيْنَ كُلِّ مَنْ مَدَّ يَدَهُ إِلَيْهَا وَتَجَرَّأَ عَلَيْهَا، وَلَوْ كَانَتِ الْيَدُ شَلَّاءَ، وَالْكَفُّ خَرْقَاءَ، تَرَسَّمَ بِهَا مَنِ اتَّخَذَهَا مَكْسَبًا وَمَتْجَرًا، وَلَا تَسْأَلْ عَمَّا جَرَى كَيْفَ جَرَى!»[(٢)].

---

(١) يَبْدُو أَنَّهُ عَنى أَبَا الْعَبَّاسِ أَحْمَدَ بْنَ عَبْدِالْعَزِيزِ السِّجِلْمَاسِيَّ، مِنْ أَعيَانِ المالكِيَّةِ بِالمغرِبِ، الْمُتَوفَّى سَنَةَ (١١٧٥هـ).

(٢) الْفِكْر السَّامِيّ في تَارِيخ الْفِقْهِ الإسْلَامِيِّ، لِلْحَجْوِيِّ (٢/٤٩١).

فَمَاذا عَسَى أَنْ يَقُولَ الْحَجْوِيُّ لَوْ أَدْرَكَ وَقْتَنَا وَمَا تَفْعَلُهُ اليَوْمَ الْقَنَوَاتُ الإعْلَامِيَّةُ وَمَوَاقِعُ الإنْتَرْنَتْ بِعُقُولِ النَّاسِ؟!

أَزمَة الاجْتِهادِ في الواقِع المعاصِر

الاجْتِهادُ فِي تَارِيخ الأُمَّةِ، وَفِي عِلْمِ أُصُولِ الْفِقهِ خَاصَّةً، لَهُ مَدْلُولُهُ الَّذِي تَقَدَّمَ ذِكْرُهُ، وَلَهُ شُرُوطُهُ، وَضَعْفُهُ فِيمَا بَعْدَ الْمَذَاهِبِ سَبَقَ بَيَانُ سَبَبِهِ، حَتَّى عَصْرِنَا، وَبِسَبَبِ الانْفِتَاحِ عَلَى الأُمَمِ وَتَوسُّعِ الْمَعَارِفِ، مَعَ اسْتِمْرَارِ حَالَةِ الْعَجْزِ عَنِ التَّجْدِيدِ لِتَفْسِيرِ النَّصِّ الشَّرْعِيِّ لِيُوَاكِبَ الْعَصْرَ، وَعَجْزِ الْفِقْهِ الْمَوْرُوثِ عَنْ صَلَاحِيَّتِهِ عَلَى هَيْئَتِهِ لِمُلَاءَمَةِ الْمُسْتَجِدَّاتِ وَالْمُتَغَيِّرَاتِ، وَتَلَكُّؤِ الْمُخْتَصِّينَ بِالْعُلُومِ الشَّرْعِيَّةِ، أَحْدَثَ حَالَةَ سَخَطٍ عِنْدَ طَائِفَةٍ مِنَ الْبَاحِثِينَ وَالْمُثَقَّفِينَ، تَزِيدُ أَعْدَادُهَا، وَتَرْتَفِعُ أَصْوَاتُهَا، أَسْرَعَ فِيهِم بَعْضُ الْمُشْتَغِلِينَ بِالْعُلُومِ الشَّرْعِيَّةِ فَأَطْلَقُوا التُّهَمَةَ، وَرَمَوْهُمْ بِالشُّذُوذِ، وَنَبَزُوهُمْ بِالأَلْقَابِ، وَلَيْتَهُمْ قَابَلُوا الْعَقْلَ بِالْعَقْلِ، وَالْجَهْلَ بِالْعِلْمِ.

وَكُلُّ مُتَابِعٍ لِلْجَدَلِ فِي هَذَا الأَمْرِ يُدْرِكُ أَنَّ مَنْ يُرِيدُ التَّجْدِيدَ فِي الْمُسْلِمِينَ صِنْفَانِ: صِنْفٌ يَنْتَمِي لِلْعُلُومِ الشَّرْعِيَّةِ، وَمِنْ أَبْنَائِهَا، وَهَؤُلَاءِ تَظْهَرُ لَهُمْ مُشَارَكَاتٌ إِبْدَاعِيَّةٌ فِي إِعَادَةِ صِيَاغَةِ عِلْمِ أُصُولِ الْفِقْهِ، وَإِبْرَازِ الْجَوَانِبِ الْمُهْمَلَةِ مِنْهُ، وَاسْتِدْرَاكِ أُصُولٍ جَدِيدَةٍ، وَتَفْسِيرِ مَا يُسَهِّلُ اسْتِثْمَارَهُ فِي الاجْتِهَادِ.

وَالصِّنْفُ الآخَرُ أَجْنَبِيٌّ عَنْهَا، لَكِنْ رُبَّمَا كَانَ لَهُ نَصِيبٌ مِنْ قِرَاءَةِ النَّصِّ، وَمُحَاوَلَةِ تَفْسِيرِهِ، غَيْرَ أَنَّ هَؤُلَاءِ لَمْ تَبْدُ لِمَنَاهِجِهِمُ التَّجْدِيدِيَّةِ مَلَامِحُ تُعِينُ عَلَى تَحْدِيدِ المَسَارِ، هَؤُلَاءِ لَمْ يَقِفُوا عِنْدَ أُصُولِ فِقْهٍ، وَلَا قَوَاعِدِ اسْتِنْبَاطٍ، بَلْ لَا يَكَادُ يَظْهَرُ اعْتِرَافُهُمْ بِهَا أَسَاسًا، وَإِذَا جِئْتَ لِأَمْثِلَةِ التَّجْدِيدِ لَدَيْهِمْ فَإِنَّهَا لَا تُمَثِّلُ مَنْهَجًا يُمْكِنُ البِنَاءُ عَلَيْهِ فِي الاجْتِهَادِ، فَقَضَايَاهُمُ المُثَارَةُ تَكَادُ تَكُونُ عَنَاوِينَ لَهُمْ، كَقَضَايَا المَرْأَةِ، مِثْلِ الحِجَابِ، وَالمِيرَاثِ، وَقَضَايَا الْعُقُوبَاتِ، مِثْلُ: عُقُوبَةِ الزِّنَى وَالسَّرِقَةِ، وَالرِّدَّةِ، وَقَضَايَا المَصَارِفِ، زِدْ عَلَيْهِ أَنَّ مُعْظَمَهُمْ لَا يُؤْمِنُونَ بِمَصْدَرِيَّةِ السُّنَّةِ فِي التَّشْرِيعِ مَعَ الْقُرْآنِ.

وَالمُشْكِلَةُ مَعَ هَؤُلَاءِ فِي الأُصُولِ وَلَيْسَتْ فِي الفُرُوعِ، فِي المَنْهَجِ وَالكُلِّيَّاتِ وَلَيْسَتْ فِي التَّفَاصِيلِ وَالْجُزْئِيَّاتِ، فَأَمْثِلَتُهُمْ كُلُّهَا تَقْبَلُ الْمُنَاقَشَةَ فِي ضَوْءِ الأُصُولِ المَوْرُوثَةِ، دُونَ حَاجَةٍ إِلَى اللُّجُوءِ إِلَى تَخَيُّلِ مَنْظُومَةٍ أُصُولِيَّةٍ بَدِيلَةٍ.

وَإِنْكَارُ التُّرَاثِ مُطْلَقًا لِأَجْلِ التَّجْدِيدِ فِكْرَةٌ كَاذِبَةٌ وَدَعْوَى زَائِفَةٌ، فَإِنَّهُ لَا يُتَصَوَّرُ فِي المَبَادِئِ الْعَقْلِيَّةِ وَاللُّغَوِيَّةِ مِمَّا فِي التُّرَاثِ أَنْ تَكُونَ عَائِقًا دُونَ التَّجْدِيدِ، وَأَوْلَى أَنْ لَا تَكُونَ دَلَائِلُ الْقُرْآنِ الْعَظِيمِ نَفْسِهِ عَائِقًا دُونَ التَّجْدِيدِ لِمَنْ يُرِيدُ التَّجْدِيدَ مِنَ الدَّاخِلِ، أَيْ يُرِيدُ التَّجْدِيدَ فِي تَفْسِيرِ النَّصِّ الْقُرْآنِيِّ نَفْسِهِ، أَمَّا مَنْ يَزْعُمُ التَّجْدِيدَ خَارِجًا عَنِ الْقُرْآنِ فَلَيْسَ مَعْنِيًّا أَسَاسًا بِمَوْضُوعِ الاجْتِهَادِ، فَالتَّجْدِيدُ المَرْجُوُّ هُوَ التَّجْدِيدُ فِي الإِسْلَامِ.

وَالأَجْدَرُ فِي نَظَرِ الْبَاحِثِ هُوَ أَنْ تُكَثَّفَ جُهُودُ مَنْ يُرِيدُ التَّجْدِيدَ وَتَفْعِيلَ الاجْتِهَادِ فِي التَّرْكِيزِ عَلى مَنْحَى الصِّنْفِ الأَوَّلِ، وَهَؤُلَاءِ يُنَادُونَ بِالتَّجْدِيدِ فِي الأُصُولِ وَالْفُرُوعِ، وَهُمْ مِنْ أَهْلِ التَّخَصُّصِ، غَيْرَ أَنَّ الْعَوَائِقَ النَّاتِجَةَ عَنِ التَّقْلِيدِ وَاسْتِجْرَارِ التَّارِيخِ مِنْ قِبَلِ جُمْهُورِ الْمُخْتَصِّينَ بِالْفِقْهِ هِيَ الأَكْبَرُ فِي طَرِيقِهِمْ.

وَفِيمَا يَأْتِي اسْتِعْرَاضٌ مُوجَزٌ لِطَبِيعَةِ الْوَاقِعِ الاجْتِهَادِيِّ، وَمَا يَرِدُ عَلَيْهِ، مَتْبُوعًا بِمَا هُوَ الْمَأْمُولُ أَنْ تَرْقَى إِلَيْهِ الأُمَّةُ فِي مَوْضُوعِ الاجْتِهَادِ:

تَحْلِيلُ الوَاقِعِ الاجْتِهَادِيِّ الْمُعَاصِرِ:

مِنْ أَجْلِ أَنْ نَضَعَ الاجْتِهَادَ فِي مَحَلِّهِ اللَّائِقِ بِهِ كَمَطْلَبٍ ضَرُورِيٍّ لَا يُسْتَغْنَى عَنْهُ فِي هَذَا الْعَصْرِ، كَمَا هُوَ فِي جَمِيعِ الْعُصُورِ؛ لِمَا تَقَدَّمَتِ الإِبَانَةُ عَنْهُ مِنَ الْحَاجَةِ الدَّائِمَةِ لاسْتِكْشَافِ حُكْمِ الشَّرِيعَةِ الْقَابِلَةِ لِلْبَحْثِ وَبِخَاصَّةٍ فِي سِيَاقِ مُسْتَجِدَّاتِ الْحَيَاةِ، فَإِنَّهُ لَا بُدَّ مِنْ تَصَوُّرِ الْوَاقِعِ، وَذَلِكَ بِاسْتِعْرَاضِ طَبِيعَةِ الاجْتِهَادَاتِ الْمُعَاصِرَةِ، وَتَشْخِيصِ وَاقِعِهَا وَالَّذِي يَتَمَيَّزُ مِنْ خِلَالِ مَوْضُوعِ الْفَتْوَى الَّتِي هِيَ عُنْوَانُ مَوْضُوعِ الاجْتِهَادِ لِعَدَمِ بُرُوزِ الْفَرْقِ بَيْنَهُمَا؛ وَذَلِكَ لِنَسْتَعِينَ بِتِلْكَ الْقِرَاءَةِ عَلى تَحْدِيدِ الدَّوْرِ الْحَقِيقِيِّ لِلاجْتِهَادِ، وَتَمْيِيزِ قَدْرِ الْكِفَايَةِ فِيهِ مِنْ عَدَمِهِ.

أَنْوَاعُ الاجْتِهَادِ فِي الْوَاقِعِ مِنْ جِهَةِ الاسْتِقْلَالِ وَالتَّبَعِيَّةِ الْمَذْهَبِيَّةِ

١ ـ الاجْتِهَادُ الْمُسْتَقِلُّ:

وَهُوَ فِي حَالَةِ ضُمُورٍ حَادٍّ، إِذْ مَحَلُّهُ الْيَوْمَ يَقْتَصِرُ عَلى اسْتِخْرَاجِ أَحْكَامِ النَّوَازِلِ الَّتِي لَيْسَ لَهَا نَظَائِرُ فِي التُّرَاثِ الْفِقْهِيِّ، عَلى ضَعْفٍ شَدِيدٍ فِي الآلِيَّةِ وَالْمَنْتُوجِ.

وَحَالَةُ الضَّعْفِ فِي تَفْعِيلِ هَذَا الاجْتِهَادِ مُتَأَثِّرَةٌ بِقَدْرٍ مَا بِالْخَلْفِيَّةِ الْفِكْرِيَّةِ لِقَضِيَّةِ مَنْعِ الاجْتِهَادِ أَوْ تَقْلِيصِهِ إِلَّا فِي الإِطَارِ الضَّيِّقِ، وَهُوَ عِنْدَئِذٍ بِالتَّخْرِيجِ عَلى فُرُوعِ الْمَذَاهِبِ، إِذْ أَنَّ طَائِفَةً مِنَ الْمُفْتِينَ الْمُعَاصِرِينَ لَا تَرَى الْخُرُوجَ عَنِ الْمَذَاهِبِ الأَرْبَعَةِ، لَكِنْ مَعَ ذَلِكَ فَالسَّبَبُ الأَقْوَى فِي رَأْيِ الْبَاحِثِ يَعُودُ إِلَى ضَعْفِ التَّكْوِينِ وَالْمَلَكَةِ الْفِقْهِيَّةِ، فَذَلِكَ أَبْرَزُ مَوَارِدِ الْعَجْزِ.

وَهَذَا النَّوْعُ مِنَ الاجْتِهَادِ، وَالَّذِي هُوَ أَعْلَى دَرَجَاتِهِ، تَدْعُو إِلى انْطِلَاقِهِ الْيَوْمَ دُونَ حُدُودٍ ثُلَّةٌ مِنَ الْعُلَمَاءِ وَالْمُفَكِّرِينَ، وَهُوَ أَهَمُّ مَا يَجِبُ

تَفْعِيلُهُ وَتَأْهِيلُ الطَّاقَاتِ لَهُ، إِذْ مِنْ خِلَالِهِ تَتِمُّ مُوَاكَبَةُ الْعَصْرِ فِي مُتَغَيِّرَاتِهِ الْهَائِلَةِ، وَالْإِبْدَاعُ فِي صِنَاعَةِ الْحَيَاةِ عَلَى وَفْقِ شَرِيعَةِ اللهِ.

وَيَبْقَى فِي الْأُمَّةِ مَنْ يُثَبِّطُ الْعَزَائِمَ، وَيُحْبِطُ الْمُحَاوَلَاتِ لِإِحْيَاءِ دَوْرِ هَذَا النَّوْعِ مِنَ الِاجْتِهَادِ، مِنْ مِثْلِ قَوْلِ أَحَدِهِمْ: «إِنَّ المجتَهِدَ المُطْلَقَ لَا نَكَادُ نَطْمَعُ بِوُجُودِهِ، وَقَدِ اشْتَكَى فَقْدَهُ الْفُقَهَاءُ مُنْذُ زَمَنٍ طَوِيلٍ... وَفِي زَمَنِنَا هَذَا فَقْدُهُ أَشَدُّ». حَتَّى قَالَ: «فَلم يَبْقَ إلَّا الْأَنْوَاعُ الْأُخْرَى مِنَ الِاجْتِهَادِ، وَهِيَ: الِاجْتِهَادُ الْمَذْهَبِيُّ، وَالِاجْتِهَادُ الْجُزْئِيُّ، فَهذَانِ النَّوْعَانِ يُمْكِنُ الِاسْتِفَادَةُ مِنْهُمَا فِي سَدِّ حَاجَةِ الْمُسْلِمِينَ، وَاسْتِعْمَالُهُمَا فِيمَا يَجِدُّ مِنَ الْمَشَاكِلِ...»، وَخَتَمَ بِقَوْلِهِ: «إِنَّنِي لَا أَرَى مَجَالًا لِفَتْحِ بَابِ الِاجْتِهَادِ بِغَيْرِ مَا ذَكَرْتُ»[١].

٢ ـ الِاجْتِهَادُ الْمَذْهَبِيُّ:

وَهُوَ الْمَنْهَجُ الَّذِي يَتَبَنَّاهُ مُعْظَمُ الْمُفْتِينَ فِي الْمَجَامِعِ الْفِقْهِيَّةِ، وَدُورِ الْإِفْتَاءِ وَلِجَانِهِ فِي الْعَالَمِ، وَمَعَ مَا قَرَّرَتْهُ الْمَذَاهِبُ فِي أُصُولِهَا بِأَنَّ نَاقِلَ الْمَذْهَبِ لَيْسَ مُجْتَهِدًا عَلَى الْحَقِيقَةِ، وَلَكِنَّهُمْ حَيْثُ لَمْ يَجِدُوا حِيلَةً مِنَ الْفَتْوَى تَصَدَّرُوا لَهَا، وَمَنَحُوا أَنْفُسَهُمْ أَوْ مُنِحُوا لَقَبَ «الْمُفْتِي»، وَحَمَلُوا عَلَى مَذَاهِبِهِمْ مَا تَحْتَمِلُهُ وَمَا لَا تَحْتَمِلُهُ، فَتَرَاهُمْ يُنْزِلُونَ الرَّأْيَ فِي غَيْرِ مَا نَزَّلَهُ عَلَيْهِ الْمَذْهَبُ أَسَاسًا، كَمَنْ يَسْتَبِيحُ الْأَمْوَالَ بِالْكَسْبِ الْحَرَامِ بِالتَّخْرِيجِ عَلَى مَذْهَبِ أَبِي حَنِيفَةَ فِي الْعُقُودِ الْفَاسِدَةِ فِي دَارِ الْحَرْبِ!

---

[١] الِاجْتِهَادُ، لِصَالِحِ الْفَوْزَانِ (ص: ٢٨ ـ ٣٠).

وَتُعْقَدُ الْمُؤْتَمَرَاتُ لِتَمْكِينِ الْفِقْهِ الْمَذْهَبِيِّ التَّقْلِيدِيِّ، وَتَتَعَدَّدُ الْمَوَاقِعُ الْإِلِكْتُرُونِيَّةُ الدَّاعِيَةُ إِلَى ذَلِكَ وَالْمُنْتَصِرَةُ لَهُ بِشِدَّةٍ، وَقَدْ كُنْتُ أَفْهَمُ حِينَ نَشَأْنَا فِي بِيئَةٍ حَنَفِيَّةٍ أَوْ شَافِعِيَّةٍ مُنْغَلِقَةٍ سَبَبَ أَنْ يَسْتَجِرَّ مُفْتُو بِلَادِنَا مَا جَرَى عَلَيْهِ أَهْلُ الْبَلَدِ، وَلَكِنْ كَيْفَ السَّبِيلُ لِضَبْطِ ذَلِكَ فِي هَذَا الْإِطَارِ وَجُمْهُورُ الْمُسْلِمِينَ الْيَوْمَ يَسْتَقُونَ أَجْوِبَةَ مَسَائِلِهِمْ عَنْ طَرِيقِ الْقَنَوَاتِ الْفَضَائِيَّةِ الَّتِي تَبُثُّ لِلدُّنْيَا، وَمَوَاقِعِ الْإِنْتَرْنَتْ؟! ثُمَّ مَنْ مَنَحَ هَؤُلَاءِ الْحَقَّ فِي حَكْرِ الِاجْتِهَادِ وَقَدِ اعْتَقَدُوا غَلْقَ بَابِهِ وَهَلَاكَ بَوَّابِهِ؟!

وَمَعَ مَا عَلَيْهِ كَثِيرٌ مِنَ الْمُفْتِينَ الْمُقَلِّدَةِ مِمَّا يَجُرُّهُ شُؤْمُ التَّقْلِيدِ، فَفِيهِمْ مَنْ يُؤَصِّلُ وَيَدْعُو إِلَى أَنَّ الْتِزَامَ هَذَا الْمَنْهَجِ هُوَ مَا يَكْبَحُ انْدِفَاعَ الشَّبَابِ الْمُتَعَجِّلِ الْيَوْمَ فِي آرَائِهِمْ وَتَوَجُّهَاتِهِمْ، وَأَنَّهُ الْمَنْهَجُ الْعَاصِمُ لِلرَّأْيِ مِنَ الشَّطَطِ وَالشُّذُوذِ، فَكَأَنَّ هَؤُلَاءِ لَمْ يَعْتَبِرُوا بِالتَّارِيخِ، وَكَانَ الْوَاجِبُ عَلَيْهِمْ أَنْ يُظْهِرُوا لِلْأُمَّةِ أَنَّ الطَّرِيقَ لِلْعِصْمَةِ إِنَّمَا هُوَ الْتِزَامُ الْقُرْآنِ وَالسُّنَنِ الصَّحِيحَةِ، وَتَفْعِيلُ الْعُقُولِ بِعُلُومِ الْأُصُولِ فِي تِلْكَ النُّقُولِ، وَأَنَّ نَبْزَ آرَاءِ مُخَالِفِيهِمْ بِالشُّذُوذِ لَا يُغْنِي مِنَ الْحَقِّ شَيْئًا.

٣ ـ الِاجْتِهَادُ الِانْتِقَائِيُّ:

وَالْمَقْصُودُ بِهِ اخْتِيَارُ مَذْهَبٍ فِقْهِيٍّ سَابِقٍ فِي الْمَسْأَلَةِ الْمُعَيَّنَةِ، قَدْ يَكُونُ وَاحِدًا مِنَ الْمَذَاهِبِ الْأَرْبَعَةِ، وَقَدْ يَكُونُ مِنْ خَارِجِهَا، كَمَذَاهِبَ مُهْمَلَةٍ مِنْ مَذَاهِبِ الصَّحَابَةِ أَوِ التَّابِعِينَ، أَوْ مَنْ بَعْدَهُمْ،

أَوْ كَوُجُوهٍ فِي بَعْضِ الْمَذَاهِبِ الْأَرْبَعَةِ، يَخْتَارُهَا الْمُجْتَهِدُ مُرَجِّحًا لَهَا بِمَا قَامَ لَدَيْهِ مِنَ الْمُرَجِّحَاتِ، وَهُوَ نَمَطٌ لَيْسَ جَدِيدًا، بَلْ سَبَقَ إِلَيْهِ بَعْدَ ظُهُورِ الْمَذَاهِبِ كَثِيرُونَ عَلَى مَدَى التَّارِيخِ، كَابْنِ جَرِيرٍ الطَّبَرِيِّ، وَابْنِ حَزْمٍ الْأَنْدَلُسِيِّ، وَابْنِ تَيْمِيَّةَ، وَالشَّوْكَانِيِّ، وَعَلَيْهِ كَثِيرُونَ مِنْ فُقَهَاءِ الْعَصْرِ عَلَى مُسْتَوَى مُؤَسَّسَاتِ الْفَتْوَى كَدَارِ الْإِفْتَاءِ الْمِصْرِيَّةِ، أَوِ الْأَفْرَادِ، مِثْلُ مُحَمَّدِ رَشِيدِ رِضَا، وَالسَّيِّدِ سَابِقٍ، وَالْقَرْضَاوِيِّ، وَمُحَمَّدِ الصَّالِحِ الْعُثَيْمِينَ.

وَقَدْ عَرَّفَ الْقَرَارُ (٧٠) ٨/١ لِمَجْمَعِ الْفِقْهِ الْإِسْلَامِيِّ الِاجْتِهَادَ التَّلْفِيقِيَّ بِالْقَوْلِ: «حَقِيقَةُ التَّلْفِيقِ فِي تَقْلِيدِ الْمَذَاهِبِ هِيَ: أَنْ يَأْتِيَ الْمُقَلِّدُ فِي مَسْأَلَةٍ وَاحِدَةٍ ذَاتِ فَرْعَيْنِ مُتَرَابِطَيْنِ فَأَكْثَرَ، بِكَيْفِيَّةٍ لَا يَقُولُ بِهَا مُجْتَهِدٌ مِمَّنْ قَلَّدَهُمْ فِي تِلْكَ الْمَسْأَلَةِ».

وَأَجَازَ الْقَرَارُ التَّلْفِيقَ، وَلَكِنَّهُ جَعَلَهُ مَمْنُوعًا فِي الْأَحْوَالِ التَّالِيَةِ:

أ - إِذَا أَدَّى إِلَى الْأَخْذِ بِالرُّخَصِ لِمُجَرَّدِ الْهَوَى، أَوِ الْإِخْلَالِ بِضَوَابِطِ الْأَخْذِ بِالرُّخَصِ.

ب - إِذَا أَدَّى إِلَى نَقْضِ حُكْمِ الْقَضَاءِ.

ج - إِذَا أَدَّى إِلَى نَقْضِ مَا عَمِلَ بِهِ تَقْلِيدًا فِي وَاقِعَةٍ وَاحِدَةٍ.

د - إِذَا أَدَّى إِلَى مُخَالَفَةِ الْإِجْمَاعِ أَوْ مَا يَسْتَلْزِمُهُ.

هـ - إِذَا أَدَّى إِلَى حَالَةٍ مُرَكَّبَةٍ لَا يُقِرُّهَا أَحَدٌ مِنَ الْمُجْتَهِدِينَ.

وَالِاجْتِهَادُ التَّلْفِيقِيُّ إِنْ كَانَ عَلَى وَجْهِ التَّرْجِيحِ بِالدَّلِيلِ وَقُوَّتِهِ،

فَذَلِكَ مَا يَتَّفِقُ مَعَ مَبْدَأِ الِاجْتِهَادِ، لَكِنْ يُؤْخَذُ عَلَى هَذَا الْمَنْهَجِ فِي عَصْرِنَا أَنَّهُ يَكُونُ غَالِبًا مِنْ أَجْلِ مَنْعِ الْمُفْتِي نَفْسَهُ مِنَ الْخُرُوجِ عَنِ الْمَذَاهِبِ الْمَتْبُوعَةِ، فَهُوَ يَنْطَلِقُ أَسَاسًا مِنِ اعْتِقَادِ لُزُومِ الْبَقَاءِ فِي الْأَرْبَعَةِ، فَيُؤَلِّفُ رَأْيًا مِنْ خِلَالِهَا لِيُعَالِجَ نَازِلَةً مِنَ النَّوَازِلِ، وَمِنْ سَلْبِيَّةِ هَذَا الْمَنْهَجِ أَنَّ أَصْحَابَهُ يُلْزَمُونَ بِأَنَّ الِانْتِقَاءَ مِنَ الْمَذَاهِبِ قَدْ يُؤَدِّي إِلَى التَّلْفِيقِ بَيْنَ رَأْيَيْنِ أَوْ آرَاءٍ يَنْتَقِيهَا الْمُفْتِي مِنْ مَذَاهِبَ عِدَّةٍ يُؤَلِّفُ مِنْ بَيْنِهَا رَأْيًا جَدِيدًا، لَا يَقُولُ بِهِ مَذْهَبٌ مِنْ تِلْكَ الْمَذَاهِبِ، كَإِبَاحَةِ بَيْعِ الْمُرَابَحَةِ لِلْآمِرِ بِالشِّرَاءِ مَعَ الْوَعْدِ بِالشِّرَاءِ فِي مُعَامَلَاتِ الْمَصَارِفِ الْإِسْلَامِيَّةِ الْيَوْمَ، فَإِنَّ التَّلْفِيقَ فِيهِ يَنْتَهِي إِلَى الْقَوْمِ بِجَوَازِ مَا هُوَ مَمْنُوعٌ عِنْدَ الْجَمِيعِ، فَإِنَّ مَنْ قَالَ فِيهِ بِطَرَفٍ لَمْ يُجِزْ فِيهِ الطَّرَفَ الَّذِي قَالَ بِهِ الْمَذْهَبُ الْآخَرُ، وَهَذَا خِلَافُ احْتِرَازِ الْمَجْمَعِ فِي الْقَرَارِ السَّابِقِ (الْفِقْرَةَ هـ).

لَكِنَّ الِانْتِقَاءَ مِنَ الْمَذَاهِبِ دُونَ اقْتِصَارٍ عَلَى الْأَرْبَعَةِ، وَبِمُقْتَضَى الدَّلِيلِ، وَتَمَسُّكًا بِالْقَوَاعِدِ وَالْأُصُولِ، ثُمَّ الْخُرُوجَ بِرَأْيٍ اجْتِهَادِيٍّ جَدِيدٍ، فَذَلِكَ مَنْهَجٌ سَدِيدٌ، وَإِنْ كَانَ يَبْدُو مُلَفَّقًا مِنْ آرَاءٍ عِدَّةٍ، كَالَّذِي نَحْسَبُ عَلَيْهِ مَنْ سَبَقَ ذِكْرُ اسْمِهِ عَلَى سَبِيلِ التَّمْثِيلِ مِنَ الْمُجْتَهِدِينَ السَّالِفِينَ وَالْمُعَاصِرِينَ.

كَمَا أَنَّ الِاجْتِهَادَ يُمْكِنُ أَنْ يَكُونَ عَلَى نَوْعَيْنِ مِنْ جِهَةِ الْكُلِّيَّةِ وَالْجُزْئِيَّةِ، وَلِكُلٍّ مِنْهُمَا اعْتِبَارٌ فِي الْوَاقِعِ:

١ ـ الِاجْتِهَادُ الْكُلِّيُّ (الْمُطْلَقُ) أَوِ العَامُّ (الشُّمُولِيُّ).

وَالْمَقْصُودُ بِهِ الَّذِي يَكُونُ الْمُجْتَهِدُ فِيهِ قَادِرًا عَلَى اسْتِخْرَاجِ الْأَحْكَامِ

الشَّرْعِيَّةِ فِي كُلِّ بَابٍ يَتَعَرَّضُ لَهُ، وَهَذِهِ الصِّفَةُ حِينَ تَعَرَّضَ لَهَا الْأُصُولِيُّونَ قَدِيمًا، فَإِنَّهُمْ قَصَدُوا بِهَا بُلُوغَ أَهْلِيَّةِ الِاجْتِهَادِ بِتَحْصِيلِ آلَاتِهِ وَتَحَقُّقِ شُرُوطِهِ، لَا عَلَى مَعْنَى اشْتِرَاطِ إِصْدَارِ الْأَحْكَامِ فِي كُلِّ جُزْئِيَّةٍ، فَالْأَهْلِيَّةُ بِهَذَا الِاعْتِبَارِ لَا تَتَجَزَّأُ، وَإِنَّمَا التَّجَزُّؤُ بِاعْتِبَارِ الِاعْتِنَاءِ بِالْمُجْتَهَدِ فِيهِ، وَبِاعْتِبَارِ مَزِيدِ الْبَحْثِ وَتَخَصُّصِهِ[1].

وَكَثِيرًا مَا نَرَى الْعُلَمَاءَ وَهُمْ يَذْكُرُونَ قَضِيَّةَ بُلُوغِ «رُتْبَةِ الِاجْتِهَادِ»، تِلْكَ الرُّتْبَةُ الَّتِي لَمْ يَتَّفِقُوا فِيهَا عَلَى وَصْفٍ، وَلَمْ يَتَمَكَّنُوا أَنْ يَحُدُّوهَا بِحَدٍّ، وَلَمْ يَضْبِطُوا شُرُوطَهَا بِضَابِطٍ يُنْتَهَى إِلَيْهِ، عِنْدَمَا يَتَعَرَّضُونَ لِمَسْأَلَةِ الِاجْتِهَادِ الْجُزْئِيِّ، يُمَثِّلُونَ لَهُ بِصَنِيعِ مَالِكِ بْنِ أَنَسٍ فِي عُدُولِهِ عَنِ الْإِفْتَاءِ عَنْ بِضْعٍ وَثَلَاثِينَ مَسْأَلَةً مِنْ جُمْلَةِ أَرْبَعِينَ[2]، وَفِي ذَاتِ الْوَقْتِ يَتَّفِقُونَ عَلَى أَنَّهُ مُجْتَهِدٌ مُطْلَقٌ.

قَالَ الْغَزَالِيُّ: «مَنْ شَرَطَ فِي مَنْصِبِ الْمُفْتِي أَنْ يَكُونَ عَالِمًا بِجَمِيعِ الْمَسَائِلِ، غَيْرَ مُتَرَدِّدٍ فِي شَيْءٍ مِنْهَا، دَلَّ ذَلِكَ عَلَى غَايَةِ جَهْلِهِ بِمَآخِذِ الْأَحْكَامِ الْفِقْهِيَّةِ الظَّنِّيَّةِ، وَلَزِمَهُ عَلَى ذَلِكَ إِخْرَاجُ الصَّحَابَةِ بِجُمْلَتِهِمْ عَنْ حَيِّزِ الْمُفْتِينَ، وَكَذَلِكَ مَنْ بَعْدَهُمْ؛ إِذْ مَا مِنْ أَحَدٍ إِلَّا وَقَدْ تَوَقَّفَ فِي مَسَائِلَ»[3].

---

[1] وَانْظُرْ: إِرْشَادُ الْفُحُولِ، لِلشَّوْكَانِيِّ (٢/١٠٤٣ ـ ١٠٤٤).

[2] انْظُرْ: الِانْتِقَاءُ فِي فَضَائِلِ الْأَئِمَّةِ الثَّلَاثَةِ الْفُقَهَاءِ، لِابْنِ عَبْدِالْبَرِّ (ص: ٧٥).

[3] حَقِيقَةُ الْقَوْلَيْنِ، لِلْغَزَالِيِّ (ص: ٢٩٠ ـ مَجَلَّةُ الْجَمْعِيَّةِ الْفِقْهِيَّةِ السُّعُودِيَّةِ، الْعَدَدُ الثَّالِثُ).

وَالاجْتِهَادُ الشُّمُولِيُّ الْيَوْمَ لَا يُوجَدُ مَا يَمْنَعُهُ وَإِنْ غَلَبَتِ الْمَذْهَبِيَّةُ، وَالْمَأْمُولُ أَنْ تَنْهَضَ بِهِ الأُمَّةُ بِإِيجَادِ الأَكْفَاءِ فِيهِ.

٢ ـ الاجْتِهَادُ الْجُزْئِيُّ أَو الخاصُّ (التَّخَصُّصِيُّ).

مُنْذُ الْقَدِيمِ حَرَّرَ السَّابِقُونَ مَسْأَلَةَ تَجَزُّؤِ الاجتِهَادِ، وأَكْثَرُهُمْ عَلَى جَوازِهِ، وذَلِكَ كالتَّمَكُّنِ فِي بابٍ دُونَ غَيْرِهِ، كبابِ المناسِكِ، وبابِ الفَرَائضِ، وبابِ الْبُيُوعِ، وهَكَذَا[١].

قَالَ ابْنُ قُدَامَةَ: «لَيْسَ مِنْ شَرْطِ الاجْتِهادِ فِي مَسْأَلَةٍ بُلُوغُ رُتْبَةِ الاجْتِهادِ فِي جَمِيعِ الْمَسائِلِ، بَلْ مَتَى عَلِمَ أَدِلَّةَ الْمَسْأَلَةِ الوَاحِدَةِ، وَطُرُقَ النَّظَرِ فِيهَا، فَهُوَ مُجْتَهِدٌ فِيهَا، وَإِنْ جَهِلَ حُكْمَ غَيْرِهَا»[٢].

وَقَالَ الآمِدِيُّ: «وَأَمَّا الاجْتِهَادُ فِي حُكْمِ بَعْضِ الْمَسَائِلِ، فَيَكْفِي فِيهِ أَنْ يَكُونَ عَارِفًا بِمَا يَتَعَلَّقُ بِتِلْكَ الْمَسْأَلَةِ، وَمَا لَا بُدَّ مِنْهُ فِيهَا، وَلَا يَضُرُّهُ فِي ذَلِكَ جَهْلُهُ بِمَا لَا تَعَلُّقَ لَهُ بِهَا مِمَّا يَتَعَلَّقُ بِبَاقِي الْمَسَائِلِ الْفِقْهِيَّةِ، كَمَا أَنَّ الْمُجْتَهِدَ الْمُطْلَقَ قَدْ يَكُونُ مُجْتَهِدًا فِي الْمَسَائِلِ الْمُتَكَثِّرَةِ بَالِغًا رُتْبَةَ الاجْتِهَادِ فِيهَا، وَإِنْ كَانَ جَاهِلًا بِبَعْضِ الْمَسَائِلِ الْخَارِجَةِ عَنْهَا، فَإِنَّهُ لَيْسَ مِنْ شَرْطِ الْمُفْتِي أَنْ يَكُونَ عَالِمًا بِجَمِيعِ أَحْكَامِ الْمَسَائِلِ وَمَدَارِكِهَا، فَإِنَّ ذَلِكَ مِمَّا لَا يَدْخُلُ تَحْتَ وُسْعِ الْبَشَرِ»[٣].

(١) انْظُرْ: البَحر الْمُحِيط، للزَّرْكَشِيِّ (٢٠٩/٦)؛ إرْشَاد الْفُحُولِ، لِلشَّوْكَانِيِّ (١٠٤٢/٢).

(٢) رَوْضَة النَّاظِر، لِابْنِ قُدَامَةَ (ص: ٤٠٩).

(٣) الإحكَام في أصول الأحكام، للآمديِّ (١٩٩/٤).

وَقَالَ ابْنُ الصَّلَاحِ: «وَمِنَ الْجَائِزِ أَنْ يَنَالَ الْإِنْسَانُ مَنْصِبَ الْفَتْوَى وَالِاجْتِهَادِ فِي بَعْضِ الْأَبْوَابِ دُونَ بَعْضٍ، فَمَنْ عَرَفَ الْقِيَاسَ وَطُرُقَهُ وَلَيْسَ عَالِمًا بِالْحَدِيثِ، فَلَهُ أَنْ يُفْتِيَ فِي مَسَائِلَ قِيَاسِيَّةٍ يَعْلَمُ أَنَّهُ لَا تَعَلُّقَ لَهَا بِالْحَدِيثِ، وَمَنْ عَرَفَ أُصُولَ عِلْمِ الْمَوَارِيثِ وَأَحْكَامَهَا جَازَ أَنْ يُفْتِيَ فِيهَا وَإِنْ لَمْ يَكُنْ عَالِمًا بِأَحَادِيثِ النِّكَاحِ، وَلَا عَارِفًا بِمَا يَجُوزُ لَهُ الْفَتْوَى فِي غَيْرِ ذَلِكَ مِنْ أَبْوَابِ الْفِقْهِ»، وَحَكَاهُ عَنْ بَعْضِ أَئِمَّةِ الْأُصُولِ[1].

وَفِي هَذَا الْعَصْرِ رُبَّمَا يَلْحَقُ بِهَذَا النَّوْعِ كَثِيرٌ مِنَ الدِّرَاسَاتِ الَّتِي تُعَدُّ فِي مَوْضُوعَاتٍ جُزْئِيَّةٍ، يَقُومُ بِهَا بَعْضُ الْعُلَمَاءِ وَالْبَاحِثِينَ، تَسْتَعْرِضُ جَمِيعَ مَا يَتَعَلَّقُ بِالْمَسْأَلَةِ مَوْضِعِ الْبَحْثِ، وَيَجْرِي الْبَحْثُ فِيهَا عَلَى قَوَاعِدِهِ، مَعَ خَلْفِيَّةٍ عِلْمِيَّةٍ شَرْعِيَّةٍ وَأُصُولِيَّةٍ يَتَحَلَّى بِهَا الْبَاحِثُ، يَنْتَهِي مِنْهَا إِلَى خُلَاصَاتٍ تُمَثِّلُ رَأْيًا اجْتِهَادِيًّا لَهُ، لَهُ وَزْنُهُ فِي مَوْضُوعِ الِاجْتِهَادِ، وَمِنْ ذَلِكَ كَثِيرٌ مِنَ الْبُحُوثِ الْعِلْمِيَّةِ الَّتِي تُعَدُّ لِمُنَاقَشَةِ قَضِيَّةٍ مُعَيَّنَةٍ فِي الْمَجَامِعِ الْفِقْهِيَّةِ، كَذَلِكَ الْكَثِيرُ مِنَ الرَّسَائِلِ الْعِلْمِيَّةِ لِدَرَجَتِي الْمَاجِسْتَيْرِ وَالدُّكْتُورَاه، وَالَّتِي تَتِمُّ بِإِشْرَافِ عُلَمَاءَ قَدْ ثَبَتَ لَهُمُ التَّمَكُّنُ فِي الِاجْتِهَادِ، وَهَذَا مِنْ قَبِيلِ الِاجْتِهَادِ الْجُزْئِيِّ، أَوِ التَّخَصُّصِيِّ.

وَضَعْفُ الْمِكْنَةِ الِاجْتِهَادِيَّةِ فِي بَعْضِ الْبُحُوثِ، وَالَّذِي هُوَ أَمْرٌ مُلَاحَظٌ فِي كَثِيرٍ مِنْهَا، يَحُولُ دُونَ عَدِّ هَذِهِ الْبُحُوثِ نَمَاذِجَ صَالِحَةً لِلِاجْتِهَادِ فِي هَذَا الْعَصْرِ، وَإِنْ كَانَتْ قَدْ تُمَثِّلُ جَمْعًا مُفِيدًا فِي مَوْضُوعِهَا.

_____

[1] فَتَاوَى ابْنِ الصَّلَاحِ (ص: ٢٨).

وَبِالنَّظَرِ إِلَى الاجْتِهَادِ فِي عَدَدِ مَنْ يَصْدُرُ عَنْهُ، فَهُوَ نَوْعَانِ أَيْضًا:

١ ـ الاجْتِهَادُ الْمُؤَسَّسِيُّ (الْجَمَاعِيُّ).

حُفِظَ فِي الْكَثِيرِ مِنَ الْوَقَائِعِ وَالأَحْوَالِ أَنَّ الْحَاكِمَ، وَبِخَاصَّةٍ فِي عَهْدِ الصَّحَابَةِ، كَانَ يَجْمَعُ أَهْلَ الْعِلْمِ الْكِبَارَ حَوْلَهُ، يَسْتَشِيرُهُمْ فِي النَّازِلَةِ مِنْ أَمْرِ الْمُسْلِمِينَ، فَيَتَدَاوَلُونَهَا بِالْمُنَاقَشَةِ وَالتَّحْلِيلِ وَالاسْتِنْبَاطِ، حَتَّى يَنْتَهُوا فِيهَا إِلَى رَأْيٍ يَصِيرُ إِلَيْهِ الْحَاكِمُ، فَعَلَ ذَلِكَ عُمَرُ بْنُ الْخَطَّابِ ﷺ فِي وَقَائِعَ، مِنْهَا عُقُوبَةُ شَارِبِ الْخَمْرِ، وَبَدْءُ حِسَابِ التَّارِيخِ الإِسْلَامِيِّ، وَغَيْرِ ذَلِكَ.

وَعَنِ الْمُسَيَّبِ بْنِ رَافِعٍ الأَسَدِيِّ (وَكَانَ مِنْ ثِقَاتِ التَّابِعِينَ)، قَالَ: «كَانُوا إِذَا نَزَلَتْ بِهِمْ قَضِيَّةٌ لَيْسَ فِيهَا مِن رَسُولِ اللهِ ﷺ أَثَرٌ، اجْتَمَعُوا لَهَا وَأَجْمَعُوا، فَالْحَقُّ فِيمَا رَأَوْا، فَالْحَقُّ فِيمَا رَأَوْا»[١].

فَهَذَا أَصْلٌ عَمَلِيٌّ فِي الإِفْتَاءِ الْجَمَاعِيِّ، وَأَصْلُهُ الْقَدِيمُ فِي كِتَابِ اللهِ، فَإِنَّهُ تَبَارَكَ وَتَعَالَى قَالَ فِي صِفَةِ الْمُؤْمِنِينَ: ﴿وَأَمْرُهُمْ شُورَىٰ بَيْنَهُمْ﴾ [الشُّورَى: ٣٨]، وَهَذَا شَأْنٌ لَا يَتِمُّ إِلَّا بِالاجْتِمَاعِ لَهُ، وَهُوَ مُسْتَغْرِقٌ لِأَمْرِ الدِّينِ وَالدُّنْيَا.

وَرُبَّمَا فَزِعَ بَعْضُ الْبَاحِثِينَ إِلَى الاسْتِنْجَادِ بِأَخْبَارٍ لَا تَثْبُتُ

---

[١] أَخْرَجَهُ الدَّارِمِيُّ (رقم: ١١٦، ١١٧)، وَإِسْنَادُهُ صَحِيحٌ. وَقَدْ رُوِيَ عَنْ أَبِي بَكْرٍ الصِّدِّيقِ أَنَّهُ كَانَ يَفْعَلُ ذَلِكَ. أَخْرَجَهُ الدَّارِمِيُّ أَيْضًا (رقم: ١٦٣) بِإِسْنَادٍ صَحِيحٍ إِلَى مَيْمُونِ بْنِ مِهْرَانَ، وَهُوَ تَابِعِيٌّ وَلَكِنَّهُ لَمْ يُدْرِكْ أَبَا بَكْرٍ.

رِوَايَةً، وَلَا مُسَوِّغَ إِلَى اللُّجُوءِ أَصْلًا مَعَ إِمْكَانِ التَّأْصِيلِ بِدُونِها، بَلْ إِنَّ ذَلِكَ النَّمَطَ رُبَّمَا أَضْعَفُ مِنْ تَأْصِيلِ الْفِكْرَةِ، وَعَلَى أَيِّ تَقْدِيرٍ فَلَا غَرَابَةَ أَنْ يَسْتَدِلَّ بَعْضُ مَنْ يَنْتَسِبُ لِلْأُصُولِ بِالْأَخْبَارِ الْوَاهِيَةِ وَالضَّعِيفَةِ، فَعَلَى قِلَّةِ ذِكْرِ النُّصُوصِ الْحَدِيثِيَّةِ فِي كُتُبِ الْأُصُولِ، فَإِنَّها تُعَوِّلُ كَثِيرًا عَلَى أَحَادِيثَ لَا تَصِحُّ، وَإِذَا كَانَ لَا يَصِحُّ أَنْ يُبْنَى فَرْعٌ عَلَى خَبَرٍ غَيْرِ صَحِيحٍ، فَكَيْفَ يُسْتَسَاغُ الِاسْتِدْلَالُ لِلْأُصُولِ بِالضَّعِيفِ وَالْوَاهِي؟

وهُنا أُنَبِّهُ عَلَى حَدِيثٍ وَحِكَايَةٍ:

فَالْحَدِيثُ مَا رُوِيَ عَنْ عَلِيِّ بْنِ أَبِي طَالِبٍ، قَالَ: قُلْتُ: يَا رَسُولَ الله، إِنْ نَزَلَ بِنَا أَمْرٌ لَيْسَ فِيهِ بَيَانٌ: أَمْرٌ وَلَا نَهْيٌ، فَمَا تَأْمُرُنَا؟ قَالَ: «تُشَاوِرُونَ الْفُقَهَاءَ وَالْعَابِدِينَ، وَلَا تُمْضُوا فِيهِ رَأْيَ خَاصَّةٍ»[١]. وهَذَا حَدِيثٌ ضَعِيفٌ، وَإِنْ كَانَ دَلَّ عَلَى مَعْنًى صَحِيحٍ وَهُوَ التَّشَاوُرُ بَيْنَ أَهْلِ الْعِلْمِ مِنْ أَجْلِ إِيجَادِ حُكْمٍ لِلنَّازِلَةِ الَّتِي لَيْسَ فِيها نَصٌّ، وَفِيهِ دَلِيلٌ عَلَى مَشْرُوعِيَّةِ الِاجْتِهَادِ الْجَمَاعِيِّ، وَأَنَّهُ أَفْضَلُ مِنَ الِاجْتِهَادِ الْفَرْدِيِّ، وَلَكِنَّ الْحَدِيثَ نَهَى عَنِ الِانْتِهَاءِ فِي الِاجْتِهَادِ إِلَى رَأْيِ الْفَرْدِ، وَهُوَ أَمْرٌ غَيْرُ صَحِيحٍ.

وَالْحِكَايَةُ ذُكِرَتْ عَنْ أَبِي الزِّنَادِ، قَالَ: لَمَّا قَدِمَ عُمَرُ بْنُ عَبْدِالْعَزِيزِ الْمَدِينَةَ وَنَزَلَ دَارَ مَرْوَانَ، دَخَلَ عَلَيْهِ النَّاسُ فَسَلَّمُوا،

---

[١] أَخْرَجَهُ الطَّبَرَانِيُّ فِي «الْمُعْجَمِ الْأَوْسَطِ» (رقم: ١٦١٨)، وَإِسْنَادُهُ ضَعِيفٌ، فِيهِ الْوَلِيدُ بْنُ صَالِحٍ يَرْوِي عَنِ ابْنِ الْحَنَفِيَّةِ، مَجْهُولٌ.

فَلَمَّا صَلَّى الظُّهْرَ دَعَا عَشَرَةً مِنْ فُقَهَاءِ الْمَدِينَةِ (وَسَمَّاهُمْ)، فَدَخَلُوا عَلَيْهِ فَجَلَسُوا، فَحَمِدَ اللهَ وَأَثْنَى عَلَيْهِ بِمَا هُوَ أَهْلُهُ، ثُمَّ قَالَ: «إِنِّي إِنَّمَا دَعَوْتُكُمْ لِأَمْرٍ تُؤْجَرُونَ عَلَيْهِ، وَتَكُونُونَ فِيهِ أَعْوَانًا عَلَى الْحَقِّ، مَا أُرِيدُ أَنْ أَقْطَعَ أَمْرًا إِلَّا بِرَأْيِكُمْ أَوْ بِرَأْيِ مَنْ حَضَرَ مِنْكُمْ، فَإِنْ رَأَيْتُمْ أَحَدًا يَتَعَدَّى، أَوْ بَلَغَكُمْ عَنْ عَامِلٍ لِي ظُلَامَةٌ، فَأُحَرِّجُ اللهَ عَلَى مَنْ بَلَغَهُ ذَلِكَ إِلَّا بَلَّغَنِي». فَخَرَجُوا يُجْزُونَهُ خَيْرًا، وَافْتَرَقُوا[١].

وَمَا تَقَدَّمَ قَبْلُ يُغْنِي لِلْإِبَانَةِ عَنْ أَصْلٍ صَحِيحٍ لِلِاجْتِهَادِ الْجَمَاعِيِّ، لَكِنْ يُلَاحَظُ أَنَّهُ وَإِنْ كَانَ أَصْلًا لِلْفِكْرَةِ، إِلَّا أَنَّهُ لَا يُعَدُّ سَابِقَةً لِمَا نَعْنِيهِ الْيَوْمَ بِمُؤَسَّسَةِ الْفَتْوَى الَّتِي تَصْدُرُ اجْتِهَادَاتُها بِاسْمِ الْجَمَاعَةِ أَعْضَاءِ تِلْكَ الْمُؤَسَّسَةِ، بَلْ إِنَّ هَذَا النَّمَطَ الْمُعَاصِرَ جَدِيدٌ مِنْ كُلِّ وَجْهٍ، وَبِخَاصَّةٍ مَعَ مُلَاحَظَةِ الْآلِيَّاتِ الَّتِي يَتِمُّ عَلَى وَفْقِهَا صُدُورُ الْفَتْوَى فِي هَذِهِ الْمُؤَسَّسَاتِ، وَقَدِ اسْتُحْدِثَتْ هَذِهِ الْفِكْرَةُ فِي الْأَسَاسِ بِنَاءً عَلَى رَأْيٍ اجْتِهَادِيٍّ.

وَلَا يَخْفَى أَنَّ رَأْيَ الْجَمَاعَةِ أَقْوَى وَأَمْكَنُ مِنْ رَأْيِ الْوَاحِدِ غَالِبًا، وَهَذَا يَنْبَغِي أَنْ يَمْنَحَ هَذَا النَّوْعَ مِنَ الِاجْتِهَادِ مَزِيَّةً عَلَى اجْتِهَادِ الْأَفْرَادِ، فَهَلِ الْأَمْرُ كَذَلِكَ؟

لَقَدْ كَانَ الْفَقِيهُ مِنَ الْأَئِمَّةِ الْأَرْبَعَةِ يَكُونُ لَهُ الْقَوْلُ بِمُفْرَدِهِ

---

[١] أَخْرَجَهُ الطَّبَرِيُّ فِي «تَارِيخِهِ» (٤٢٧/٦)، وَإِسْنَادُهُ ضَعِيفٌ جِدًّا، إِذْ هُوَ مِنْ رِوَايَةِ مُحَمَّدِ بْنِ عُمَرَ الْوَاقِدِيِّ، وَكَانَ مَتْرُوكَ الْحَدِيثِ وَاتُّهِمَ بِالْكَذِبِ.

فَيُتْبَعُ عَلَيْهِ مِنْ قِبَلِ أُمَّةٍ عَلى مَرِّ الْعُصُورِ، فَمَاذا عَنْ رَأْيٍ اجْتِهَادِيٍّ يَصْدُرُ عَنْ مَجْمَعٍ؟!

وَلِتَقْرِيبِ دَوْرِ الاجْتِهَادِ الْجَمَاعِيِّ الْيَوْمَ، لا بُدَّ مِنْ تَوْضِيحِ ذَلِكَ بِالْمِثَالِ، وَلأَجْلِهِ اخْتَرْتُ التَّعْرِيفَ بِحَسَبِ مَا يَحْتَمِلُهُ هَذَا الْبَحْثُ بِأَبْرَزِ ثَلَاثَةِ مَجَامِعَ فِقْهِيَّةٍ فِي الْعَالَمِ الإِسْلَامِيِّ، مُقْتَصِرًا عَلَى مَا يَتَعَلَّقُ بِعَمَلِهَا فِي إِطَارِ الْإِفْتَاءِ خَاصَّةً؛ إِذْ لَهَا وَظَائِفُ مُعْلَنَةٌ تَزِيدُ عَلَى مَوْضُوعِ الْفَتْوَى، ولَيْسَ النَّظَرُ فِي تَحَقُّقِ قِيَامِهَا بِتِلْكَ الْوَظَائِفِ مِمَّا يُعْنَى بِهِ هَذا الْبَحْثُ:

أَوَّلُهَا: مَجْمَعُ الْبُحُوثِ الإِسْلَامِيَّةِ (تَأَسَّسَ سَنَةَ: ١٣٨١هـ - ١٩٦١م).

وَهُوَ أَحَدُ هَيْئَاتِ الأَزْهَرِ بِمِصْرَ، وَيَتَكَوَّنُ مِنْ خَمْسِينَ عُضْوًا، مُعْظَمُهُمْ مِنْ مِصْرَ، ويُجِيزُ نِظَامُهُ أَنْ يَكُونَ فِيهِمْ مِنْ خَارِجِ مِصْرَ ما لَا يَزِيدَ عَنْ عِشْرِينَ عُضْوًا[١].

وَقَدْ نَصَّ قَرارُهُ في مُؤتَمَرِهِ الأَوَّلِ عَلَى ما يَلِي: «إِنَّ الكِتابَ الكَرِيمَ وَالسُّنَّةَ النَّبَوِيَّةَ هُمَا الْمَصْدَرانِ الأساسِيَّانِ للأحكامِ الشَّرْعِيَّةِ، وَإِنَّ الاجتِهادَ لاسْتِنْباطِ الأَحكامِ مِنهُما حَقٌّ لِكُلِّ مَنِ استَكْمَلَ شُرُوطَ الاجتِهادِ المقرَّرَةِ، وكانَ اجْتِهادُهُ في مَحَلِّ الاجْتِهادِ. وَإِنَّ السَّبيلَ لِمُراعاةِ المصالِحِ ومُواجَهَةِ الحَوادِثِ الْمُتَجَدِّدَةِ، هِيَ أن يَتَخَيَّرَ مِنْ أَحْكامِ الْمَذاهِبِ الْفِقْهِيَّةِ ما يَفِي بِذَلِكَ، فإن لم يَكُن في أَحْكَامِهَا

---

(١) الْمَوْقِعِ الإلكترُونِيّ لذاكِرَةِ الأَزْهَرِ الشَّرِيفِ (تارِيخ الزِّيارَة: ٢٢/١١/٢٠١٦):
http://alazharmemory.eg/Esdarat/ConferenceProceedDetails.aspx?id = 36

ما يَفِي بهِ [ف]بالاجتِهادِ الجَماعِيِّ الْمَذْهَبِيِّ، فَإِن لم يَفِ كانَ الاجتِهادَ الجَماعِيَّ المطْلَقَ»[(١)].

وَقَدْ كَانَ لِهَذَا الْمَجْمَعِ دَوْرٌ كَبِيرٌ في إِصْدَارِ الْكَثِيرِ مِنَ الْفَتَاوَى مُنْذُ تَأسِيسِهِ وَإِلَى وَقْتِنا، وَمَعَ تَنَاوُبِ كَثِيرٍ مِنَ الْعُلَمَاءِ وَالْفُضَلَاءِ عَلى الْقِيَامِ بِأعْمَالِهِ، وَلَكِنَّهُ لَمْ يَنْفَكَّ عَنْ تَأثِيرِ الْوَضْعِ السِّيَاسِيِّ، بَلْ الاسْتِبْدَادِ الْفِكْرِيِّ كَمَا يُمْكِنُ أنْ يَصِفَهُ بَعْضُهُمْ، كَمَا حَصَلَ فِي بَعْضِ مَرَاحِلِهِ، كَمَرْحَلَةِ د. مُحَمَّدِ سَيِّدِ طَنْطَاوِيٍّ، وفِي الْوَقْتِ الَّذِي يَنْبَغِي أنْ يُنْظَرَ إِلَى فَتْوَاهُ عَلى أَنَّها اجْتِهَادٌ جَمَاعِيٌّ، وَجَدْنَا مَنْ شَنَّ حَمْلَةً شَعْوَاءَ عَلَى ذَلِكَ الْمَجْمَعِ، ولَمْ يَزَلْ تَتَوَالَى عَلَيْهِ الْحَمَلَاتُ الَّتِي تُضْعِفُ دَوْرَهُ الاجْتِهَادِيَّ، وَهَذَا فِيما يَشِيعُ مِنْ أَمْرِهِ، وَيُفْشَى مِنْ سِرِّهِ، وَاللهُ الْمُسْتَعَانُ[(٢)]!

ثَانِيهَا: الْمَجْمَعُ الْفِقْهِيُّ الإِسْلَامِيُّ (تأَسَّسَ سَنَة: ١٣٩٧هـ-١٩٧٧م).

وهُوَ إِحْدَى الْمُؤَسَّسَاتِ التَّابِعَةِ لِرَابِطَةِ العالَمِ الإِسْلَامِيِّ،

---

(١) المؤتَمر الأوَّل لمجمَع البُحوثِ الإسلامِيَّةِ بالأزهَرِ، شوَّال سنة ١٣٨٣هـ (ص: ٣٩٤). وانظُرْ: الاجتِهاد في الإسلام، لنادِية شَريف العُمَريِّ (ص: ٢٦٤).

(٢) انظُرْ مَقالَةً في طَرَفٍ مِنْ ذَلِكَ على سَبِيلِ الْمِثَالِ، عُنْوَانُها: «الأَزْهَر ضِدّ الأَزْهَرِ.. مَجْمَعُ البُحُوثِ الإسْلَامِيَّةِ يُنَاقِضُ الآرَاءَ وَالفَتَاوى التَّنْوِيرِيَّةَ لِكِبارِ مَشَايِخِ الْأَزْهَرِ وَدَارِ الإِفْتَاءِ.. وَيُحَرِّمُ التَّأْمِينَ على الحَيَاةِ وَفَوَائِدَ البُنُوكِ وَالصَّلَاةَ في مَسَاجِدَ بِها أَضْرِحَةٌ» في صَحِيفَةِ «الْيَوم السَّابع» الْمِصْرِيَّةِ، بتارِيخِ الجمعة، ١٨ مارس ٢٠١٦.

تِلْكُمُ الرَّابِطَةُ الَّتِي تَضُمُّ فِي عُضْوِيَّتِهَا مُمَثِّلِينَ عَنْ حُكُومَاتِ العَالَمِ الإِسْلَامِيِّ.

وَيُعَرَّفُ الْمَجْمَعُ بِأَنَّهُ: «عِبَارَةٌ عَنْ هَيْئَةٍ عِلْمِيَّةٍ إِسْلَامِيَّةٍ، ذَاتِ شَخْصِيَّةٍ اعْتِبَارِيَّةٍ مُسْتَقِلَّةٍ، دَاخِلَ إِطَارِ رَابِطَةِ الْعَالَمِ الإِسْلَامِيِّ، مُكَوَّنَةٍ مِنْ مَجْمُوعَةٍ مُخْتَارَةٍ مِنْ فُقَهَاءِ الْأُمَّةِ الْإِسْلَامِيَّةِ وَعُلَمَائِهَا»[(١)].

وَأَهْدَافُ الْمَجْمَعِ الَّتِي لِهَا صِلَةٌ بِمَوْضُوعِ الْفَتْوَى هِيَ:

١ ـ بَيَانُ الْأَحْكَامِ الشَّرْعِيَّةِ فِيمَا يُوَاجِهُ الْمُسْلِمِينَ فِي أَنْحَاءِ الْعَالَمِ مِنْ مُشْكِلَاتٍ وَنَوَازِلَ وَقَضَايَا مُسْتَجِدَّةٍ، مِنْ مَصَادِرِ التَّشْرِيعِ الْإِسْلَامِيِّ الْمُعْتَبَرَةِ.

٢ ـ إِبْرَازُ تَفَوُّقِ الْفِقْهِ الْإِسْلَامِيِّ عَلَى الْقَوَانِينِ الوَضْعِيَّةِ، وَإِثْبَاتِ شُمُولِ الشَّرِيعَةِ وَاسْتِجَابَتِهَا لِحَلِّ كُلِّ الْقَضَايَا الَّتِي تُوَاجِهُ الْأُمَّةَ الْإِسْلَامِيَّةَ فِي كُلِّ زَمَانٍ وَمَكَانٍ.

٣ ـ التَّصَدِّي لِمَا يُثَارُ مِنْ شُبُهَاتٍ وَمَا يَرِدُ مِنْ إِشْكَالَاتٍ عَلى أَحْكَامِ الشَّرِيعَةِ الْإِسْلَامِيَّةِ.

ثَالِثُهَا: مَجْمَعُ الْفِقْهِ الإِسْلَامِيِّ الدُّوَلِيُّ (تَأَسَّسَ سَنَةَ: ١٤٠١هـ ـ ١٩٨١م):

وَقَدْ جَاءَ التَّعْرِيفُ الرَّسْمِيُّ بِهِ كَمَا في الْمَادَّةِ الثَّانِيَةِ مِنْ نِظَامِهِ الأَسَاسِيِّ: «جِهَازٌ فَرْعِيٌّ عِلْمِيٌّ لِمُنَظَّمَةِ الْمُؤْتَمَرِ الإِسْلَامِيِّ،

(١) الْمَوْقِعِ الإلكترونيّ لِلْمَجْمَع (تاريخ الزِّيَارَة: ٢٠/١١/٢٠١٦):
http://ar.themwl.org/node/11

لَهُ شَخْصِيَّتُهُ الاعْتِبَارِيَّةُ، وَمَقَرُّهُ الرَّئِيسِيُّ فِي مَدِينَةِ جُدَّةَ بِالْمَمْلَكَةِ الْعَرَبِيَّةِ السُّعُودِيَّةِ .واللُّغَةُ العَرَبِيَّةُ هِيَ اللُّغَةُ الْمُعْتَمَدَةُ في الْمَجْمَعِ، وَيَتَوَلَّى في اسْتِقْلالٍ تَامٍّ، انْطِلَاقًا مِنَ الْقُرْآنِ الكَرِيمِ والسُّنَّةِ النَّبَوِيَّةِ، بَيَانَ الْأَحْكَامِ الشَّرْعِيَّةِ في القَضَايا الَّتِي تَهُمُّ الْمُسْلِمِينَ»(١).

وَبِتَأَمُّلِ الأَهْدَافِ الْمُعْلَنَةِ لِلْمَجْمَعِ يَتَبَيَّنُ أَنَّ الدَّوْرَ الَّذِي قُصِدَ بِهِ هُوَ الدَّوْرُ الْمَنْشُودُ لِلاجْتِهَادِ، فَنَصَّتِ الْمَادَّةُ الثَّالِثَةُ عِنْدَ ذِكْرِ أَهْدَافِ الْمَجْمَعِ عَلى أمُورٍ هامَّةٍ فِي هَذَا الصَّدَدِ، كُلُّهَا تَتَعَلَّقُ بِمَوْضُوعِ الاجْتِهَادِ، إِذْ جَاءَ فِيهِ:

«يُؤَدِّي الْمَجْمَعُ مَهامَّهُ الْمَنْصُوصَ عَلَيْهَا في هَذَا النِّظَامِ فِي اسْتِقْلَالٍ تَامٍّ عَنِ الدُّوَلِ الْأَعْضَاءِ، وَيَعْمَلُ عَلَى تَحْقِيقِ الْأَهْدَافِ الآتِيَةِ:

أَوَّلًا: تَحْقِيقِ التَّلَاقِي الْفِكْرِيِّ بَيْنَ الْمُسْلِمِينَ فِي إِطَارِ الشَّرِيعَةِ الْإِسْلَامِيَّةِ، وَما تُتِيحُهُ مَذَاهِبُهَا مِنْ تَنَوُّعٍ ثَرِيٍّ وَتَعَدُّدٍ بَنَّاءٍ.

ثانِيًا: الاجْتِهَادِ الجَمَاعِيِّ فِي قَضَايَا الْحَيَاةِ الْمُعَاصِرَةِ وَمُشْكِلَاتِهَا، وَتَشْجِيعِهِ لِتَقْدِيمِ الْحُلُولِ النَّابِعَةِ مِنَ الشَّرِيعَةِ الإِسْلَامِيَّةِ، وَبَيَانِ الاخْتِيَارَاتِ الْمَقْبُولَةِ مِنْ بَيْنِ الْآرَاءِ الْمُتَعَدِّدَةِ في الْمَسْأَلَةِ الْوَاحِدَةِ؛ مُرَاعَاةً لِمَصْلَحَةِ الْمُسْلِمِينَ أَفْرَادًا وَجَمَاعَاتٍ وَدُوَلًا، بِمَا يَتَّفِقُ مَعَ الْأَدِلَّةِ، وَيُحَقِّقُ الْمَقَاصِدَ الشَّرْعِيَّةَ.

(١) الْمَوْقِع الإلكترُونِيّ لِلْمَجْمَعِ (تارِيخ الزِّيَارَة: ٢٠/١١/٢٠١٦):

http://www.iifa-aifi.org

ثَالِثًا: التَّنْسِيقُ بَيْنَ جِهَاتِ الْفَتْوَى فِي الْعَالَمِ الإِسْلَامِيِّ عَلَى النَّحْوِ الَّذِي تُبَيِّنُهُ اللَّائِحَةُ التَّنْفِيذِيَّةُ.

رَابِعًا: مُوَاجَهَةُ التَّعَصُّبِ الْمَذْهَبِيِّ، وَالْغُلُوِّ فِي الدِّينِ، وَتَكْفِيرِ الْمَذَاهِبِ الإِسْلَامِيَّةِ وَأَتْبَاعِهَا، بِنَشْرِ رُوحِ الاعْتِدَالِ وَالْوَسَطِيَّةِ وَالتَّسَامُحِ بَيْنَ أَهْلِ الْمَذَاهِبِ وَالْفِرَقِ الإِسْلَامِيَّةِ الْمُخْتَلِفَةِ.

خَامِسًا: الرَّدُّ عَلَى الْفَتَاوَى الَّتِي تُخَالِفُ ثَوَابِتَ الدِّينِ، وَقَوَاعِدَ الاجْتِهَادِ الْمُعْتَبَرَةِ، وَمَا اسْتَقَرَّ مِنْ مَذَاهِبِ الْعُلَمَاءِ، بِغَيْرِ دَلِيلٍ شَرْعِيٍّ مُعْتَبَرٍ.

سَادِسًا: إِبْدَاءُ الرَّأْيِ الشَّرْعِيِّ فِي الْمَوْضُوعَاتِ الَّتِي تَتَّصِلُ بِالْوَاقِعِ بِما يُيَسِّرُ الإِفَادَةَ مِنْهُ فِي تَطْوِيرِ التَّشْرِيعَاتِ وَالْقَوَانِينِ وَالأَنْظِمَةِ لِتَكُونَ مُتَوَافِقَةً مَعَ أَحْكَامِ الشَّرِيعَةِ الإِسْلَامِيَّةِ.

سَابِعًا: الْعَمَلُ عَلَى كُلِّ مَا مِنْ شَأْنِهِ تَوْسِيعُ دَائِرَةِ الاهْتِمَامِ بِالْعَمَلِ الْفِقْهِيِّ الإِسْلَامِيِّ، وَإِعَادَةِ اعْتِبَارِهِ مُكَوِّنًا رَئِيسِيًّا مِنْ مُكَوِّنَاتِ الْفِكْرِ وَالثَّقَافَةِ الإِسْلَامِيَّيْنِ.

ثَامِنًا: اعْتِبَارِ الْمَجْمَعَ مَرْجِعِيَّةً إِسْلَامِيَّةً فِقْهِيَّةً عَامَّةً، مِنْ خِلَالِ الاسْتِجَابَةِ الْمُبَاشِرَةِ لِدَوَاعِي إِبْدَاءِ الرَّأْيِ الْفِقْهِيِّ فِي مُسْتَجِدَّاتِ الْحَيَاةِ، وَفِي التَّحَدِّيَاتِ الَّتِي تُوَاجِهُ الأُمَّةَ الإِسْلَامِيَّةَ.

تَاسِعًا: إِفْتَاءُ الْجَالِيَاتِ الْمُسْلِمَةِ خَارِجَ الْبُلْدَانِ الإِسْلَامِيَّةِ بِما يَحْمِي قِيَمَ الإِسْلَامِ وَثَقَافَتَهُ وَتَقَالِيدَهُ فِيهَا؛ حِفَاظًا عَلَى هُوِيَّتِهَا الإِسْلَامِيَّةِ فِي الأَجْيَالِ الْمُتَتَابِعَةِ، مَعَ مُرَاعَاةِ ظُرُوفِهَا الْخَاصَّةِ.

عاشِرًا: التَّقْرِيبُ بَيْنَ فُقَهَاءِ الْمَذَاهِبِ الْإِسْلَامِيَّةِ الْمُتَعَدِّدَةِ الْمُتَّفِقَةِ عَلَى مَا هُوَ مَعْلُومٌ مِنَ الدِّينِ بِالضَّرُورَةِ؛ تَعْظِيمًا لِلْجَوَامِعِ، وَاحْتِرَامًا لِلْفُرُوقِ، وَأَخْذِ آرَائِهِمْ جَمِيعًا بِالِاعْتِبَارِ عِنْدَ إِصْدَارِ الْمَجْمَعِ لِفَتَاوَاهُ وَقَرَارَاتِهِ، وَالْحِرْصِ عَلَى ضَمِّ مُمَثِّلِينَ لِهَذِهِ الْمَذَاهِبِ إِلَى عُضْوِيَّةِ الْمَجْمَعِ.

حَادِيَ عَشَرَ: تَوْضِيحُ حَقِيقَةِ الْمَوْقِفِ الشَّرْعِيِّ مِنَ الْقَضَايَا الْعَامَّةِ.

ثَانِيَ عَشَرَ: الْعَمَلُ عَلَى تَجْدِيدِ الْفِقْهِ الْإِسْلَامِيِّ، بِتَنْمِيَتِهِ مِنْ دَاخِلِهِ، وَتَطْوِيرِهِ مِنْ خِلَالِ ضَوَابِطِ الِاسْتِنْبَاطِ وَأُصُولِ الْفِقْهِ، وَالِاعْتِمَادِ عَلَى الْأَدِلَّةِ وَالْقَوَاعِدِ الشَّرْعِيَّةِ وَالْعَمَلِ بِمَقَاصِدِ الشَّرِيعَةِ».

لَكِنْ مَعَ سُمُوِّ هَذِهِ الْأَهْدَافِ فِيمَا يَبْدُو مِنْهَا، وَاسْتِيلَائِهَا عَلَى مُعْظَمِ مَا يُرَادُ الِاجْتِهَادُ لِأَجْلِهِ، فَإِنَّ الْمَجْمَعَ حِينَ جَاءَ إِلَى تَحْدِيدِ صِفَةِ الْعُضْوِ وَشَرْطِهِ لَمْ يُرَاعِ فِيهِ صِفَةَ الْمُجْتَهِدِ فِي أَدْنَى شُرُوطِهِ، بَلْ إِنَّهُ نَصَّ فِي الْمَادَّةِ الْخَامِسَةِ مِنْ نِظَامِهِ عَلَى التَّالِي:

«أَوَّلًا: يَكُونُ أَعْضَاءُ الْمَجْمَعِ مِنَ الْفُقَهَاءِ الْمُسْلِمِينَ الْمُتَخَصِّصِينَ فِي شَتَّى مَجَالَاتِ الْمَعْرِفَةِ الْإِسْلَامِيَّةِ أَوِ الْمَعْنِيِّينَ بِالدِّرَاسَاتِ الْمُقَارَنَةِ.

ثَانِيًا: يُشْتَرَطُ فِي عُضْوِ الْمَجْمَعِ مَا يَلِي:

١ ـ الِالْتِزَامُ بِالْإِسْلَامِ عَقِيدَةً وَسُلُوكًا.

٢ ـ التَّخَصُّصُ فِي الْفِقْهِ الإِسْلَامِيِّ، مَعَ الْمَعْرِفَةِ الْوَاسِعَةِ بِالْعُلُومِ الشَّرْعِيَّةِ، وَبِوَاقِعِ الْعَالَمِ الإِسْلَامِيِّ، وَالْوَاقِعِ الدُّوَلِيِّ الْمُعَاصِرِ.

٣ ـ التَّمَكُّنُ مِنَ اللُّغَةِ الْعَرَبِيَّةِ.

٤ ـ حُسْنُ السُّمْعَةِ وَالسِّيرَةِ.

٥ ـ أَنْ يَكُونَ مُلْتَزِمًا بِالدِّفَاعِ عَنْ قَضَايَا الأُمَّةِ وَحَضَارَتِهَا وَثَقَافَتِهَا، وَعَامِلًا عَلَى التَّمْكِينِ لَهَا وَلِحُقُوقِهَا الْمَادِّيَّةِ وَالْمَعْنَوِيَّةِ.

ثَالِثًا: تُرَشِّحُ كُلُّ دَوْلَةٍ عُضْوٍ فِي الْمُنَظَّمَةِ فَقِيهًا؛ لِيَكُونَ عُضْوًا عَامِلًا يُمَثِّلُهَا فِي مَجْلِسِ الْمَجْمَعِ، وَتَكُونُ الْعُضْوِيَّةُ بِقَرَارٍ مِنَ الْمَجْلِسِ أَوْ مِنْ هَيْئَةِ الْمَكْتَبِ فِيمَا بَيْنَ دَوْرَاتِ انْعِقَادِ الْمَجْلِسِ».

وَيَحِقُّ التَّسَاؤُلُ هُنَا: أَيُّ شُرُوطٍ هَذِهِ الَّتِي يُرَشَّحُ بِنَاءً عَلَيْهَا عُضْوُ الْمَجْمَعِ مِنْ قِبَلِ نِظَامٍ سِيَاسِيٍّ مِنَ الأَنْظِمَةِ الْحَاكِمَةِ فِي الْبِلَادِ الإِسْلَامِيَّةِ مُنْذُ تَأْسِيسِ الْمَجْمَعِ وَحَتَّى الْيَوْمِ؟ وَأَيُّ صِفَةٍ مُؤَهِّلَةٍ لِلنِّظَامِ الْمُرَشِّحِ؟ وَكَيْفَ يَكُونُ لِمَنْ صِفَتُهُ مُجَرَّدُ مَا تَقَدَّمَ ذِكْرُهُ مِنْ شُرُوطِ الْعُضْوِ أَنْ يَكُونَ مِنْ أَهْلِ الاجْتِهَادِ؟ وَبِنَاءً عَلَى أَيِّ تَخْرِيجٍ شَرْعِيٍّ أَوْ أُصُولِيٍّ أَوْ فِقْهِيٍّ؟ وَمَا هُوَ مَفْهُومُ «الْفَقِيهِ» فِي سِيَاقِهِ؟!

كُلُّ مُتَتَبِّعٍ لأَعْمَالِ الْمَجْمَعِ مُنْذُ إِنْشَائِهِ يُدْرِكُ أَنَّ الأَعْضَاءَ الَّذِينَ لَهُمْ أَهْلِيَّةُ الاجْتِهَادِ بِغَضِّ النَّظَرِ عَنْ نَوْعِهِ وَإِطَارِهِ، وَمَنْ لَهُمُ الْمُشَارَكَةُ الْعِلْمِيَّةُ، هُمُ الأَقَلِّيَّةُ فِيهِ، وَسَائِرُ الأَعْضَاءِ يَغْلِبُ أَنْ يَكُونُوا مُجَرَّدَ مُمَثِّلِينَ لِبُلْدَانِهِمْ، وَرُبَّمَا كَانَ لِلْخُبَرَاءِ الَّذِينَ يَسْتَعِينُ بِهِمُ الْمَجْمَعُ مَنْ هُمْ أَوْلَى بِعُضْوِيَّتِهِ مِنْ بَعْضِ أُولَئِكَ!

هَذِهِ النَّمَاذِجُ الثَّلَاثَةُ لِلِاجْتِهَادِ الْجَمَاعِيِّ هِيَ أَفْضَلُ الْمُتَاحِ فِي الْوَاقِعِ، وَقِيَامُهَا بِوَظِيفَةِ الِاجْتِهَادِ عَلَى مَا يَرِدُ عَلَيْهِ، وَبِخَاصَّةٍ فِي سِيَاقِ الْأَهْلِيَّةِ، فَإِنَّهُ دَوْرٌ مَحْدُودٌ لِلْغَايَةِ، بِالنَّظَرِ إِلَى قَضَايَا الْأُمَّةِ وَالْعَالَمِ الَّذِي يَتَطَلَّبُ أَجْوِبَةً مُنَاسِبَةً لِقَضَايَاهُ، وَمَشَارِيعَ نَهْضَةٍ تُوَاكِبُ الْمُتَغَيِّرَاتِ الْهَائِلَةِ وَالْمُتَسَارِعَةِ، بَلْ تَسْبِقُهَا، كَذَلِكَ يَجِبُ الِانْتِقَالُ بِالْفِقْهِ مِنْ مِنْطَقَةِ التَّخْرِيجِ عَلَى فُرُوعِ الْمَذَاهِبِ إِلَى الِاجْتِهَادِ الْمُسْتَنِدِ إِلَى الْقُرْآنِ وَالسُّنَنِ الصَّحِيحَةِ، مُفَعِّلًا فِيهَا الْقَوَاعِدَ الْأُصُولِيَّةَ وَالْمَقَاصِدَ الشَّرْعِيَّةَ.

وَتُلَاحِظُ مِنْ تَشْكِيلَةِ هَذِهِ الْمَجَامِعِ الَّتِي هِيَ أَفْضَلُ مِثَالٍ لِمَا هُوَ مُتَاحٌ أَنَّهَا لَا تُمَثِّلُ سِوَى عَدَدٍ مَحْدُودٍ مِنَ الْفُقَهَاءِ، وَعَلَى فَرْضِ تَسْلِيمِ أَهْلِيَّةِ الِاجْتِهَادِ لِلْجَمِيعِ، فَإِنَّهَا لَا تُعَبِّرُ سِوَى عَنْ آرَاءِ تِلْكَ النُّخْبَةِ، وَلَا يَصِحُّ الْحَجْرُ بِتِلْكَ الْآرَاءِ عَلَى الِاجْتِهَادِ مِنْ خَارِجِ تِلْكَ الْمَجَامِعِ، فَضْلًا عَنْ أَنْ تُمَثِّلَ الْإِجْمَاعَ، بَلْ إِنَّ ادِّعَاءَ مِثْلِ ذَلِكَ لَا يَخْفَى مَا فِيهِ مِنَ التَّضْلِيلِ وَالْمُجَازَفَةِ.

وَقَدْ رَأَيْتُ لِأَحَدِ الْكَاتِبِينَ الْمُعَاصِرِينَ وَهُوَ يُحَدِّدُ مَفْهُومَ «الِاجْتِهَادِ الْجَمَاعِيِّ» يُقَرِّرُ بِأَنَّهُ: «أَنْ يَجْتَمِعَ فُقَهَاءُ الْمُسْلِمِينَ جَمِيعًا، فَيَتَدَارَسُوا مَا اسْتَجَدَّ مِنَ الْمَسَائِلِ، وَيُدْلِيَ كُلٌّ بِدَلْوِهِ، وَيُقَدِّمَ كُلٌّ دَلِيلَهُ وَيُبْدِيَ مَا يَرَاهُ، فَإِنْ تَوَافَقَتْ آرَاؤُهُمْ، وَاجْتَمَعَتْ كَلِمَتُهُمْ عَلى حُكْمٍ فِي الْمَسْأَلَةِ كَانَ ذَلِكَ تَوْفِيقًا مِنَ اللهِ عَزَّ وَجَلَّ، إِذْ لَا تَجْتَمِعُ أُمَّةُ الْإِسْلَامِ عَلَى ضَلَالَةٍ، فَيَتَحَوَّلُ هَذَا الِاجْتِهَادُ إِلَى إِجْمَاعٍ يَأْخُذُ حُكْمَ النَّصِّ الْقَاطِعِ مِنْ حَيْثُ الْقُوَّةُ وَالْإِلْزَامُ، أَمَّا إِنِ اخْتَلَفَتْ آرَاؤُهُمْ

وَتَعَدَّدَتْ أَحْكَامُهُمْ، فَهَذِهِ تُعَدُّ اجْتِهَادَاتٍ فَرْدِيَّةً ظَنِّيَّةً، لَا تُلْزِمُ إِلَّا قَائِلَهَا، وَمَنِ اسْتَفْتَاهُ».

وَهَذَا التَّصَوُّرُ الغَرِيبُ لِوَضْعِ عَلَاقَةٍ بَيْنَ (الإِجْمَاعِ) وَ(الجَمَاعِيِّ) لَمْ يَقِفْ صَاحِبُهُ عِنْدَ افْتِرَاضِيَّةٍ مُجَرَّدَةٍ لَا تَقْبَلُ التَّطْبِيقَ، بَلْ إِنَّهُ تَصَوَّرَهَا وَاقِعًا قَائِمًا فِي عَصْرِنَا، فَقَالَ: «وَأَوْضَحُ مِثَالٍ لِهَذِهِ الِاجْتِهَادَاتِ الجَمَاعِيَّةِ هُوَ مَا تَوَصَّلَ إِلَيْهِ الْمُسْلِمُونَ فِي عَصْرِنَا هَذَا مِنْ عَقْدِ المُؤْتَمَرَاتِ الإِسْلامِيَّةِ الَّتِي تُعْرَضُ فِيهَا مَشَاكِلُ الْمُسْلِمِينَ مِنْ قَضَايَا اسْتَحْدَثَتْهَا الْمَدَنِيَّةُ، فَيَبْحَثُهَا الفُقَهَاءُ مِنْ كُلِّ جَوَانِبِهَا، ثُمَّ يُقَدِّمُ كُلٌّ مِنْهُمْ مَا تَوَصَّلَ إِلَيهِ مِنِ اجْتِهَادَاتٍ، ثُمَّ يُجْمِعُونَ أَمْرَهُمْ عَلَى حُكْمٍ يَتَّفِقُونَ عَلَيْهِ وَيَرْضَوْنَهُ، وَهَذَا مَا يُعْرَفُ بِإِجْمَاعِ الْمُسْلِمِينَ»!

ثُمَّ كَأَنَّ الكَاتِبَ لَاحَظَ مَا انْطَوَتْ عَلَيهِ فِكْرَتُهُ مِنْ غَرَابَةٍ، فَاسْتَدْرَكَ فِي الهامِشِ قَائِلًا: «شَرِيطَةَ أَنْ يَجْتَمِعَ كُلُّ فُقَهَاءِ الْمُسْلِمِينَ المَوْجُودِينَ فِي هَذَا العَصْرِ، لَا نَقْتَصِرُ عَلَى بَعْضِهِمْ»(١)، هَكَذَا كَرَّ عَلَى فِكْرَتِهِ بِالنَّقْضِ، لَكِنَّهُ رَجَعَ بِهَا إِلَى الْمُسْتَحِيلِ.

وَهَكَذَا رَأَيْنَا مَنْ إِذَا ذَكَرَ قَرَارًا فِي مَسَأَلَةٍ لِمَجْمَعٍ مِنْ هَذِهِ الْمَجَامِعِ، يَقُولُ بِالْحَالِ وَالْمَقَالِ: «قَطَعَتْ جَهِيزَةُ قَوْلَ كُلِّ خَطِيبٍ»، وَكَمْ سَمِعْتُ فِي لِقَاءَاتٍ مَنْ يَسْتَعْمِلُ قَرَارًا مَجْمَعِيًّا لِقَطْعِ الطَّرِيقِ دُونَ تَجْدِيدِ الِاجْتِهَادِ أَوْ مُرَاجَعَتِهِ فِي القَضِيَّةِ الَّتِي سَبَقَ فِيهَا قَرَارٌ مَجْمَعِيٌّ،

_____

(١) الِاجْتِهَادُ: ضَوَابِطُهُ وَأَحْكَامُهُ، لِجَلَالِ الدِّينِ عَبْدِالرَّحْمَنِ (ص: ٢٢).

كَالَّذِي شَهِدْتُهُ بِنَفْسِي فِي مَوَاضِعَ مُتَعَدِّدَةٍ فِي مَسْأَلَةِ التَّأْمِينِ؟! عِلْمًا بِأَنَّ مَنْ عَادَ إِلَى أَصْلِ الْقَرَارِ الْمَجْمَعِيِّ وَجَدَهُ حَصِيلَةَ بُحُوثٍ مَعْدُودَةٍ، وَأَنَّهُ لَمْ يَقَعْ عَلَيْهِ اتِّفَاقُ أَعْضَاءِ ذَلِكَ الْمَجْمَعِ، ذَلِكَ لِكَوْنِ آلِيَّةِ اتِّخَاذِ الْقَرَارَاتِ تَخْضَعُ لِرَأْيِ الأَغْلَبِيَّةِ.

وَمَعَ مَا تَقَدَّمَ مِنْ مِيزَةِ الاجْتِهَادِ الْجَمَاعِيِّ، وَهُوَ عَلَى مُسْتَوَى الْمَجَامِعِ يُقَدِّمُ أَفْضَلَ مِثَالٍ مَوْجُودٍ حَتَّى الآنَ، وَلَكِنْ مَعَ مُضِيِّ عُقُودٍ طَوِيلَةٍ عَلَى إِنْشَاءِ هَذِهِ الْمَجَامِعِ، فَإِنَّها غَيْرُ مُحَقِّقَةٍ لِغَايَةِ إِنْشَائِهَا، وَبِخَاصَّةٍ فِي عَالَمِ التَّغَيُّرَاتِ الكَبِيرَةِ عَلَى كُلِّ الْمُسْتَوَيَاتِ، وَالانْتِشَارِ الْهَائِلِ لِلْمَعْلُومَاتِ، بَلْ إِنَّ دَوْرَهَا يَتَرَاجَعُ، وَتَبْقَى قَضَايَاهَا الَّتِي تُعْنَى بِهَا مَحْدُودَةً بِالنَّظَرِ إِلَى مَا اشْتَرَطَتْ عَلَى نَفْسِهَا بِمُقْتَضَى نُظُمِهَا الأَسَاسِيَّةِ عَلَى مَا فِي تِلْكَ النُّظُمِ مِنَ الْقُصُورِ الضَّخْمِ.

وَمِنْ أَبْرَزِ الْمَآخِذِ عَلَى هَذِهِ الْمَجَامِعِ مَا يَلِي:

١ ـ ضَعْفُ التَّنْسِيقِ بَيْنَهَا، أَو انْعِدَامُهُ، فَتَرَى الْقَضِيَّةَ الْمُعَيَّنَةَ يَتَنَاوَلُهَا مَجْمَعَانِ عَلَى سَبِيلِ الانْفِرَادِ، وَلِهَذَا نَمَاذِجُ عِدَّةٌ فِي قَرَارَاتِ مَجْمَعِ الرَّابِطَةِ وَالْمَجْمَعِ الدُّوَلِيِّ.

٢ ـ اسْتِحْوَاذُ بَعْضِ الْقَضَايَا عَلَى أَعْمَالِ الْمَجْمَعِ دُونَ سِوَاهَا، وَتَأَمَّلْ مِنْ ذَلِكَ الْحَجْمَ الضَّخْمَ مِنْ قَرَارَاتِ الْمَجْمَعِ الدَّوْلِيِّ فِي قَضَايَا الْمَالِ وَالْمَصَارِفِ، وَبِالتَّفْصِيلِ فِي الْجُزْئِيَّاتِ، بَيْنَمَا لَا تَكَادُ تَرَى بُرُوزًا يَلِيقُ بِمَا يَلْزَمُهَا مِنَ النَّصِيحَةِ فِي قَضِيَّةٍ سِيَاسِيَّةٍ، فَضْلًا عَنْ خَفَاءِ أَو خُفُوتِ الدَّوْرِ الاجْتِهَادِيِّ

فِي قَضَايَا الْأَعْمَالِ الْإِرْهَابِيَّةِ الَّتِي تَحْصِدُ بِالْأَرْوَاحِ وَتَسْتَبِيحُ الْحُرُمَاتِ.

٣ ـ انْشِغَالُ بَعْضِ هَذِهِ الْمَجَامِعِ بِالاِعْتِنَاءِ بِبَعْضِ الشَّخْصِيَّاتِ، تُحَاكِمُهَا لِأَجْلِ أَفْكَارِهَا، وَلَيْسَ مِثْلُ ذَلِكَ مِنْ وَظِيفَةِ الْمُجْتَهِدِ الْفَقِيهِ كَمَا لَا يَخْفَى، بَلْ هِيَ وَظِيفَةٌ قَضَائِيَّةٌ يَنْبَغِي أَنْ تُحَالَ إِلَى أَهْلِهَا.

٤ ـ الاِنْشِغَالُ بِقَضَايَا جُزْئِيَّةٍ يُغْنِي فِيهَا اجْتِهَادُ الْفَرْدِ، فَيُسْتَهْلَكُ جُهْدُ الْفَقِيهِ بَلِ وَالْمَجْمَعِ كُلُّهُ بِمِثْلِ ذَلِكَ، وَكَمْ مِنْ قَضِيَّةٍ كُبْرَى لَا حَظَّ لَهَا فِي السِّيَاقِ؟!

٥ ـ مَعَ وُجُودِ أَنْشِطَةٍ أُخْرَى غَيْرِ الْإِفْتَاءِ تَابِعَةٍ لِلْمَجَامِعِ، لَكِنَّهَا لَمْ تَجْعَلْ مِنْ وَظِيفَتِهَا إِعْدَادَ الْمُجْتَهِدِينَ، وَتَرَكَتِ اخْتِيَارَ أَشْخَاصِ الْأَعْضَاءِ لِمَا يُشْبِهُ الْعَشْوَائِيَّةَ، أَوْ تَبَعًا لِآلِيَّةٍ غَيْرِ مَعْرُوفَةٍ وَلَا يُفْصَحُ عَنْهَا.

٦ ـ مَعَ عَدَمِ وُجُودِ نَصٍّ فِي نُظُمِ هَذِهِ الْمَجَامِعِ يَحُولُ دُونَ وُجُودِ مُجْتَهِدَةٍ أُنْثَى، وَمَعَ إِقْرَارِ بَعْضِ الْأَطْرَافِ الْمَوْصُولَةِ بِالْمَجَامِعِ بِأَنَّهُ لَا مَانِعَ مِنْ ذَلِكَ، لَكِنْ لَمْ يُوجَدْ فِيمَا هُوَ ظَاهِرٌ أَنَّ تِلْكَ الْمَجَامِعَ قَامَتْ بِتَهْيِئَةِ الْأَسْبَابِ أَوْ كَانَتْ لَهَا جُهُودٌ وَمُحَاوَلَاتٌ لِتَكُونَ الْمَرْأَةُ عُضْوًا حَاضِرًا فِي بُحُوثِهِ وَمُدَاوَلَاتِهِ وَاتِّخَاذِ قَرَارَاتِهِ، الْأَمْرُ الَّذِي أَوْحَى بِفِكْرَةِ أَنَّ مِنْ صِفَةِ عُضْوِ الْمَجْمَعِ الذُّكُورِيَّةَ!

٧ ـ مَعَ أَنَّ الْمَجَامِعَ الْكُبْرَى تَتْبَعُ دُوَلًا وَتُشْرِفُ عَلَيْهَا حُكُومَاتٌ، مِمَّا يُهَيِّئُ إِمْكَانِيَّةَ الِانْعِقَادِ الدَّائِمِ أَوْ شِبْهِ الدَّائِمِ لِمَا يُتَصَوَّرُ مِنِ اضْطِلَاعِ الْجِهَاتِ الرَّسْمِيَّةِ بِالنَّفَقَاتِ، وَلَكِنَّهَا لَا تَجْتَمِعُ إِلَّا فِي الْأَوْقَاتِ الْمُتَبَاعِدَةِ، بِحَيْثُ لَا تَأْتِي الْقَضَايَا الَّتِي تَتَنَاوَلُهَا مُسَايَرَةً لِلْأَحْدَاثِ، بَلْ تَكُونُ غَالِبًا مُتَأَخِّرَةً، كَمَا أَنَّ لِسَانَ الْحَالِ يُظْهِرُ أَنَّ قَضَايَا الِاجْتِهَادِ الَّتِي تَحْتَاجُهَا الْأُمَّةُ مَقْصُورَةٌ عَلَى تِلْكَ الْمَسَائِلِ الْمَحْدُودَةِ الَّتِي يَجْتَمِعُ لَهَا الْمَجْمَعُ فِي كُلِّ عَامٍ أَوْ عَامَيْنِ!

٢ ـ الِاجْتِهَادُ الْفَرْدِيُّ:

وَهُوَ رَأْيُ الْمُفْتِي الْمُعَيَّنِ الَّذِي انْتَهَى إِلَيْهِ بِبَحْثِهِ وَاجْتِهَادِهِ، سَوَاءٌ أَكَانَ مُسْتَقِلًّا بِهِ أَوْ مُرَجِّحًا لِرَأْيٍ سَبَقَهُ.

وَالِاجْتِهَادُ فِي الْأَصْلِ فَرْدِيٌّ، كَانَ مُطْلَقًا أَوْ مُقَيَّدًا، لَا يَتَوَقَّفُ عَلَى رَأْيٍ مُوَافِقٍ يُعَزِّزُهُ، وَعَلَيْهِ جَرَى الْعَمَلُ فِي تَارِيخِ الْفِقْهِ مُنْذُ عَصْرِ الصَّحَابَةِ، وَالْإِفْتَاءُ بِهَذَا الطَّرِيقِ دَائِمٌ مُسْتَمِرٌّ، وَلَكِنْ فِي عَصْرِنَا يُقْدِمُ عَلَيْهِ الْمُؤَهَّلُ وَغَيْرُ الْمُؤَهَّلِ، بَلْ إِنَّنَا لَا نَجِدُ فِي عِلْمٍ مِنَ الْعُلُومِ وَلَا فَنٍّ مِنَ الْفُنُونِ مِنَ الْجُرْأَةِ كَالَّذِي نَجِدُهُ فِي الْإِفْتَاءِ بِأَحْكَامِ الدِّينِ، فَالْمُفْتُونَ مِنَ الْأَفْرَادِ لَا حَصْرَ لَهُمْ، وَبِخَاصَّةٍ وَقَدْ تَجَاوَزَ الْأَمْرُ إِمَامَ مَسْجِدٍ أَحْسَنُ أَحْوَالِهِ أَنْ يَصِحَّ الِاقْتِدَاءُ بِهِ فِي الصَّلَاةِ، إِلَى صَاحِبِ مُدَوَّنَةٍ أَوْ صَفْحَةٍ إِلْكْتُرُونِيَّةٍ عَلَى الْإِنْتَرْنَتِ، رُبَّمَا لَا يُعْرَفُ اسْمُهُ وَلَا تُدْرَى حَقِيقَتُهُ، يُفْتِي الْمُسْلِمِينَ،

وَيُبَيِّنُ لَهُمْ كَمَا يُحِبُّ أَحْكَامَ الدِّينِ وَيَجِدُ لِبِضَاعَتِهِ سُوقَهَا، فَهُوَ عَصْرٌ لَمْ يَصِحَّ الْقَوْلُ: (لِكُلِّ سَاقِطَةٍ لَاقِطَةٌ) فِي وَقْتٍ وَلَا مَكَانٍ، كَصِحَّتِهِ فِي هَذَا الْعَصْرِ.

وَلَمْ يَعُدْ لِأَحَدٍ أَنْ يُمَيِّزَ فِي هَذَا الْعَالَمِ بَيْنَ الْهُدَى وَالضَّلَالِ إِلَّا مَنْ حَرَصَ عَلَى الصَّوَابِ بِتَجْرِيدِ الْعَقْلِ مِنَ الْهَوَى، وَالْبَحْثِ مِنَ الْمَيْلِ، وَلَمْ يَقْبَلْ دَعْوَى إِلَّا بِحُجَّةٍ، وَلَا رَأْيًا إِلَّا بِبَيَانٍ، وَأَغْفَلَ دَوْرَ جَلَالَةِ الْمُفْتِي وَمَحَلِّهِ؛ لِيَكُونَ مَا يُوَجِّهُهُ وَيَسُوقُهُ هُوَ الْحُجَّةُ الْمُقْنِعَةَ، فَيَنْظُرُ إِلَى الرَّأْيِ مُجَرَّدًا عَنْ قَائِلِهِ، فَلَا يَقْبَلُ أَوْ يَرْفُضُ لِمَكَانِ الْمُفْتِي مِنَ الْجَلَالَةِ أَوِ الْجَهَالَةِ.

وَلَا شَكَّ أَنَّ هَذَا الطَّرِيقَ هُوَ الْأَلْيَقُ بِالْعُقَلَاءِ الْمُكَلَّفِينَ عَلَى الدَّوَامِ فِي سَالِفِ الْأَزْمَانِ وَحَاضِرِهَا، وَلَكِنَّهُ يُرَتِّبُ عِبْئًا عَلَى الْجُمْهُورِ؛ لِكَوْنِهِ يَتَطَلَّبُ قَدْرًا مِنْ فَهْمِ التَّخَصُّصِ، وَالْمَعْرِفَةِ بِبَعْضِ الْمُقَدِّمَاتِ كَمَعْرِفَةِ مُسَلَّمَاتِ الدِّينِ، وَمَعْرِفَةِ مَقَاصِدِ الشَّرِيعَةِ، وَالَّتِي لَا تَتَهَيَّأُ لِمُعْظَمِ النَّاسِ، لَكِنْ حَيْثُ لَا حِيلَةَ سِوَى هَذَا أَوِ اخْتِلَاطِ الْحَقِّ بِالْبَاطِلِ، فَلَا بُدَّ مِنْ شِدَّةِ التَّحَرِّي لِأَمْرِ الدِّينِ؛ لِتَصْحِيحِ التَّصَوُّرِ وَتَصْوِيبِ الْعَمَلِ بِمُقْتَضَاهُ مَا أَمْكَنَ، وَاللهُ الْمُسْتَعَانُ!

وَقَدْ قَالَ مُعَاذُ بْنُ جَبَلٍ: «أُحَذِّرُكُمْ زَيْغَةَ الْحَكِيمِ؛ فَإِنَّ الشَّيْطَانَ قَدْ يَقُولُ كَلِمَةَ الضَّلَالَةِ عَلَى لِسَانِ الْحَكِيمِ، وَقَدْ يَقُولُ الْمُنَافِقُ كَلِمَةَ الْحَقِّ»، حَتَّى قَالَ: «وَتَلَقَّ الْحَقَّ إِذَا سَمِعْتَهُ؛ فَإِنَّ عَلَى الْحَقِّ نُورًا»[١].

---

[١] أَخْرَجَهُ أَبُو دَاوُدَ فِي «سُنَنِهِ» (رقم: ٤٦١١) وَإِسْنَادُهُ صَحِيحٌ.

وَصَحَّ عَنِ النَّبِيِّ ﷺ قَالَ: «الْبِرُّ مَا سَكَنَتْ إِلَيْهِ النَّفْسُ، وَاطْمَأَنَّ إِلَيْهِ الْقَلْبُ، وَالْإِثْمُ مَا لَمْ تَسْكُنْ إِلَيْهِ النَّفْسُ، وَلَمْ يَطْمَئِنَّ إِلَيْهِ الْقَلْبُ، وَإِنْ أَفْتَاكَ الْمُفْتُونَ»(١).

وَنَصَّ الْعُلَمَاءُ عَلَى مَرِّ الْعُصُورِ عَلَى وُجُوبِ التَّحَوُّطِ لِقَبُولِ الْفَتْوَى؛ لأَنَّ اللهَ تَعَالَى أَمَرَ مَنْ لَا عِلْمَ لَهُ أَنْ يَسْتَفْتِيَ مَنْ يَعْلَمُ خَاصَّةً، كَمَا قَالَ: ﴿فَسْئَلُوٓاْ أَهْلَ ٱلذِّكْرِ إِن كُنتُمْ لَا تَعْلَمُونَ﴾ [النَّحْل: ٤٣]، وَقَالَ: ﴿وَلَوْ رَدُّوهُ إِلَى ٱلرَّسُولِ وَإِلَىٰٓ أُوْلِى ٱلْأَمْرِ مِنْهُمْ لَعَلِمَهُ ٱلَّذِينَ يَسْتَنۢبِطُونَهُۥ مِنْهُمْ﴾ [النِّسَاء: ٨٣].

قَالَ الْغَزَّالِيُّ: «إِنَّ الْمُفْتِيَ الْمَجْهُولَ الَّذِي لَا يُدْرَى أَنَّهُ بَلَغَ رُتْبَةَ الاجْتِهَادِ أَمْ لَا، لَا يَجُوزُ لِلْعَامِّيِّ قَبُولُ قَوْلِهِ، وَكَذَلِكَ إِذَا لَمْ يَدْرِ أَنَّهُ عَالِمٌ أَمْ لَا»(٢).

وَقَالَ أَبُو الْخَطَّابِ الْكَلُوذَانِيُّ: «لا يَجُوزُ لِلْمُسْتَفْتِي أَن يَسْتَفْتِيَ إِلَّا مَنْ يَغْلِبُ عَلى ظَنِّهِ أَنَّهُ مِنْ أَهْلِ الاجْتِهادِ؛ بِمَا يَرَاهُ مِنِ انْتِصابِهِ لِلْفَتْوَى بِمَشْهَدٍ مِنْ أَعْيانِ الْعُلَماءِ، وَأَخْذِ النَّاسِ عَنْهُ وَاجْتِماعِهِمْ عَلى سُؤَالِهِ، وَما يَتَلَمَّحُهُ مِنْهُ مِن سِماتِ الدِّينِ والسَّتْرِ، وَإِنَّما أُخِذَ عَلَيْهِ ذَلِكَ مِنَ الظَّنِّ؛ لأَنَّهُ مُمْكِنٌ في حَقِّهِ، كَما يُمْكِنُ في حَقِّ العالِمِ الاجْتِهادُ في الأَدِلَّةِ. فَأَمَّا مَنْ يَراهُ مُشْتَغِلًا بالعِلْمِ

(١) أخرجَهُ أَحْمَدُ (رقم: ١٧٧٤٢) مِنْ حَدِيثِ أَبِي ثَعْلَبَةَ الْخُشَنِيِّ، وَإِسْنَادُهُ صَحِيحٌ.

(٢) الْمُسْتَصْفَى، لِلْغَزَّالِيِّ (١/٢٩٦) وَفِي النَّصِّ خَلَلٌ أَصْلَحْتُهُ مِنْ طَبْعَةٍ أُخْرَى.

أو يَرَى عَلَيْهِ سِيمَا الدِّينِ، فَلا يَجُوزُ لهُ اسْتِفْتاؤُهُ بِمُجَرَّدِ ذلكَ»[(١)].

وَقَالَ ابْنُ الصَّلَاحِ: «وَلَا يَجُوزُ لَهُ اسْتِفْتاءُ كُلِّ مَنِ اعْتَزَى إلى العِلْمِ، أَوِ انْتَصَبَ في مَنْصِبِ التَّدْرِيسِ، أو غَيْرِهِ مِنْ مَنَاصِبِ أَهْلِ الْعِلْمِ، بمُجَرَّدِ ذَلِكَ»[(٢)].

وَقَالَ الشَّاطِبِيُّ: «إِنَّ السَّائِلَ لَا يَصِحُّ لَهُ أَنْ يَسْأَلَ مَنْ لَا يُعْتَبَرُ فِي الشَّرِيعَةِ جَوَابُهُ؛ لِأَنَّهُ إِسْنَادُ أَمْرٍ إِلَى غَيْرِ أَهْلِهِ؛ وَالْإِجْمَاعُ عَلَى عَدَمِ صِحَّةِ مِثْلِ هَذَا»[(٣)].

وَعَلى الْمُسْتَفْتِي أَن يَتَفَطَّنَ إِلَى بَعْضِ مَنْ يُمْنَحُ لَقَبَ الْمُفْتِي فِي عَصْرِنَا، فَمِنْهُمْ مَنْ هُوَ مِنْ أَهْلِ الإِفْتَاءِ يَسْتَحِقُّ تِلْكَ الصِّفَةَ، وَمِنْهُمْ مَنْ هُوَ مُوَظَّفٌ خَادِمٌ لِنِظَامِ دَوْلَةٍ ولَيْسَ مِنْ أَهْلِ الْفَتْوَى، وَمِنْهُمْ مَنْ أَلْجَأَهُ النَّاسُ إِلَى الإفْتَاءِ وَلَمْ يَتَأَهَّلْ لَهُ، وَأَخْطَرُ مَصَادِرِ الْفَتْوَى فِي هَذَا الزَّمَانِ مَواقِعُ الْفَتْوَى عَلى الإِنْتَرْنَتْ، لِمَا يَعْتَرِيهَا مِنَ الْجَهْلِ بِحَالِ مَنْ يُصْدِرُ الفتوى فِي كَثِيرٍ مِنْهَا كَمَا تَقَدَّمَ، أَوْ لِتَخَلُّفِ الْفَتْوَى عَنْ مُنَاسَبَةِ غَرَضِ الْمُسْتَفْتِي، فَيَجِدُ ذَلِكَ الْمُسْتَفْتِي نَفْسَهُ فِي مَوْضِعِ مَنْ يُفْتِي نَفْسَهُ؛ لأَنَّهُ هُوَ مَنْ يُنَزِّلُ تِلْكَ الْفَتْوَى عَلى مَسْأَلَتِهِ.

❊ ❊ ❊

---

(١) التَّمْهِيد فِي أُصُولِ الْفِقْهِ، لِلْكَلُوذَانِيِّ (٤٠٣/٤).

(٢) فَتَاوى ابنِ الصَّلاحِ (ص: ٨٦).

(٣) الموافَقات، للشَّاطِبيِّ (٥/٢٨٥).

تَجْدِيدُ الاجْتِهَادِ

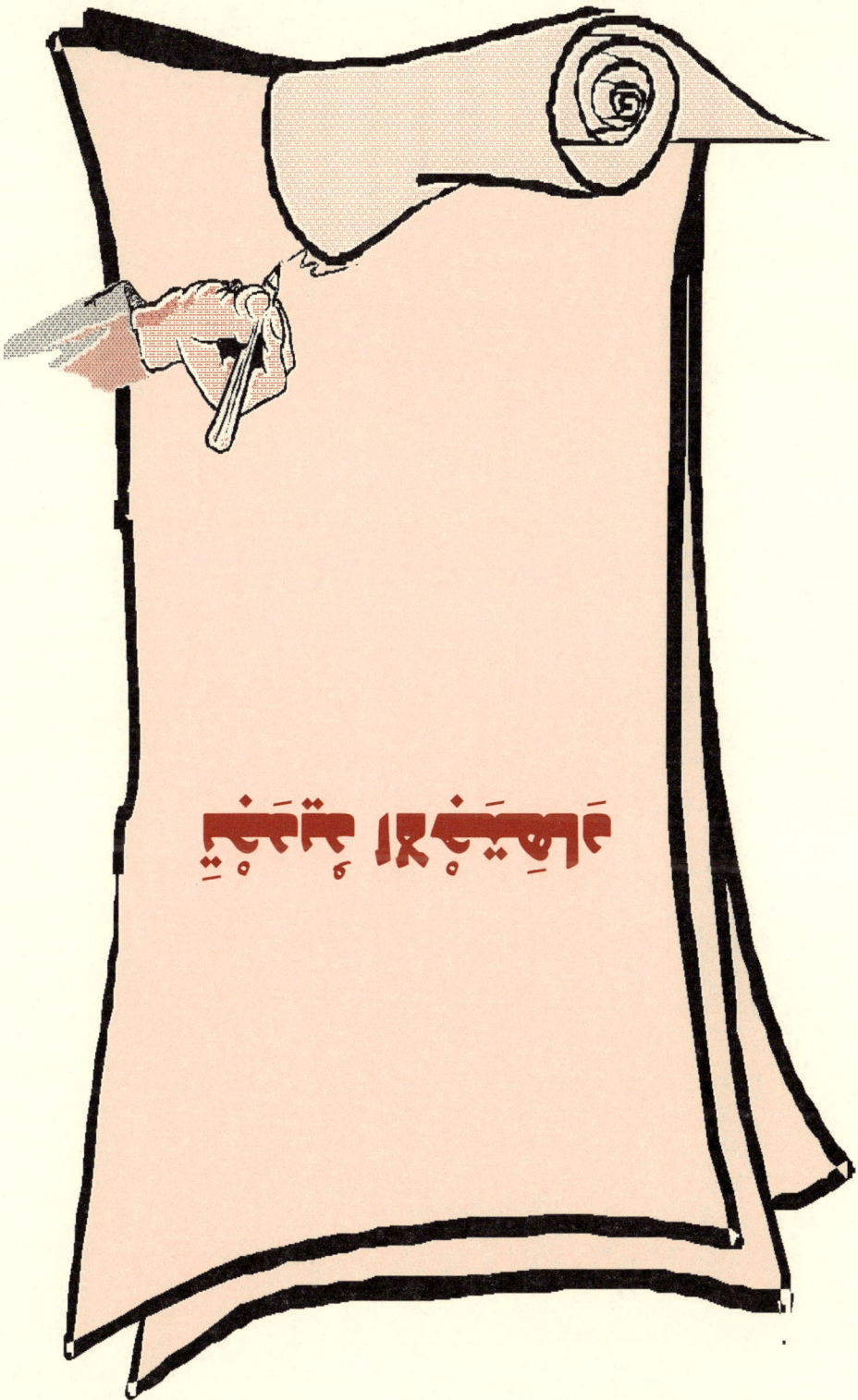

تَفْعِيلُ الاجْتِهَادِ لِيُوَاكِبَ الْعَصْرَ

حِينَ يَتِمُّ التَّحَدُّثُ عَنْ إِحْيَاءِ دَوْرِ الاجْتِهَادِ فِي الإِسْلامِ بِمَا يَتَنَاسَبُ مَعَ مُتَغَيِّرَاتِ الْحَيَاةِ، فَذَلِكَ يَعْنِي تَطْبِيقَ الْحَقِّ الْمَمْنُوحِ مِنَ اللهِ ﷻ لِكُلِّ جِيلٍ لِفَهْمِ الإِسْلامِ مِنْ خِلَالِ قِرَاءَةِ نُصُوصِهِ، وَمِنْ أَجْلِ إِثْبَاتِ الْمُرُونَةِ لِصَلَاحِيَّةِ شَرَائِعِهِ لِكُلِّ زَمَانٍ وَمَكَانٍ، وَالْيَوْمَ تَرْتَفِعُ أَصْوَاتٌ كَثِيرَةٌ تُنَادِي بِالتَّجْدِيدِ، وَبِتَفْعِيلِ وَظِيفَةِ الاجْتِهَادِ فِي سِيَاقِهَا الْخَادِمِ لِتَطَوُّرِ الْحَيَاةِ.

وَفِي رَأْيِي فَإِنَّ تِلْكَ الْغَايَةَ الْجَلِيلَةَ الَّتِي قَصَدَهَا كُلُّ مَنْ يُرِيدُ التَّجْدِيدَ بِتَفْعِيلِ الاجْتِهَادِ فِي كُلِّ مَجَالٍ، لَا يُتَصَوَّرُ أَنْ تَتَحَقَّقَ مَعَ التَّنَصُّلِ مِنْ كُلِّ قَدِيمٍ، فَمَنْ أَرَادَ ذَلِكَ فَهُوَ لَا يُجَدِّدُ، فَالْحَدِيثُ عَنِ التَّجْدِيدِ إِنَّمَا هُوَ فِي سِيَاقِ الإِسْلامِ، وَلَا إِسْلامَ بِغَيْرِ الشَّرِيعَةِ الْمُحَمَّدِيَّةِ، وَإِنَّمَا التَّجْدِيدُ تَفْعِيلٌ لِنِعْمَةِ الْعَقْلِ لِيَهْتَدِيَ بِالتَّوْجِيهِ السَّمَاوِيِّ الْمُتَمَثِّلِ بِالْقُرْآنِ وَالْمَنْهَجِ النَّبَوِيِّ الْمَحْفُوظِ فِي السُّنَنِ الصَّحِيحَةِ، دُونَ جُحُودٍ لِمَا قَدَّمَتْهُ الْعُقُولُ الْمُسْلِمَةُ فِي تَارِيخِهَا فِي كُلِّ الْمَجَالَاتِ مِنَ الإِبْدَاعَاتِ الْعَظِيمَةِ.

وَقَدْ رَأَيْنَا مُحَاوَلَاتٍ فِكْرِيَّةً كَثِيرَةً فِي هَذَا الْعَصْرِ تُرِيدُ التَّجْدِيدَ،

وَلَكِنَّ مُعْظَمَهَا عَاجِزٌ عَنْ وَضْعِ تَصَوُّرٍ قَابِلٍ لِلتَّطْبِيقِ لِتَحْقِيقِ تِلْكَ الْغَايَةِ، وَأَنتَ تُلَاحِظُ بِبَسَاطَةٍ أَنْ أَغْلَبَ تِلْكَ الطُّرُوحَاتِ الْفِكْرِيَّةِ - مَعَ مَا يَشْتَمِلُ عَلَيْهِ كَثِيرٌ مِنْهَا مِنْ عَقْلَانِيَّةٍ - لَا تُقَدِّمُ أَمْثِلَةً قَابِلَةً لِلتَّطْبِيقِ، بَلْ إِنَّ أَصْحَابَهَا يَمْلِكُونَ النَّقْدَ الإِنْشَائِيَّ لِمَا هُوَ مَوْجُودٌ، مِمَّا نُوَافِقُهُمْ عَلَى أَكْثَرِهِ، لَكِنَّهُمْ يَنْظُرُونَ مِنَ الْخَارِجِ، وَلَا دَوْرَ لَهُمْ فِي التَّنْفِيذِ، فَإِذَا جَاءَتْ فِكْرَةُ الاجْتِهَادِ إِلَى التَّنْفِيذِ وَجَدْتَهَا بِأَيْدِي الْمُخْتَصِّينَ فِي الدِّرَاسَاتِ الإِسْلَامِيَّةِ، كَانُوا مُشَارِكِينَ فِي الاجْتِهَادِ أَوْ مُجَرَّدَ نَقَلَةٍ مُقَلِّدَةٍ يَسْتَجِرُّونَ الْمَوْرُوثَ الْفِقْهِيَّ.

وَقَدِ انْبَرَتْ طَائِفَةٌ لِلْقَوْلِ بِأَنَّ التَّجْدِيدَ يَجِبُ أَنْ يَكُونَ فِي الأُصُولِ وَالْفُرُوعِ، لَا يَصْلُحُ أَنْ يَقْتَصِرَ فَقَطْ عَلَى الْفُرُوعِ، بَلْ إِنَّهُمْ يَتَحَدَّثُونَ عَنْ إِعَادَةِ قِرَاءَةِ مَفْهُومِ الاجْتِهَادِ وَالتَّأْصِيلِ لَهُ عَلَى غَيْرِ الصِّفَةِ الَّتِي عُرِّفَ بِهَا فِي عِلْمِ أُصُولِ الْفِقْهِ، وَهُنَا أَقِفُ بِمَا يُنَاسِبُ هَذَا الْبَحْثَ بِوَقَفَاتٍ مَعَ هَذِهِ الطُّرُوحَاتِ:

الْوَقْفَةُ الأولَى: إعَادَةُ التَّأْصِيلِ لِمَفْهُومِ الاجْتِهَادِ

كَمَا تَقَدَّمَ فَإِنَّ الاجْتِهَادَ مَوْضُوعٌ أُصُولِيٌّ، لَا يَخْلُو كِتَابٌ أُلِّفَ فِي الأُصُولِ مِنَ التَّعَرُّضِ لَهُ وَالإِبَانَةِ عَنْ مَعْنَاهُ وَشُرُوطِهِ وَمَا يَتَعَلَّقُ بِهِ مِنَ الْمَسَائِلِ، مُنْذُ أَنْ كَتَبَ الشَّافِعِيُّ «رِسَالَتَهُ» الأُصُولِيَّةَ الْمَشْهُورَةَ، وَبَقِيَ هَذَا الْمَوْضُوعُ مَحَلًّا لِلْبَحْثِ، وَانْتَقَلَ مِنَ حَالَةِ التَّأْصِيلِ إِلَى التَّفْعِيلِ فِي إِطَارِ ظَرْفٍ زَمَنِيٍّ قَصِيرٍ، وَمِنْ ثَمَّ أَصْبَحَ تَفْعِيلُهُ مَحْدُودًا، وَغَلَبَ عَلَيْهِ التَّعْطِيلُ، كَمَا سَبَقَ فِي الْمَرَاحِلِ الَّتِي مَرَّ بِهَا الاجْتِهَادُ، وَلَمْ يَفْتَأْ الْمُتَكَلِّمُونَ يَزِيدُونَ تَشْقِيقًا لِلْكَلَامِ فِي الْجَانِبِ النَّظَرِيِّ، كَمَا هُوَ الشَّأْنُ فِي كَثِيرٍ مِنْ مَوْضُوعَاتِ عِلْمِ الأُصُولِ، وَزَادُوا فِي الشُّرُوطِ وَبَالَغَتْ فِيهَا طَائِفَةٌ حَتَّى بَلَغَتِ الْمُسْتَحِيلَ، وَخَفَّفَتْ أُخْرَى فَرَأَتْ أَنَّ الاجْتِهَادَ بَذْلُ الْمُمْكِنِ، فَلَا يُطْلَبُ بِتَحْصِيلِ مَا لَا يُمْكِنُ، وَلِذَلِكَ أَنْكَرَتْ طَائِفَةٌ اسْتِحَالَةَ الاجْتِهَادِ فِي النُّصُوصِ، كَمَا نَقَلْتُ طَرَفًا مِنْ ذَلِكَ فِي هَذَا الْبَحْثِ.

فَالتَّجْدِيدُ فِي مَوْضُوعِ الاجْتِهَادِ إِنْ كَانَ عَلَى مَعْنَى مُرَاجَعَةِ مَا تَقَدَّمَ بِهِ الْجُهْدُ الْمَبْذُولُ قَبْلُ فِي تَارِيخِ عِلْمِ الأُصُولِ وَتَقْوِيمِهِ، وَاسْتِدْرَاكِ مَا لَا بُدَّ مِنْهُ مِمَّا لَيْسَ فِيهِ مِمَّا هُوَ مِنْهُ، فَهَذَا مَسْلَكٌ صَحِيحٌ

فِي كُلِّ فَنٍّ وَضْعِيٍّ، وَلَا يَنْبَغِي أَنْ يُنَازَعُ فِيهِ. أَمَّا إِنْ أُرِيدَ بِهِ طَرْحُ مَا هُوَ مَوْجُودٌ مُطْلَقًا، فَأَيُّ بَدِيلٍ يُمكِنُ أَنْ يُقَدِّمَهُ أَصْحَابُ هَذِهِ الدَّعْوَى فِي مَعْزِلٍ عَنْ ذَلِكَ الْمَوْجُودِ؟

وَلَا تَخْفَى فِي هَذَا السِّيَاقِ مَثَلًا أَهَمِّيَّةُ صِيَاغَةِ آلِيَّةٍ لِتَوْظِيفِ مُخْتَلِفِ الاخْتِصَاصَاتِ الشَّرْعِيَّةِ والْحَيَاتِيَّةِ، وَالْمَزَاوَجَةِ بَيْنَهَا؛ لِتُكَوِّنَ قَاعِدَةً مُتَمَكِّنَةً للاجْتِهَادِ (الْجَمَاعِيِّ) أَوِ (الْفَرْدِيِّ)، وَمَنْهَجًا يُرْكَنُ إِلَيْهِ فِي التَّصَوُّرِ وَالتَّطْبِيقِ، وَذَلِكَ مِثْلُ إِدْرَاجِ عُلُومِ الاجْتِمَاعِ، وَالأَدْيَانِ، وَالسِّيَاسَةِ، وَالطِّبِّ، وَالاقْتِصَادِ، وَالْجُغْرَافِيَا، وَالتَّارِيخِ، وَالْفَلَكِ، وَالْفُنُونِ، وَسِوَاهَا مِنَ الْمَعَارِفِ الإِنْسَانِيَّةِ، الأَمْرُ الَّذِي لَمْ يَكُنْ مُؤَصَّلًا فِي سِيَاقِ قَوَاعِدِ الاجْتِهَادِ الْمَوْرُوثَةِ.

وَهَذَا التَّصَوُّرُ يُعْطِي فُسْحَةً لِتَوْسِيعِ مَفْهُومِ الاجْتِهَادِ؛ لِيَسْتَوْعِبَ ما يَقْتَضِيهِ إِطْلَاقُهُ اللُّغَوِيُّ، وَعَدَمِ قَصْرِهِ عَلَى مَفْهُومِهِ الأُصُولِيِّ الخَاصِّ، وَذَلِكَ مِنْ أَجْلِ أَنْ يُعْتَبَرَ اجْتِهَادُ أَصْحَابِ كُلِّ تَخَصُّصٍ مَرْجِعِيَّةً فِي ذَلِكَ التَّخَصُّصِ، فَإِذَا قَصَدْنَا إِلَى تَفْعِيلِ الاجْتِهَادِ كَمَرْجِعِيَّةٍ تَسْتَوْعِبُ جَوانِبَ الْحَيَاةِ، كَانَ لِزَامًا أَنْ يُرَاعَى ذَلِكَ الْمَفْهُومُ فِي جَمِيعِ تِلْكَ الْجَوانِبِ، وبِخَاصَّةٍ ونَحْنُ نَبْحَثُ عَنْ تَوْجِيهِ الشَّرِيعَةِ فِي جَمِيعِ التَّصَرُّفَاتِ، وهَذِهِ مُقَدِّمَةٌ مُهِمَّةٌ فِي التَّأْصِيلِ للاجْتِهَادِ الْجَمَاعِيِّ، فَإِنَّ النَّظَرَ فِي حُكْمِ قَضِيَّةٍ طِبِّيَّةٍ، لَا يُمْكِنُ بِحَالٍ أن يَكُونَ بِمَعْزِلٍ عَنْ اجْتِهَادِ الأَطِبَّاءِ فِيهَا، بَلْ إِنَّ الْفَقِيهَ فِي مَسَائِلِ الشَّرْعِ وَأَدِلَّتِهِ لَا يُمْكِنُهُ تَصَوُّرُ الْمَسْأَلَةِ الطِّبِّيَّةِ إِلَّا بِبَيَانِ أَهْلِهَا، فَيَنْتَهِي إِلى رَأْيِهِمْ فِي تَصَوُّرِهَا.

وَقَدِيمًا قَالَ الرَّازِيُّ فِي بَابِ الإِجْمَاعِ: «الْمُعْتَبَرُ بِالإِجْمَاعِ فِي كُلِّ فَنٍّ أَهْلُ الاجْتِهَادِ فِي ذَلِكَ الْفَنِّ، وَإِنْ لَمْ يَكُونُوا مِنْ أَهْلِ الاجْتِهَادِ فِي غَيْرِهِ»(١).

وَالْمَجَامِعُ الْفِقْهِيَّةُ الْيَوْمَ تُرَاعِي ذَلِكَ بِقَدْرٍ مُعْتَبَرٍ، وَالْمَقْصُودُ أَنْ يَحْظَى الْمَوْضُوعُ بِالتَّأْصِيلِ، وَأَنْ يَكُونَ فِي صَمِيمِ قَضِيَّةِ تَجْدِيدِ أُصُولِ الاجْتِهَادِ.

وَهَذَا لَيْسَ فِي سِيَاقِ الْخُرُوجِ بِالاجْتِهَادِ الْفِقْهِيِّ إِلَى غَيْرِ أَهْلِهِ، وَإِنَّمَا لِيَعْتَبِرَ الْفُقَهَاءُ اجْتِهَادَاتِ الْعُلَمَاءِ فِي سَائِرِ الْعُلُومِ فِي تَخَصُّصَاتِهِمْ، لِيُفِيدُوا مِنْهَا فِي تَصَوُّرِ الأَمْرِ عَلَى مَا هُوَ عَلَيْهِ، وَلَيْسَ عَلَى مَعْنَى أَنْ يُزَاحِمَ الطَّبِيبُ أَوِ الْفَلَكِيُّ الْمُخْتَصِّينَ فِي الْفِقْهِ فِي تَخَصُّصِهِمْ، حَتَّى يُلِمَّ بِعُلُومِهِمْ لِيَكُونَ فِي جُمْلَتِهِمْ.

وَبَعْضُ الْمُعَاصِرِينَ يَسْتَفْهِمُ مُنْكِرًا: لِمَاذَا يَظَلُّ الاجْتِهَادُ حَكْرًا عَلَى الْفُقَهَاءِ الْيَوْمَ؟

وَجَوَابُهُ: أَنَّ الاجْتِهَادَ الْفِقْهِيَّ تَخَصُّصٌ، يَسْتَلْزِمُ شُرُوطًا لَا تُمْكِنُ كُلَّ أَحَدٍ، وَلَا يُكَلَّفُ بِهَا كُلُّ أَحَدٍ، كَمَا قَالَ تَعَالَى: ﴿وَمَا كَانَ ٱلْمُؤْمِنُونَ لِيَنفِرُوا۟ كَآفَّةً فَلَوْلَا نَفَرَ مِن كُلِّ فِرْقَةٍ مِّنْهُمْ طَآئِفَةٌ لِّيَتَفَقَّهُوا۟ فِى ٱلدِّينِ وَلِيُنذِرُوا۟ قَوْمَهُمْ إِذَا رَجَعُوٓا۟ إِلَيْهِمْ لَعَلَّهُمْ يَحْذَرُونَ﴾ [التَّوْبَة: ١٢٢].

---

(١) الْمَحْصُول، لِلرَّازِيِّ (١٩٨/٤).

قَالَ الْخَطَّابِيُّ : «الْبَيَانُ ضَرْبَانِ : بَيَانٌ جَلِيٌّ يَعْرِفُهُ عَامَّةُ النَّاسِ كَافَّةً، وبَيَانٌ خَفِيٌّ لا يَعْرِفُهُ إِلَّا الخَاصُّ مِنَ العُلَمَاءِ الَّذِينَ عُنُوا بِعِلْمِ الأُصُولِ، فَاسْتَدْرَكُوا مَعَانِيَ النُّصُوصِ، وعَرَفُوا طُرُقَ القِيَاسِ والاسْتِنْبَاطِ، وَرَدِّ الشَّيْءِ إلى الْمِثْلِ والنَّظِيرِ»[١].

وَمَجِيءُ الشَّرِيعَةِ بِصِيَغِ الْعُمُومِ الْمُسْتَغْرِقَةِ والْمَعَانِي الْوَاسِعَةِ لَيْسَ كُلُّ أَحَدٍ بِمَقْدُورِهِ أَنْ يَسْتَعْمِلَهَا عَلَى صِفَتِهَا الَّتِي جَاءَتْ عَلَيْهَا، بَل ذلِكَ يَسْتَحِيلُ في حَقِّ مُعْظَمِ النَّاسِ، وإِنَّمَا لا بُدَّ مِنْ تَخَصُّصٍ وتَأَهُّلٍ لِلتَّمَكُّنِ مِنْ تَحْرِيرِ مَا يَنْدَرِجُ في الخِطَابِ وما يَخْرُجُ عَنْهُ، وَوَظِيفَةُ الْمُجْتَهِدِ أَنْ يَسْتَخْرِجَ لِلنَّاسِ مِن مَكْنُونِ الشَّرَائِعِ مَا لا سَبِيلَ إِلَيْهِ إلا بِالاجْتِهَادِ.

❀ ❀ ❀

---

(١) مَعَالِمُ السُّنَنِ، لِلْخَطَّابِيِّ (٥٦/٣).

الْوَقْفَةُ الثَّانِيَةُ: التَّجْدِيدُ فِي عِلْمِ أُصُولِ الْفِقْهِ

قِيلَ: إِنَّ عِلْمَ الْأُصُولِ عَلَى صِفَتِهِ لَا يَكْفِي لِتَفْعِيلِ الِاجْتِهَادِ فِي الْعَصْرِ الْحَدِيثِ، وَإِنَّما يَلْزَمُ إِعَادَةُ النَّظَرِ فِي تِلْكَ الْأُصُولِ وَالْعَمَلُ عَلَى تَطْوِيرِهَا لِتَتَلاءَمَ مَعَ ما يَقْتَضِيهِ اسْتِعْمالُ دَلِيلِ الشَّرْعِ فِيمَا يَتَنَاسَبُ مَعَ التَّطَوُّرَاتِ الَّتِي تَشْهَدُها الْبَشَرِيَّةُ فِي شَتَّى الْمَجالَاتِ.

وَمِنَ الْمُلْفِتِ لِلنَّظَرِ أَنَّ بَعْضَ أَصْحَابِ هَذا الْخِطَابِ يَنْقُدُونَ ما هُوَ مَوْجُودٌ، وكَأَنَّ ذَلِكَ لِمُجَرَّدِ النَّقْدِ، فَهُمْ يَعِيبُونَ دُونَ ذِكْرِ بَدِيلٍ، بَلْ بَعْضُهُمْ يَدْعُو إِلَى إِيجَادِ عِلْمِ أُصُولِ فِقْهٍ جَدِيدٍ، فَلِسَانُ حَالِهِمْ يُغَذِّي ما هُوَ حاصِلٌ مِنَ الْفَوْضَى الْهائِلَةِ فِي عَصْرِنا فِي مَجالِ الِاجْتِهَادِ، فَهُمْ يَنْقُدُونَ أُصُولَهُ الْمَوْرُوثَةَ، ولَكِنَّهُمْ يُطْلِقُونَ الْعِنانَ لِكُلِّ مَنْ يَزْعُمُ الِاجْتِهَادَ، وإِنْ فَقَدَ أَبْسَطَ ما يَلْزَمُ لَهُ مِنَ النِّفارِ اللَّازِمِ لِلتَّفَقُّهِ.

وَأَرَى مِنْ حَيْثُ الْوَاقِعُ أَنَّ هَذِهِ الدَّعْوَى لَهَا طَرَفٌ صَحِيحٌ قَابِلٌ لِلاعْتِبَارِ، لَكِنْ لَا عَلَى مَبْدَإِ الْإِلْغَاءِ، فَهَذا فِي رَأْيِي أُسْلُوبٌ عَبَثِيٌّ لَا قِيمَةَ لَهُ؛ لِأَنَّهُ خِلَافُ الْمَنْطِقِ، فَمَنْ دَرَسَ عِلْمَ أُصُولِ الْفِقْهِ

يُدْرِكُ أَنَّهُ مِنْ أَعْظَمِ الْعُلُومِ فِي الْإِسْلَامِ، يَتَّفِقُ فِي مُعْظَمِهِ مَعَ الْعَقْلِ وَالدَّلِيلِ، وَيَقْبَلُ التَّفْسِيرَ وَالتَّعْلِيلَ، وَلَا يُسْتَغْنَى عَنْهُ لِفَهْمِ الْخِطَابِ الشَّرْعِيِّ بِحَالٍ، وَلَكِنَّهُ عِلْمٌ وَضْعِيٌّ قَابِلٌ لِلتَّطْوِيرِ أُسْوَةً بِسَائِرِ الْعُلُومِ الْعَقْلِيَّةِ الْبَشَرِيَّةِ، وَكُلُّ مَا كَانَ هَذَا سَبِيلَهُ يَصِحُّ أَنْ يُقَالَ فِيهِ: يَبْقَى بِالْإِمْكَانِ إِيجَادُ أَبْدَعَ مِمَّا كَانَ، وَلَيْسَ التَّأْصِيلُ فِي هَذَا الْفَنِّ مُنْذُ ظَهَرَ سِوَى بَادِرَةٍ بَشَرِيَّةٍ غَيْرِ مُقَدَّسَةٍ، تَقْبَلَ النَّقْدَ وَالتَّصْوِيبَ وَالِاسْتِدْرَاكَ.

إِذَنْ السُّؤَالُ هُنَا: مَا هُوَ الْمَطْلُوبُ لِتَجْدِيدِ عِلْمِ أُصُولِ الْفِقْهِ؟

مَنْ عُنِيَ بِهَذَا الْعِلْمِ فِي تَارِيخِهِ يُلَاحِظُ جَلِيًّا قَدْرَ مَا أُقْحِمَ عَلَيْهِ مِمَّا لَيْسَ مِنْهُ، وَاسْتُبْعِدَ عَنْهُ مَا هُوَ مِنْ صَمِيمِهِ، وَذَلِكَ لِمَجْمُوعَةِ أَسْبَابٍ لَا تَخْفَى عَلَى مُتَأَمِّلٍ مُتَجَرِّدٍ لِلْبَحْثِ، أَبْرَزُهَا الْمَذْهَبِيَّةُ الْقَامِعَةُ لِلْإِبْدَاعِ وَالتَّجْدِيدِ، فَأُصُولُهَا حَبِيسَةُ الْمَذْهَبِ إِصْرَارًا وَانْتِصَارًا، وَبَحْثٌ جَدَلِيٌّ عَقِيمٌ فِي قَضَايَا لَا فَائِدَةَ فِيهَا وَلَا يَنْبَنِي عَلَيْهَا فِكْرٌ حَقِيقِيٌّ وَلَا عَمَلٌ، بَلِ الِانْشِغَالُ بِهَا مَضْيَعَةٌ لِلزَّمَنِ فِي غَيْرِ طَائِلٍ، وَصَدٌّ عَنْ هَذَا الْعِلْمِ الْعَظِيمِ الْخَطِرِ فِي أَصْلِهِ؛ بِسَبَبِ مَا تَتَضَمَّنُهُ تِلْكَ الْبُحُوثُ مِنَ التَّعْقِيدِ وَالتَّفْصِيلِ الْمُمِلِّ وَالْمُخِلِّ.

وَكَمْ أَحْسَنَ ابْنُ خَلْدُونٍ حِينَ قَالَ نَاقِدًا ذَلِكَ النَّمَطَ مِنْ عُلُومِ الْآلَةِ: «وَهَذَا كَمَا فَعَلَهُ الْمُتَأَخِّرُونَ فِي صِنَاعَةِ النَّحْوِ وَصِنَاعَةِ الْمَنْطِقِ، لَا بَلْ وَأُصُولِ الْفِقْهِ؛ لِأَنَّهُمْ أَوْسَعُوا دَائِرَةَ الْكَلَامِ فِيهَا نَقْلًا وَاسْتِدْلَالًا، وَأَكْثَرُوا مِنَ التَّفَارِيعِ وَالْمَسَائِلِ بِمَا أَخْرَجَهَا عَنْ كَوْنِهَا

آلَةً وَصَيَّرَها مَقْصُودَةً بِذاتِها، وَرُبَّما يَقَعُ فِيها لِذَلِكَ أَنْظارٌ وَمَسائِلُ لَا حاجَةَ بِها في العُلُومِ الْمَقْصُودَةِ بالذَّاتِ، فَتَكُونُ لأَجْلِ ذَلِكَ مِنْ نَوْعِ اللَّغْوِ، وَهِيَ أَيْضًا مُضِرَّةٌ بِالْمُتَعَلِّمِينَ عَلى الإِطْلَاقِ؛ لِأَنَّ الْمُتَعَلِّمِينَ اهْتِمَامُهُمْ بالعُلُومِ الْمَقْصُودَةِ أَكْثَرُ مِن اهْتِمامِهِمْ بِهَذِهِ الآلَاتِ وَالْوَسَائِلِ، فَإِذا قَطَعُوا الْعُمُرَ في تَحْصِيلِ الوَسائِلِ فَمَتَى يَظْفَرُونَ بِالْمَقاصِدِ؟»(١).

وَقالَ الشَّاطِبِيُّ: «كُلُّ مَسْأَلَةٍ مَرْسُومَةٍ فِي أُصُولِ الْفِقْهِ لَا يَنْبَنِي عَلَيْهَا فُرُوعٌ فِقْهِيَّةٌ، أَوْ آدابٌ شَرْعِيَّةٌ، أَوْ لَا تَكُونُ عَوْنًا فِي ذَلِكَ، فَوَضْعُهَا فِي أُصُولِ الْفِقْهِ عَارِيَّةٌ. وَالَّذِي يُوَضِّحُ ذَلِكَ أَنَّ هَذَا الْعِلْمَ لَمْ يُخْتَصَّ بِإِضَافَتِهِ إِلَى الْفِقْهِ إِلَّا لِكَوْنِهِ مُفِيدًا لَهُ، وَمُحَقِّقًا لِلاجْتِهَادِ فِيهِ، فَإِذَا لَمْ يُفِدْ ذَلِكَ فَلَيْسَ بِأَصْلٍ لَهُ»(٢).

وعَمَلِيَّةُ التَّجْدِيدِ وَالتَّصْوِيبِ فِي عِلْمِ أُصُولِ الْفِقْهِ في التَّحْقِيقِ لم تَتَوَقَّفْ، فَقَدْ مَرَّتْ مُنْذُ رِسالَةِ الشَّافِعِيِّ بأَوْضَاعٍ كَثِيرَةٍ مِنَ التَّحْلِيلِ وَالنَّقْدِ وَالتَّحْرِيرِ، كَمَا سَبَقَتْ قَرِيبًا الإشَارَةُ إِلَيْهِ، فَتَحْرِيرَاتُ ابْنِ حَزْمٍ وابْنِ عَقِيلٍ والعِزِّ بْنِ عَبْدِالسَّلَامِ وَالْقَرَافِيِّ وَالشَّاطِبِيِّ وَابْنِ تَيْمِيَّةَ وَابْنِ الْقَيِّمِ وَابْنِ الْوَزِيرِ وَالصَّنْعانِيِّ وَالشَّوْكَانِيِّ وَسِوَاهُمْ إِلى عَصْرِنا كَابْنِ عاشُورٍ، وسَتَسْتَمِرُّ يُضِيفُ فِيها اللَّاحِقُونَ وَيَسْتَدْرِكُونَ وَيُقَوِّمُونَ، كُلُّهَا أَمْثِلَةٌ لَا تَنْقَطِعُ تُدَلِّلُ عَلَى الاعْتِنَاءِ بِالتَّجْدِيدِ فِي هَذَا الْفَنِّ.

(١) مُقَدِّمَة ابْنِ خَلْدُونٍ (١٠٣٧/٢ ـ ضِمْنَ تارِيخهِ).
(٢) الْمُوافَقَات، لِلشَّاطِبِيِّ (٣٧/١).

وَالْمُتَصَوَّرُ فِي كُلِّ تَجْدِيدٍ أَنْ يَتِمَّ عَلَى عَمَلٍ سَابِقٍ، قَدْ طَرَأَتْ عَلَيْهِ آثَارُ بِلًى، فَيُرَمَّمُ وَيُقَوَّمُ وَيُتَمَّمُ، وَيُبْرَزُ بَعْدَ خَفَاءٍ، وَيُثَارُ بَعْدَ رُكُودٍ، وَقَدْ يُهْدَمُ بَعْضُهُ لِانْتِفَاءِ غَرَضِهِ، أَوْ عَدَمِ صَلَاحِيَّتِهِ، وَلَيْسَ الْإِلْغَاءُ الْمُطْلَقُ مِنَ التَّجْدِيدِ فِي شَيْءٍ، ثُمَّ هُوَ أَمْرٌ مُسْتَحِيلٌ لِمَنْ رَامَهُ، إِذْ لَا مَعْنَى أَنْ يُبْدَأَ فِيهِ مِنْ نُقْطَةِ الصِّفْرِ، فَمَنْ ذَا يَزْعُمُ إِبْدَاعَ التَّأْصِيلِ يُمْكِنُهُ أَنْ يُلْغِيَ فِي تَأْصِيلِهِ الْمَزْعُومِ اعْتِبَارَ أَدِلَّةِ الْأَحْكَامِ، أَوْ قَوَاعِدَ الِاسْتِنْبَاطِ، أَوْ مَقَاصِدَ التَّشْرِيعِ، مَثَلًا؟!

وَمِمَّا لَا شَكَّ فِيهِ أَنَّ فِي عِلْمِ الْأُصُولِ مَوْضُوعَاتٍ كَثِيرَةً بِحَاجَةٍ إِلَى مُرَاجَعَةٍ وَتَقْوِيمٍ وَتَصْحِيحٍ، وَأُخْرَى إِلَى أَنْ تُحْذَفَ، وَأُخْرَى إِلَى أَنْ تُسْتَدْرَكَ، وَمِنْ أَمْثِلَتِهِ إِضَافَةً إِلَى مَا تَقَدَّمَ قَرِيبًا بِشَأْنِ «مَفْهُومِ الِاجْتِهَادِ»:

□ إِعَادَةُ قَرَاءَةِ دَوْرِ السُّنَّةِ فِي بَيَانِ الْقُرْآنِ، وَهَلْ وُجُودُ سُنَّةٍ مُنْشِئَةٍ حُكْمًا لَا أَصْلَ لَهُ فِي الْقُرْآنِ حَقِيقَةٌ مُسَلَّمَةٌ؟ وَهَلِ الرُّؤَى النَّبَوِيَّةُ دَلِيلٌ بِصِيغَتِهَا لِإِثْبَاتِ حُكْمٍ؟ وَمَا هُوَ دَوْرُ السُّنَّةِ الْفِعْلِيَّةِ فِي الْبَيَانِ، وَالتَّقْرِيرِيَّةِ فِي إِطْلَاقِ حَقِّ الْمُكَلَّفِ الْمُقْتَدِرِ فِي الِاجْتِهَادِ؟

□ هَلِ الْإِجْمَاعُ حُجَّةٌ مُسْتَقِلَّةٌ تَثْبُتُ بِهَا الْأَحْكَامُ؟

□ مَا هُوَ الْقِيَاسُ الَّذِي يُمْكِنُ تَفْعِيلُ دَوْرِهِ فِي الِاجْتِهَادِ؟ وَهَلْ يُمْكِنُ التَّعْلِيلُ بِالْحِكْمَةِ إِذَا غَلَبَتْ، وَعَلَاقَةُ ذَلِكَ بِدَلِيلِ الْمَقَاصِدِ؟

- إِعَادَةُ النَّظَرِ فِي دَلِيلِ الْمَصْلَحَةِ، وَتَأْصِيلِهِ فِي إِطَارِ الْمَقَاصِدِ.
- إِدْرَاجُ مَوْضُوعِ الْمَقَاصِدِ بِشَكْلٍ مُتَمَيِّزٍ كَمَوْضُوعٍ مُفَصَّلٍ وَمُؤَصَّلٍ ضِمْنَ الْمَادَّةِ الأُصُولِيَّةِ، كَمَا فَعَلَ الشَّاطِبِيُّ، وَلَيْسَ خَارِجًا عَنْهَا، كَمَا يَفْعَلُ كَثِيرٌ مِنَ الْمَعَاصِرِينَ.
- التَّأْصِيلُ ضِمْنَ الْأُصُولِ لِرِعَايَةِ الْمَآلَاتِ.
- التَّوَسُّعُ فِي اسْتِعْمَالِ دَلِيلِ الاسْتِصْحَابِ فِي كُلِّ مَسْكُوتٍ عَنْهُ فِي النَّصِّ الْمُبَاشِرِ.
- مَزِيدُ التَّقْعِيدِ لِلْحَقِيقَةِ وَالْمَجَازِ، وَتَحْرِيرِ الْقَوَاعِدِ لِكُلٍّ مِنْهُمَا.
- تَوْسِيعُ الْبَحْثِ الأُصُولِيِّ لِيَشْمَلَ جَمِيعَ أَنْمَاطِ الْخِطَابِ الشَّرْعِيِّ، وَإِظْهَارُ مَا يَعْتَرِي فِكْرَةَ التَّفْرِيقِ بَيْنَ أُصُولِ الدِّينِ وَفُرُوعِهِ مِنَ الْخَلَلِ، وَالإِبَانَةُ عَنِ الْحُدُودِ الَّتِي يُوقَفُ عِنْدَهَا لِتَفْسِيرِ النُّصُوصِ الْمُخْبِرَةِ عَنِ الْغَيْبِ.
- مَزِيدُ التَّأْصِيلِ لِقَوَاعِدِ أُصُولِ التَّنْزِيلِ (تَحْقِيقِ الْمَنَاطِ)، فَهُنَاكَ نَقْصٌ ظَاهِرٌ فِي الْمَوْرُوثِ الْأُصُولِيِّ فِي عَدَمِ ضَبْطِ آلِيَّةِ تَنْزِيلِ الْأَحْكَامِ عَلَى الْوَقَائِعِ.

إِلَى قَضَايَا وَمَوْضُوعَاتٍ أُخْرَى هِيَ مِنْ صَمِيمِ هَذَا الْعِلْمِ.

الْوَقْفَةُ الثَّالِثَةُ: تَجْدِيدُ الِاجْتِهَادِ فِي الْفُرُوعِ

لَا يَرْتَابُ أَحَدٌ يَشْتَغِلُ بِالْعُلُومِ الشَّرْعِيَّةِ أَنَّ فِي الْوَاقِعِ مُسْتَجِدَّاتٍ وَنَوَازِلَ لَمْ تُعْرَفْ مِنْ قَبْلُ، كَمَا أَنَّ فِيهِ قَضَايَا هِيَ تَكْرَارٌ لِمَا كَانَ مَعْرُوفًا، وَالنَّظَرُ عِنْدَ طَائِفَةِ الْمُعَظِّمِينَ لِلتُّرَاثِ وَالْمَذْهَبِيَّةِ وَالْمُعْتَرِفِينَ بِالْقُصُورِ عَنْ بُلُوغِ رُتْبَةِ مَنْ سَبَقَهُمْ أَنَّ جَمِيعَ الْقَضَايَا يَجِبُ أَنْ يُنْتَهَى بِهَا إِلَى تِلْكَ الْآرَاءِ التُّرَاثِيَّةِ، فَفِي الْمُسْتَجِدَّاتِ بِالتَّخْرِيجِ عَلَى أَلْصَقِ أَقْوَالِهِمْ بِالْقَضِيَّةِ وَأَشْبَهِهَا بِهَا، وَفِي الْمُتَكَرِّرِ بِاسْتِجْرَارِهِ عَلَى صِفَتِهِ.

وَقَدْ سَمِعْتُ أَحَدَهُمْ ذَاتَ يَوْمٍ يُرِيدُ أَنْ يُوجِدَ تَصْوِيرًا لِحُكْمِ الْبِطَاقَاتِ الِائْتِمَانِيَّةِ، فَيَزْعُمُ بِأَنَّ لَهَا نَمُوذَجًا تُلْحَقُ بِهِ فِي بَعْضِ افْتِرَاضَاتِ الْفُقَهَاءِ الْقُدَامَى، فَيَعْمَدُ إِلَى تَحْمِيلِ آرَائِهِمْ مَا لَا تَحْتَمِلُ، وَيَتَكَلَّفُ فَيَتْعَبُ وَيُتْعِبُ مَنْ وَرَاءَهُ، فَبَدَلًا مِنْ إِعْمَالِ الْفِكْرِ فِي نُصُوصِ الشَّرْعِ وَأَدِلَّتِهِ وَقَوَاعِدِ الْبَحْثِ وَالنَّظَرِ؛ لِيَهْتَدِيَ إِلَى الْحُكْمِ الْمُنَاسِبِ مِنْ مَصْدَرِ الْأَحْكَامِ وَبِطَرِيقٍ أَيْسَرَ، فَإِنَّ أَحَدَهُمْ يَحْبِسُ نَفْسَهُ فِي افْتِرَاضَاتٍ مُتَكَلَّفَةٍ، فَإِذَا لَمْ تُسْعِفْهُ لَجَأَ إِلَى التَّلْفِيقِ، فَلَا هُوَ انْتَهَى فِي بَحْثِهِ إِلَى دَلِيلِ الشَّرْعِ، وَلَا هُوَ وَجَدَ ضَالَّتَهُ عِنْدَ مَنْ يُقَلِّدُهُ!

نَعْلَمُ بِأَنَّ فُرُوعَ الْفِقْهِ قَدِ اشْتَمَلَتْ عَلَى كَثِيرٍ مِنَ الْأَمْثِلَةِ الِافْتِرَاضِيَّةِ، فَقَدْ كَانُوا يَتَخَيَّلُونَ الْمَسْأَلَةَ ثُمَّ يُوجِدُونَ لَهَا حُكْمًا، عَلَى سَبِيلِ الدُّرْبَةِ عَلَى الْمَسَائِلِ، لَكِنْ بِمَا قَدْ تَصْلُحُ تَسْمِيَتُهُ بِـ«التَّرَفِ الْفِقْهِيِّ»، وَمِنْ سُوءِ الظَّنِّ بِهِمْ فِي رَأْيِي أَنَّهُمْ قَصَدُوا إِلَى إِيجَادِ أَجْوِبَةٍ وَأَحْكَامٍ لِمَا لَمْ يَكُنْ إِذَا كَانَ، وَلِذَا فَإِنَّ حَبْسَ الْعُقُولِ الْمُؤَهَّلَةِ عَنِ النَّظَرِ فِي دَلَائِلِ النُّصُوصِ وَالْمَقَاصِدِ الشَّرْعِيَّةِ لِمَا يُنَاسِبُ الْمُسْتَجِدَّاتِ، وَالْإِصْرَارَ عَلَى مُحَاوَلَةِ اسْتِخْرَاجِ الْأَحْكَامِ مِنِ اجْتِهَادَاتٍ سَابِقَةٍ، مَضْيَعَةٌ لِلْعُمْرِ فِيمَا لَا طَائِلَ وَرَاءَهُ، بَلْ هُوَ تَمْكِينٌ لِدَاءِ التَّقْلِيدِ.

وَلَيْتَ أَصْحَابَ هَذَا الْمَسْلَكِ يَجِدُونَ فِي ذَلِكَ التُّرَاثِ مَا يُرِيدُونَ دُونَ تَكَلُّفٍ وَلَا عَنَتْ، فَإِنَّ مُوَافَقَةَ الِاجْتِهَادِ لِاجْتِهَادٍ سَابِقٍ يَمْنَحُ الْمُجْتَهِدَ مَزِيدَ طُمَأْنِينَةٍ وَتَسْلِيَةً، وَلَكِنْ لِيَكُنْ عِنْدَئِذٍ شَاهِدًا لَا مَرْجِعًا، وَالْوَاقِعُ أَنَّ التُّرَاثَ لَا يَفِي لِيُجِيبَ عَنْ مَسَائِلِ الْحَيَاةِ الْمُتَكَرِّرَةِ فَضْلًا عَنِ الْمُسْتَجِدَّةِ، فَإِنَّ الْمَسَائِلَ لَا تَتَشَابَهُ مِنْ كُلِّ وَجْهٍ، فَلَا مَنَاصَ مِنَ الِاجْتِهَادِ، وَأَقَلُّهُ فِي تَحْقِيقِ الْمَنَاطِ.

قَالَ الْغَزَّالِيُّ: «وَضْعُ الصُّوَرِ لِلْمَسَائِلِ لَيْسَ بِأَمْرٍ هَيِّنٍ فِي نَفْسِهِ، بَلِ الذَّكِيُّ رُبَّمَا يَقْدِرُ عَلَى الْفَتْوَى فِي كُلِّ مَسْأَلَةٍ إِذَا ذُكِرَتْ لَهُ صُورَتُهَا، وَلَوْ كُلِّفَ وَضْعَ الصُّوَرِ وَتَصْوِيرَ كُلِّ مَا يُمْكِنُ مِنَ التَّفْرِيعَاتِ وَالْحَوَادِثِ فِي كُلِّ وَاقِعَةٍ عَجَزَ عَنْهُ، وَلَمْ يَخْطُرْ فِي بَالِهِ تِلْكَ الصُّوَرُ أَصْلًا»[١].

(١) حَقِيقَةُ الْقَوْلَيْنِ، لِلْغَزَّالِيِّ (ص: ٢٩١ ـ مَجَلَّةُ الْجَمْعِيَّةِ الْفِقْهِيَّةِ السُّعُودِيَّةِ، الْعَدَدُ الثَّالِثُ).

وَمَا أَيْسَرَ طَرِيقَ الاجْتِهَادِ بَعْدَ تَحْصِيلِ شُرُوطِ الأَهْلِيَّةِ لَهُ، إِذَا كَانَ بِاسْتِخْرَاجِ الْأَحْكَامِ مِنْ مَوَارِدِهَا! أَذْكُرُ وَنَحْنُ فِتْيَةٌ كَمْ كَانَ يُعانِي الشَّيْخُ وَهُوَ يَشْرَحُ لَنا في «مِنْهاجِ الطَّالِبِينَ» لِلنَّوَوِيِّ، وكَمْ كُنَّا نُعانِي وَقْتَهَا لِفَهْمِ مُرَادِهِ، الأمْرُ الَّذِي لَم يَكُنْ يَرِدُ مِثْلُهُ وَنَحْنُ نَدْرُسُ شَرْحًا لِـ«بُلُوغِ الْمَرَامِ» لِابْنِ حَجَرٍ!!

فَكَمْ هِيَ مُسْتَغْلَقَةٌ عَسِرَةٌ عِبارَاتُ الْمُتُونِ الْفِقْهِيَّةِ! وَكَمْ يَرِدُ عَلَيْهَا مِنَ الاحْتِمَالِ! وَكَمْ يَضِلُّ الْمُتَعَلِّمُ فِي تَمْيِيزِ مَنْ تُنْسَبُ لَهُ الْمَقَالَةُ! وَصَدَقَ الْحَجْوِيُّ وَهُوَ يَضْرِبُ مِثَالًا مِنْ حُدُودِ ابْنِ عَرَفَةَ الْمَالِكِيِّ بتَعْرِيفٍ لِلذَّبائِحِ، ثُمَّ يُتْبِعُهُ بِالْقَوْلِ: «وَهُوَ تَعْرِيفٌ أَشْبَهُ بِلُغْزٍ مِنْهُ بِمَسْأَلَةٍ عِلْمِيَّةٍ، فَاحْتَاجَ بَعْضُ أَهْلِ الْعَصْرِ في شَرْحِهِ إِلى كُرَّاسٍ كَامِلٍ، فَإِذَا كانَ تَعْرِيفُ لَفْظٍ وَاحِدٍ مِنْ أَلْفَاظِ الْفِقْهِ الَّتِي حَدَثَ الاصْطِلَاحُ الشَّرْعِيُّ فِيهَا يَحْتَاجُ شَرْحُهُ إِلى هَذَا، وَبِالضَّرُورَةِ لَا بُدَّ مِنْ دَرْسَيْنِ أَوْ ثَلَاثَةِ دُرُوسٍ تَذْهَبُ فِيهِ، فَكَيْفَ يُمْكِنُ أَنْ يَمْهَرَ الطَّالِبُ في الْفِقْهِ، وَكَيْفَ يُمْكِنُ أَنْ تَرْتَقِيَ عُلُومُنا؟»[١].

كَمَا رَاقَتْ لِي كَلِمَةٌ نَاقِدَةٌ لِلْحَجْوِيِّ أَيْضًا وَقَدْ أَدْرَكَ هَذَا الْعَصْرَ وَرَأَى مِنْ فُقَهَائِهِ مَا رَأَى، قَالَ: «غَالِبُ الْعُلَمَاءِ مِنَ الْمِئَةِ الثَّامِنَةِ إِلى الْآنَ لَمْ يُحْفَظْ لَهُمْ كَبِيرُ اجْتِهَادٍ، وَلَا لَهُمْ أَقْوَالٌ تُعْتَبَرُ فِي الْمَذْهَبِ أَوِ الْمَذَاهِبِ، وَإِنَّمَا هُمْ نَقَّالُونَ اشْتَغَلُوا بِفَتْحِ مَا أَغْلَقَهُ ابْنُ الْحَاجِبِ، ثُمَّ خَلِيلٌ وَابْنُ عَرَفَةَ، وَأَهْلُ الْقُرُونِ الْوُسْطَى مِنَ الْمَذَاهِبِ الْفِقْهِيَّةِ،

(١) الْفِكْر السَّامِيّ في تَارِيخ الْفِقْهِ الإسْلَامِيِّ، لِلْحَجْوِيِّ (٢/٤٥٤).

إِذْ هَؤُلَاءِ السَّادَةُ قَضَوْا عَلَى الْفِقْهِ، أَوْ عَلَى مَنِ اشْتَغَلَ بِتَوَالِيفِهِمْ وَتَرَكَ كُتُبَ الْأَقْدَمِينَ مِنَ الْفُقَهَاءِ بِشَغْلِ أَفْكَارِهِمْ بِحَلِّ الرُّمُوزِ الَّتِي عَقَدُوهَا، فَجُنَّتِ الْأَفْكَارُ وَتَخَدَّرَتِ الْأَنْظَارُ؛ بِسَبَبِ الِاخْتِصَارِ، فَتَرَكَ النَّاسُ النَّظَرَ فِي الْكِتَابِ وَالسُّنَّةِ وَالْأُصُولِ، وَأَقْبَلُوا عَلَى حَلِّ تِلْكَ الرُّمُوزِ الَّتِي لَا غَايَةَ لَهَا وَلَا نِهَايَةَ، فَضَاعَتْ أَيَّامُ الْفُقَهَاءِ فِي الشُّرُوحِ، ثُمَّ فِي التَّحْشِيَاتِ وَالْمَبَاحِثِ اللَّفْظِيَّةِ، وَتَحَمَّلَ الْفُقَهَاءُ آصَارًا وَأَثْقَالًا بِسَبَبِ إِعْرَاضِهِمْ عَنْ كُتُبِ الْمُتَقَدِّمِينَ، وَإِقْبَالِهِمْ عَلَى كُتُبِ هَؤُلَاءِ، وَأَحَاطَتْ بِعُقُولِنَا قُيُودٌ فَوْقَ قُيُودٍ،، وَآصَارٌ فَوْقَ آصَارٍ، فَالْقُيُودُ الْأُولَى: التَّقَيُّدُ بِالْمَذَاهِبِ، وَمَا جَعَلُوا لَهَا مِنَ الْقَوَاعِدِ، وَنَسَبُوا لِمُؤَسِّسِيهَا مِنَ الْأُصُولِ. الثَّانِيَةُ: أَطْوَاقُ التَّآلِيفِ الْمُخْتَصَرَةِ الْمُعَقَّدَةِ الَّتِي لَا تُفْهَمُ إِلَّا بِوَاسِطَةِ الشُّرُوحِ، وَاخْتَصَرُوا فِي الشُّرُوحِ، فَأَصْبَحَتْ هِيَ أَيْضًا مُحْتَاجَةً لِشُرُوحٍ وَهِيَ الْحَوَاشِي.

وَهَذَا هُوَ الْإِصْرُ الَّذِي لَا انْفِكَاكَ لَهُ، وَالْعُرْوَةُ الَّتِي لَا انْفِصَامَ لَهَا، أَحَاطُوا بُسْتَانَ الْفِقْهِ بِحِيطَانٍ شَاهِقَةٍ، ثُمَّ بِأَسْلَاكٍ شَائِكَةٍ، وَوَضَعُوهُ فَوْقَ جَبَلٍ وَعِرٍ بَعْدَمَا صَيَّرُوهُ غَثًّا، وَأَلْقَوُا الْعَثَرَاتِ فِي طَرِيقِ ارْتِقَائِهِ، وَالتَّمَتُّعِ بِأَفْيَائِهِ، حَتَّى يَظُنَّ الظَّانُّ أَنَّ قَصْدَهُمُ الْوَحِيدَ جَعْلُ الْفِقْهِ حَكْرَةً بِيَدِ الْمُحْتَكِرِينَ؛ لِيَكُونَ وَقْفًا عَلَى قَوْمٍ مِنَ الْمُعَمَّمِينَ، وَأَنْ لَيْسَ الْقَصْدُ مِنْهُ الْعَمَلَ بِأَوَامِرِهِ وَنَوَاهِيهِ، وَبَذْلَهُ لِكُلِّ النَّاسِ، وَتَسْهِيلَهُ عَلَى طَالِبِيهِ، بَلِ الْقَصْدُ قَصْرُهُ عَلَى قَوْمٍ مَخْصُوصِينَ؛ لِيَكُونَ حِرْفَةً عَزِيزَةً، وَعَيْنًا مِنْ عُيُونِ الرِّزْقِ غَزِيرَةً، وَحَاشَاهُمْ أَنْ يَقْصِدُوا شَيْئًا مِنْ هَذَا؛ لِأَنَّهُ ضَلَالٌ فِي الدِّينِ،

وَإِنَّمَا حَصَلَ مِنْ دُونِ قَصْدٍ»[(١)].

إِذَنِ التَّجْدِيدُ فِي الْفُرُوعِ يَنْبَغِي أَنْ يَبْدَأَ مِنْ تَصْحِيحِ التَّصَوُّرِ فِي شَأْنِ الْآرَاءِ الْفِقْهِيَّةِ التَّارِيخِيَّةِ، وَالانْتِهَاءِ إِلَى أَنَّهَا اجْتِهَادٌ غَيْرُ مُلْزِمٍ، وأَنَّهُ يَقْبَلُ النَّقْدَ فلَيْسَ هُوَ بِمَعْصُومٍ، وَأَنَّهُ عَاجِزٌ أَنْ يَسْتَغْرِقَ الْحَوَادِثَ لِقُصُورِهِ، وَأَنَّهُ غَيْرُ مُطَابِقٍ لِلْحَقِيقَةِ في كَثِيرٍ مِنْهُ، بَلْ كَثِيرٌ مِنْهُ عَلَى خِلَافِ الدَّلِيلِ الرَّاجِحِ مِن نُصُوصِ الشَّرِيعَةِ، كَمَا لَا يَكُونُ مُحَقِّقًا لِمَقْصَدِ الشَّارِعِ فِي كَثِيرٍ مِنَ الْمَسَائِلِ، وَيَتَّسِمُ بالظَّاهِرِيَّةِ الْمَحْضَةِ في كَثِيرٍ مِنَ الأَحْوالِ.

(١) الْفِكْر السَّامِيّ في تَاريخ الْفِقْهِ الإِسْلَامِيِّ، لِلْحَجْوِيِّ (٢/٤٥١).

مَا هُوَ الْمَطْلُوبُ لِتَفْعِيلِ الاجْتِهَادِ؟

تَحْدِيدُ مَلَامِحِ مَا تَقَدَّمَ عَنْ قَنَاعَةِ أَنَّ الاجْتِهَادَ لَيْسَ حَكْرًا عَلَى أَهْلِ زَمَانٍ دُونَ غَيْرِهِمْ، يَجْعَلُ عِنْدَئِذٍ الطَّرِيقَ إِلَى اجْتِهَادٍ رَاشِدٍ فِي وَاقِعِنَا الْمُعَاصِرِ سَالِكًا مُعَبَّدًا، لَا يَتَطَلَّبُ سِوَى الْعَمَلِ عَلَى إِيجَادِ مَنْ يَقُومُ بِهَذِهِ الْوَظِيفَةِ، سَوَاءٌ عَلَى الْمُسْتَوَى الْفَرْدِيِّ، أَوِ الْجَمَاعِيِّ.

وَأَرَى أَنَّهُ يَنْبَغِي أَنْ يَتَوَاطَأَ الْعُلَمَاءُ عَلَى أَنْ يَكُونَ الاجْتِهَادُ فِي الْقَضَايَا الْكُبْرَى الَّتِي تَعُمُّ بِهَا الْبَلْوَى مِمَّا تَخْتَصُّ بِهِ مُؤَسَّسَاتُ الْفَتْوَى، بِحَيْثُ يَكُونُ «جَمَاعِيًّا»، وَلَكِنْ لَيْسَ عَلَى صِفَةِ مَا هُوَ قَائِمٌ مِنْ عَمَلِ هَذِهِ الْمُؤَسَّسَاتِ؛ لِأَنَّهَا تَحْتَاجُ إِلَى تَرْشِيدٍ وَتَقْوِيمٍ وَتَنْشِيطٍ يَلِيقُ بِمَحَلِّ هَذِهِ الْوَظِيفَةِ.

وَحَيْثُ إِنَّ الْحَالَ الْيَوْمَ انْتِشَارُ فَوْضَى الإِفْتَاءِ، فَمَا تَقَدَّمَ ذِكْرُهُ مِنْ دَوْرِ الْمَذْهَبِيَّةِ وَالتَّقْلِيدِ مَا هُوَ سِوَى أَحَدِ أَسْبَابِ الْهُبُوطِ بِالاجْتِهَادِ، وَهُوَ مِنْ أَكْبَرِ أَسْبَابِ الْفَوْضَى، فَكَمْ نَرَى الْيَوْمَ مِنَ الْبُحُوثِ وَالْفَتَاوَى تَنْتَصِرُ بِمُفْرَدَاتِ التُّرَاثِ الْفِقْهِيِّ، بَلْ هِيَ غَايَةُ مُنْتَهَاهَا مِنَ الاسْتِدْلَالِ، وَكَمْ رَأَيْنَا مِنْ فَتَاوَى تَقْدَحُ فِي الضَّرُورِيَّاتِ، كَفَتَاوَى بَعْضِ الْمَجْمُوعَاتِ الْمُتَشَدِّدَةِ الَّتِي تَسْتَبِيحُ الدِّمَاءَ وَالأَمْوَالَ

وَالْأَعْرَاضَ، لَا بِدَلِيلِ الشَّرْعِ، وَإِنَّمَا بِآرَاءٍ تُوجَدُ فِي كُتُبِ الْفِقْهِ الْمَذْهَبِيِّ؟ وَأَعْجَزُ النَّاسِ عَنْ رَدِّهَا هُمْ أُولَئِكَ الَّذِينَ يُصِرُّونَ عَلَى الِاجْتِهَادِ الْمُقَيَّدِ بِالْمَذَاهِبِ؛ إِذْ لَا يَمْلِكُونَ الشَّجَاعَةَ عَلَى اسْتِعْمَالِ دَلِيلِ الشَّرْعِ لِإِنْكَارِ ذَلِكَ؛ لِمَا انْصَاعُوا لَهُ مِنَ الْمَذْهَبِيَّةِ. فَتَرَكَ هَؤُلَاءِ الدَّارِسُونَ لِلْعُلُومِ الشَّرْعِيَّةِ التَّقْلِيدِيَّةِ السَّاحَةَ لِآخَرِينَ يَتَقَحَّمُونَ سُورَ الْفَتْوَى وَالِاجْتِهَادِ، وَمَا تَأَهَّلُوا لَهُ، وَلَوْ فَعَلُوا لَدَخَلُوا مِنَ الْبَابِ.

وَإِذَا كَانَ الِاسْتِنَادُ إِلَى الدَّلِيلِ الشَّرْعِيِّ نَفْسِهِ لَا يَتِمُّ إِلَّا بِجُهْدٍ كَبِيرٍ، وَتَحْصِيلٍ كَثِيرٍ؛ لِيَصِلَ الْفَقِيهُ الْمُؤَهَّلُ لِلنَّظَرِ مِنْهُ إِلَى الْحُكْمِ اللَّائِقِ بِالنَّازِلَةِ، فَكَيْفَ يَقْدِرُ عَلَى ذَلِكَ إِنْسَانٌ يَحْرُثُ بِغَيْرِ آلَةٍ، وَيُرِيدُ أَنْ يَزْرَعَ وَلَكِنْ فِي مِلْحٍ؟

قَالَ الْقَرَافِيُّ: «لَوْ أَنَّ الظَّفَرَ بِالدَّلِيلِ فَقَطْ يُبِيحُ الْفُتْيَا بِمُوجَبِ ذَلِكَ الدَّلِيلِ، لَكَانَ الْعَامِّيُّ يَتَيَسَّرُ لَهُ ذَلِكَ، بَلْ لَا بُدَّ مِنْ بَذْلِ الْجُهْدِ، وَلَا يَكْفِي بَذْلُ الْجُهْدِ مَعَ قِلَّةِ الْإِحَاطَةِ، بَلْ لَا بُدَّ مِنَ الْمُبَالَغَةِ فِي الْإِحَاطَةِ بِوُجُوهِ الْحِجَاجِ الشَّرْعِيَّةِ، وَمَوَاقِعِ الْخِلَافِ وَالْإِجْمَاعِ» مُشِيرًا إِلَى بَعْضِ شُرُوطِ الِاجْتِهَادِ، إِلَى أَنْ قَالَ: «فَبَذْلُ الْجُهْدِ حِينَئِذٍ مُبِيحٌ لِلْفُتْيَا، وَأَمَّا بَذْلُ الْجُهْدِ مَعَ الْقُصُورِ وَالتَّقْصِيرِ فَلَا يَنْفَعُ بَذْلُ الْجُهْدِ شَيْئًا»[١].

وَقَالَ: «وَأَمَّا مَنْصِبُ الِاجْتِهَادِ فِي تَقْرِيرِ الشَّرَائِعِ عَلَى جَمِيعِ الْخَلَائِقِ إِلَى قِيَامِ السَّاعَةِ، وَإِبَاحَةِ الدِّمَاءِ وَالْفُرُوجِ وَالْأَعْرَاضِ

_____
(١) نَفَائِسُ الْأُصُولِ، لِلْقَرَافِيِّ (٥/١٩٦٢).

وَالأَمْوَالِ، فَلَا يُقَرَّرُ قَاعِدَةٌ مِنْهَا إِلَّا بَعْدَ بَذْلِ الجُهْدِ فِي جَمِيعِ الطُّرُقِ الَّتِي يُمْكِنُ أَنْ يُسْتَعَانَ بِهَا جَلْبًا أَوْ دَفْعًا، نَفْيًا أَوْ إِثْبَاتًا، وَلَا يُعْتَمَدُ عَلَى بَادِئِ الرَّأْيِ وَأَوَائِلِ النَّظَرِ»[١].

أَهْلِيَّةُ الاجْتِهَادِ لَا تَتَحَقَّقُ إِلَّا بِشُرُوطٍ، وَلَكِنَّهَا مُمْكِنَةٌ:

لَسْتُ هُنَا فِي سِيَاقِ تَحْرِيرِ مَا يَلْزَمُ لِلْأَهْلِيَّةِ لِلِاجْتِهَادِ مِنَ الشُّرُوطِ، وَإِنَّمَا لَا بُدَّ مِنَ الإِبَانَةِ عَنْ طَرَفٍ مِنْ ذَلِكَ عَلَى سَبِيلِ الاخْتِصَارِ؛ لِيَتَبَيَّنَ أَنَّهُ مَعَ وُجُوبِ ذَلِكَ فِي حَقِّ الْفَقِيهِ الْمُجْتَهِدِ، لَكِنَّهُ لَيْسَ كُلْفَةً مُسْتَحِيلَةً، وَلَا عَسِرَةً عُسْرًا مُحْرِجًا، وَإِنَّمَا هِيَ تَخَصُّصٌ ـ كَمَا تَقَدَّمَ ـ يَلْزَمُ لَهُ تَحْصِيلُ قَدْرٍ مِنَ الْمَعْرِفَةِ بِالآلَةِ الأَسَاسِيَّةِ لِلنَّظَرِ فِي دَلِيلِ الشَّرْعِ، وَإِنْ كَانَ الاجْتِهَادُ فِي نَازِلَةٍ فَبِالْمَعْرِفَةِ بِمَا يَسْتَلْزِمُهُ تَصَوُّرُ تِلْكَ النَّازِلَةِ عَلَى مَا هِيَ عَلَيْهِ فِي وَاقِعِهَا، وَمِنْ قِبَلِ الْعَارِفِينَ بِهَا، بِالْقَدْرِ الَّذِي يَقْتَضِيهِ الاجْتِهَادُ فِي قَضِيَّةٍ مُعَيَّنَةٍ.

وَأَقْتَبِسُ هُنَا مَا لَخَّصْتُهُ عِبَارَةُ الشَّافِعِيِّ، وَقَدْ تَقَدَّمَ أَنَّ الاجْتِهَادَ عِنْدَهُ وَالْقِيَاسَ وَاحِدٌ، قَالَ: «لَا يَقِيسُ إِلَّا مَنْ جَمَعَ الآلَةَ الَّتِي لَهُ الْقِيَاسُ بِهَا، وَهِيَ: العِلْمُ بِأَحْكَامِ كِتَابِ اللهِ: فَرْضِهِ، وَأَدَبِهِ، وَنَاسِخِهِ، وَمَنْسُوخِهِ، وَعَامِّهِ، وَخَاصِّهِ، وَإِرْشَادِهِ. وَيَسْتَدِلُّ عَلَى مَا احْتَمَلَ التَّأْوِيلَ مِنْهُ بِسُنَنِ رَسُولِ اللهِ. فَإِذَا لَمْ يَجِدْ سُنَّةً فَبِإِجْمَاعِ المُسْلِمِينَ. فَإِنْ لَمْ يَكُنْ إِجْمَاعٌ فَبِالْقِيَاسِ. وَلَا يَكُونُ لِأَحَدٍ أَنْ يَقِيسَ حَتَّى يَكُونَ عَالِمًا بِمَا مَضَى قَبْلَهُ مِنَ السُّنَنِ، وَأَقَاوِيلِ السَّلَفِ،

---

[١] نَفَائِسُ الأُصُولِ، لِلْقَرَافِيِّ (٥/١٩٦٢).

وَإجماعِ النَّاسِ، واخْتِلافِهم، وَلِسَانِ العَرَبِ. وَلا يكونُ له أن يَقِيسَ حتَّى يَكونَ صَحِيحَ العَقْلِ، وحتَّى يُفَرِّقَ بينَ المشْتَبِهِ، ولا يَعْجَلَ بالقَوْلِ بهِ دُونَ التَّثْبِيتِ. وَلا يَمْتَنِعُ مِنَ الاسْتِمَاعِ ممَّن خالَفَهُ؛ لأَنَّهُ قَدْ يَتَنَبَّهُ بالاسْتِمَاعِ لتَرْكِ الغَفْلَةِ، ويَزدادُ بهِ تَثْبِيتًا فيما اعتَقَدَهُ مِن الصَّوابِ. وَعَلَيْهِ في ذلكَ بُلوغُ غايةِ جُهْدِهِ، والإنصافُ من نَفْسِهِ، حتَّى يَعْرِفَ مِنْ أينَ قالَ ما يَقولُ، وتَرَكَ ما يَتْرُكُ. وَلا يَكونُ بما قالَ أَعْنَى منهُ بما خالَفَهُ، حتَّى يَعْرِفَ فَضْلَ ما يَصِيرُ إليه على ما يَتْرُكُ، إن شاءَ الله»(١).

ثُمَّ بَيَّنَ أنَّ مَن لَم يُحَقِقْ ذلكَ فليسَ لَهُ الاجتِهادُ، فَقَالَ: «فأمَّا مَن تمَّ عَقْلُهُ، ولم يَكُن عالِمًا بما وَصَفْنا، فَلا يَحِلُّ لهُ أن يَقولَ بقِياسٍ، وذَلكَ أَنَّهُ لا يَعْرِفُ ما يَقِيسُ عليهِ، كما لا يَحِلُّ لفَقِيهٍ عاقِلٍ أن يقولَ في ثَمَنِ دِرْهَمٍ ولا خِبْرَةَ له بسُوقِهِ. ومَنْ كانَ عالِمًا بِما وَصَفْنا بالحِفْظِ لا بِحَقِيقَةِ المعرِفَةِ، فَلَيْسَ له أن يَقولَ أيضًا بقِياسٍ؛ لأنَّهُ قَدْ يَذْهَبُ عليهِ عَقْلُ المعاني. وكَذلِكَ لو كانَ حافِظًا مُقَصِّرَ العَقْلِ، أو مُقَصِّرًا عَنْ عِلْمِ لِسانِ العَرَبِ، لم يَكُنْ له أن يَقِيسَ؛ مِنْ قِبَلِ نَقْصِ عَقْلِهِ عن الآلَةِ الَّتي يَجُوزُ بها القِياسُ. وَلا نَقُولُ: يَسَعُ هَذا - وَاللهُ أعلَمُ - أَن يَقولَ أبَدًا، إلَّا اتِّباعًا لا قِياسًا»(٢).

وَهذِهِ الْجُمْلَةُ الْجامِعَةُ وَالْقَواعِدُ الضَّابِطَةُ ضَرُورَةٌ لا بُدَّ مِنْها، لَا يُمْكِنُ الاجْتِهادُ دُونَ تَحْصِيلِهَا، وَما زادَهُ بَعْدُ الْمُشْتَرِطُونَ

(١) الرِّسالَة، للشَّافِعِيِّ (النص: ١٤٦٩ - ١٤٧٥).

(٢) الرِّسالَة، للشَّافِعِيِّ (النص: ١٤٧٦ - ١٤٧٩).

فِي عِلْمِ أُصُولِ الْفِقْهِ فَهُوَ إِمَّا تَفَاصِيلُ لِمَا ذَكَرَهُ الشَّافِعِيُّ يُؤْخَذُ مِنْهَا وَيُرَدُّ، وَإِمَّا مَعَارِفُ لَا تَلْزَمُ الْمُجْتَهِدَ، كَالْمَعْرِفَةِ بِعُلُومِ الْحَدِيثِ، فَهُوَ عِلْمٌ تَخَصُّصِيٌّ مُسْتَقِلٌّ، يَحْتَاجُ مِنْهُ الْمُجْتَهِدُ إِلَى الْعِلْمِ بِثُبُوتِ الْحَدِيثِ أَوْ عَدَمِهِ، وَعِنْدَئِذٍ يُمْكِنُهُ اعْتِمَادُ خَبَرِ الْمُتَخَصِّصِ، كَمَا يَعْتَمِدُ عِلْمَ الطَّبِيبِ لِإِدْرَاكِ مَسْأَلَةٍ صِحِّيَّةٍ، أَوِ الْفَلَكِيِّ فِي مَسْأَلَةٍ فَلَكِيَّةٍ.

وَالْمَقْصُودُ أَنَّ تَحْصِيلَ رُتْبَةِ الِاجْتِهَادِ وَالتَّأَهُّلَ لَهَا أَمْرٌ مُمْكِنٌ عَلَى سَبِيلِ التَّخَصُّصِ.

وَقَدْ أَبَانَ طَائِفَةٌ مِنَ الْعُلَمَاءِ بِنَاصِعِ الْبَيَانِ أَنَّ بُلُوغَ رُتْبَةِ الِاجْتِهَادِ مَعَ مَا يُطْلَبُ لَهُ مِنَ التَّحْصِيلِ، مَيْسُورٌ وَلَيْسَ مِنْ قَبِيلِ الْمُسْتَحِيلِ.

قَالَ أَبُو الْوَفَاءِ ابْنُ عَقِيلٍ مُبَيِّنًا عَنْ يُسْرِ الِاجْتِهَادِ، مُنْكِرًا عَلَى مَنْ شَدَّدُوا فِي شُرُوطِهِ حَتَّى انْتَهَوْا إِلَى سَدِّ بَابِهِ: «لَا عَاقِلَ شَرَطَ لِهَذَا الْعُمُرِ الْقَصِيرِ وَالْعُلُومِ الْمَهُولَةِ الْكَثِيرَةِ، أَنْ يَكُونَ الْوَاحِدُ فِي النَّحْوِ كَالْخَلِيلِ وَسِيبَوَيْهِ، وَفِي اللُّغَةِ كَالْأَصْمَعِيِّ وَأَبِي زَيْدٍ، وَفِي الْفِقْهِ كَأَبِي يُوسُفَ وَمُحَمَّدٍ، أَوِ الْأَثْرَمِ وَالْكَوْسَجِ، أَوْ كَأَبِي الْقَاسِمِ الْخِرَقِيِّ فِي الْبَلَاغَةِ وَالْجَوَالَةِ فِي الْفِقْهِ، أَوِ الْمُزَنِيِّ وَابْنِ سُرَيْجٍ، وَفِي الْقِرَاءَةِ كَابْنِ مُجَاهِدٍ، وَفِي الْحَدِيثِ كَابْنِ مَعِينٍ أَوْ سُفْيَانَ، فَضْلًا عَنِ الْمَشَايِخِ الْأَكَابِرِ كَأَبِي حَنِيفَةَ، وَمَالِكٍ، وَالشَّافِعِيِّ، وَأَحْمَدَ بْنِ حَنْبَلٍ. لَكِنَّ الْمَأْخُوذَ عَلَى الْمُجْتَهِدِ مَعْرِفَةَ مَا جَمَعَتْهُ

كُتُبُ الفُقَهاءِ في أُصُولِ الْفِقْهِ وَفُرُوعِهِ: مِنْ مَعْرِفَةِ الأَدِلَّةِ، وَذَلِكَ لا يَقْصُرُ عَنْهُ مُنْتَدَبٌ لِلْفُتْيَا، ولَقَدْ وَقَفَ الأَوَاخِرُ مِنْ عُلُومِ الأَوَائِلِ وَمَا تَجدَّدَ مِنَ الْحَوادِثِ عَلَى ما كَادُوا يَتَزَيَّدُونَ بِهِ عَلَى مَنْ قَبْلَهُمْ، وَلِلسَّبْقِ حُكْمُهُ مِنَ الفَضْلِ. وَالغُلُوُّ في تَعْظِيمِ الْأَوائِلِ بِحَطِّ الْمُتَأَخِّرِينَ عَنْ مَنَاصِبِهِمْ غَيْرُ مَحْمُودٍ فِي الشَّرْعِ وَالعَقْلِ، والعَدْلُ إِعْطَاءُ كُلِّ إِنْسَانٍ مَنْزِلَتَهُ، فَلَا يَجُوزُ حَطُّ الأَوَاخِرِ عَنْ مَنْزِلَةٍ بَلَغُوهَا، كَما لَا يَجُوزُ إِعْطَاءُ الْأَوائِلِ مَنْزِلَةً لم يَبْلُغُوهَا، وَالحقُّ أَحَقُّ أَنْ يُتَّبَعَ، وَقَدْ رَأَيْنا مَنْ تَقدَّمَ لَمَّا بَقِيَ بَعْضُهُمْ فَتَواتَرَتْ عَلَيْهِ الحَوادِثُ وَكَثُرَتِ الْمَسائِلُ، تَقدَّمَ في الْفِقْهِ تَقَدُّمًا فاقَ بِهِ مَنْ تَقَدَّمَهُ، فَإِذا وُجِدَ مِثْلُ ذَلِكَ في عَصْرِنَا لَمْ يَجُزْ أَنْ يُحْرَمَ صاحِبُهُ رُتْبَةَ الاجْتِهادِ؛ لِكَوْنِهِ في عَصْرٍ تَأَخَّرَ عَنْ عَصْرِ السَّلَفِ، وَلِهَذا سائِرُ العُلُومِ السَّابِقُ وَالتَّالِي فِيهَا سَوَاءٌ، إِذَا كانَ سَالِكًا طَرِيقَتَهُ في العِلْمِ، وَعامِلًا عَمَلَهُ، وَسَادًّا مَسَدَّهُ، وَلا يُحْرَمُ الْأَواخِرُ رُتْبَةَ الْأَوَائِلِ لِمَكانِ مُجَرَّدِ التَّقَدُّمِ»(١).

وَقَالَ أَبُو شَامَةَ الْمَقْدِسِيُّ بَعْدَ أن ذَكَرَ كُتُبَ الصِّحاحِ وَالسُّنَنِ، آخِذًا عَلى فُقَهاءِ الْمَذَاهِبِ: «فَلَا عُذْرَ لَهُم ـ وَلَا سِيَّمَا الشَّافِعِيَّةُ مِنْهُمْ ـ فِي تَجَنُّبِ الاشْتِغَالِ بِهَذِهِ الْكُتُبِ النَّفِيسَةِ المصَنَّفَةِ فِي شُرُوحِها وغَرِيبِها، بَلْ أَفْنَوْا زَمانَهُمْ وعُمُرَهُمْ بِالنَّظَرِ فِي أَقْوَالِ مَنْ سَبَقَهُمْ مِنَ الْمُتَأَخِّرِينَ، وَتَركُوا النَّظَرَ فِي نُصُوصِ نَبِيِّهِمُ الْمَعْصُومِ، وَآثَارِ أَصْحَابِهِ الَّذِينَ شَهِدُوا الْوَحْيَ وعَايَنُوا الْمُصْطَفى ﷺ،

(١) الْواضِح في أُصُولِ الْفِقْهِ، لابْنِ عَقِيلٍ (٥/٤٢٤ ـ ٤٢٥).

وَفَهِمُوا مُرَادَ النَّبِيِّ فِيمَا خَاطَبَهُمْ بِقَرَائِنِ الْأَحْوَالِ؛ إِذِ الْخَبَرُ لَيْسَ كَالْمُعَايَنَةِ، فَلَا جَرَمَ لَوْ حُرِمَ هَؤُلَاءِ رُتْبَةَ الاجْتِهَادِ وَبَقُوا مُقَلِّدِينَ»(١).

قَالَ: «وَقَدْ كَانَ الْعُلَمَاءُ فِي الصَّدْرِ الْأَوَّلِ مَعْذُورِينَ فِي تَرْكِ مَا لَمْ يَقِفُوا عَلَيْهِ مِنَ الْحَدِيثِ؛ لِأَنَّ الْأَحَادِيثَ لَمْ تَكُنْ حِينَئِذٍ بَيْنَهُمْ مُدَوَّنَةً، إِنَّمَا كَانَتْ تُتَلَقَّى مِنْ أَفْوَاهِ الرِّجَالِ وَهُمْ مُتَفَرِّقُونَ فِي الْبِلَادِ. وَلَوْ كَانَ الشَّافِعِيُّ وَجَدَ فِي زَمَانِهِ كِتَابًا فِي أَحْكَامِ السُّنَنِ أَكْبَرَ مِنَ الْمُوَطَّأِ لَحِفْظِهِ مُضَافًا إِلَى مَا تَلَقَّاهُ مِنْ أَفْوَاهِ مَشَايِخِهِ»(٢).

وَهَذَا ابْنُ رُشْدٍ الْحَفِيدِ صَنَّفَ كِتَابَ «بِدَايَةِ الْمُجْتَهِدِ» لِيُدَلِّلَ بِهِ عَلَى يُسْرِ الاجْتِهَادِ، وَأَنَّهُ إِنَّمَا هُوَ تَفْعِيلُ الْعَقْلِ وَالْأُصُولِ فِي الدَّلَائِلِ، وَتَمْيِيزُ الاتِّفَاقِ وَالاخْتِلَافِ، وَلَا تُطْلَبُ لَهُ كَثْرَةُ الْحِفْظِ، فَقَالَ: «هَذَا الْكِتَابَ إِنَّمَا وَضَعْنَاهُ لِيَبْلُغَ بِهِ الْمُجْتَهِدُ فِي هَذِهِ الصِّنَاعَةِ رُتْبَةَ الاجْتِهَادِ، إِذَا حَصَّلَ مَا يَجِبُ لَهُ أَنْ يُحَصِّلَ قَبْلَهُ مِنَ الْقَدْرِ الْكَافِي لَهُ فِي عِلْمِ النَّحْوِ وَاللُّغَةِ وَصِنَاعَةِ أُصُولِ الْفِقْهِ. وَيَكْفِي مِنْ ذَلِكَ مَا هُوَ مُسَاوٍ لِجِرْمِ هَذَا الْكِتَابِ، أَوْ أَقَلَّ، وَبِهَذِهِ الرُّتْبَةِ يُسَمَّى فَقِيهًا، لَا بِحِفْظِ مَسَائِلِ الْفِقْهِ، وَلَوْ بَلَغَتْ فِي الْعَدَدِ أَقْصَى مَا يُمْكِنُ أَنْ يَحْفَظَهُ إِنْسَانٌ، كَمَا نَجِدُ مُتَفَقِّهَةَ زَمَانِنَا يَظُنُّونَ أَنَّ الْأَفْقَهَ هُوَ الَّذِي حَفِظَ مَسَائِلَ أَكْثَرَ. وَهَؤُلَاءِ عَرَضَ لَهُمْ شَبِيهُ مَا يَعْرِضُ لِمَنْ ظَنَّ أَنَّ الْخَفَّافَ هُوَ الَّذِي عِنْدَهُ خِفَافٌ كَثِيرَةٌ، لَا الَّذِي يَقْدِرُ عَلَى عَمَلِهَا،

---

(١) مُخْتَصَرُ الْمُؤَمَّلِ فِي الرَّدِّ إِلَى الْأَمْرِ الْأَوَّلِ، لِأَبِي شَامَةَ (ص: ٥٣).

(٢) مُخْتَصَرُ الْمُؤَمَّلِ فِي الرَّدِّ إِلَى الْأَمْرِ الْأَوَّلِ، لِأَبِي شَامَةَ (ص: ٥٤).

وَهُوَ بَيِّنٌ أَنَّ الَّذِي عِنْدَهُ خِفَافٌ كَثِيرَةٌ سَيَأْتِيهِ إِنْسَانٌ بِقَدَمٍ لَا يَجِدُ فِي خِفَافِهِ مَا يَصْلُحُ لِقَدَمِهِ، فَيَلْجَأُ إِلَى صَانِعِ الْخِفَافِ ضَرُورَةً، وَهُوَ الَّذِي يَصْنَعُ لِكُلِّ قَدَمٍ خُفًّا يُوَافِقُهُ، فَهَذَا هُوَ مِثَالُ أَكْثَرِ الْمُتَفَقِّهَةِ فِي هَذَا الْوَقْتِ»(١).

وَهَذِهِ الْكَلِمَاتُ الْجَوَامِعُ تُنْبِئُكَ عَنْ حَقِيقَةِ مَا تَقَدَّمَ ذِكْرُهُ مِنْ يُسْرِ الاجْتِهَادِ فِي هَذَا الْعَصْرِ، بَلْ هُوَ أَيْسَرُ فِي إِمْكَانِ تَحْصِيلِ أَسْبَابِهِ مِنْ أَيِّ زَمَانٍ مَضَى، فَإِذَا ضُمَّ إِلَى ذَلِكَ كَثْرَةُ الاعْتِنَاءِ وَالنَّظَرِ فِي أَدِلَّةِ الشَّرِيعَةِ مِنَ الْقُرْآنِ وَالسُّنَنِ الصَّحِيحَةِ، وَالدُّرْبَةِ الْمُتَوَاصِلَةِ عَلَى مَعْرِفَةِ الْخِلَافِ، وَتَخْرِيجِ أَمْثِلَةِ الْفُرُوعِ عَلَى الأُصُولِ، تَحَقَّقَ مَا يُرْجَى مِنَ الأَهْلِيَّةِ لِلاجْتِهَادِ.

قَالَ الشَّوْكَانِيُّ: «مَنِ اسْتَكْثَرَ مِنْ تَتَبُّعِ الآيَاتِ الْقُرْآنِيَّةِ، وَالأَحَادِيثِ النَّبَوِيَّةِ، وَجَعَلَ كُلَّ ذَلِكَ دَأْبَهُ، وَوَجَّهَ إِلَيْهِ هِمَّتَهُ، وَاسْتَعَانَ بِاللهِ ﷻ، وَاسْتَمَدَّ مِنْهُ التَّوْفِيقَ، وَكَانَ مُعْظَمُ هَمِّهِ وَمَرْمَى قَصْدِهِ الْوُقُوفَ عَلَى الْحَقِّ وَالْعُثُورَ عَلَى الصَّوَابِ، مِنْ دُونِ تَعَصُّبٍ لِمَذْهَبٍ مِنَ الْمَذَاهِبِ، وَجَدَ فِيهِمَا مَا يَطْلُبُهُ، فَإِنَّهُمَا الْكَثِيرُ الطَّيِّبُ، وَالْبَحْرُ الَّذِي لَا يُنْزَفُ، وَالنَّهْرُ الَّذِي يَشْرَبُ مِنْهُ كُلُّ وَارِدٍ عَلَيْهِ الْعَذْبَ الزُّلَالَ، وَالْمُعْتَصَمُ الَّذِي يَأْوِي إِلَيْهِ كُلُّ خَائِفٍ، فَاشْدُدْ يَدَيْكَ عَلَى هَذَا، فَإِنَّكَ إِنْ قَبِلْتَهُ بِصَدْرٍ مُنْشَرِحٍ، وَقَلْبٍ مُوَفَّقٍ، وَعَقْلٍ قَدْ حَلَّتْ بِهِ الْهِدَايَةُ، وَجَدْتَ فِيهِمَا كُلَّ مَا تَطْلُبُهُ مِنْ أَدِلَّةِ الأَحْكَامِ

(١) بِدَايَةُ الْمُجْتَهِد، لِابْنِ رُشْدٍ (٣/١٢٨٤).

الَّتِي تُرِيدُ الْوُقُوفَ عَلَى دَلَائِلِهَا كَائِنًا مَا كَانَ. فَإِنِ اسْتَبْعَدْتَ هَذَا الْمَقَالَ، وَاسْتَعْظَمْتَ هَذَا الْكَلَامَ، وَقُلْتَ كَمَا قَالَهُ كَثِيرٌ مِنَ النَّاسِ: إِنَّ أَدِلَّةَ الْكِتَابِ وَالسُّنَّةِ لَا تَفِي بِجَمِيعِ الْحَوَادِثِ، فَمِنْ نَفْسِكَ أُتِيتَ، وَمِنْ قِبَلِ تَقْصِيرِكَ أُصِبْتَ، وَعَلَى نَفْسِهَا بَرَاقِشُ تَجْنِي، وَإِنَّمَا تَنْشَرِحُ لِمِثْلِ هَذَا الْكَلَامِ صُدُورُ قَوْمٍ مُوَفَّقِينَ، وَقُلُوبُ رِجَالٍ مُسْتَعِدِّينَ لِهَذِهِ الْمَرْتَبَةِ الْعَلِيَّةِ»[١].

وَبِمَعْنَى هَذَا قَالَ الْحَجْوِيُّ: «وَلَيْتَنَا نُمَرِّنُ طَلَبَةَ الْفِقْهِ عَلى النَّظَرِ فِي الْآيَاتِ الْقُرْآنِيَّةِ الْمُتَعَلِّقَةِ بِالأَحْكَامِ، وَحِفْظِهَا وَفَهْمِهَا فَهْمًا اسْتِقْلَالِيًّا يُوافِقُ ما كانَ يَفْهَمُهُ مِنْها قُرَيْشٌ الَّذِينَ نَزَلَ بِلُغَتِهِمْ، وَعَلَى النَّظَرِ فِي السُّنَّةِ الصَّالِحَةِ لِلاسْتِدْلَالِ، وَحِفْظِهَا وَإِتْقَانِها وَفَهْمِهَا، كَذَلِكَ، وَنُمَرِّنُهُمْ عَلَى قَواعِدِ الْعَرَبِيَّةِ وَأُصُولِ الْفِقْهِ، ثُمَّ نَتْرُكُ لَهُمْ حُرِّيَّةَ الْفِكْرِ وَالنَّظَرِ كَمَا كانَ عَلَيْهِ أَهْلُ الصَّدْرِ الأَوَّلِ، وَلَنْ يُصْلِحَ آخِرَ الْأُمَّةِ إِلَّا ما صَلَحَ عَلَيْهِ أَوَّلُهَا، وَهَذا الْعَمَلُ أَنْجَحُ مِنَ السَّعْيِ فِي تَوْحِيدِ الْمَذاهِبِ، أَوْ تَرْجِيحِ أَحَدِهَا»[٢].

وَللهِ دَرُّ الشَّيخِ المراغِيِّ إِذْ قالَ: «إِنَّ الزَّمَنَ لم يُغَيِّرْ خِلْقَةَ الإنسانِ، والعُقولَ لم تَضْمُرْ، والطَّبيعَةَ باقِيَةٌ في الإِنْسانِ كَما كانَتْ في العُصورِ الْمَاضِيَةِ، وَها هُمْ عُلَماءُ الأُمَمِ يَحْدُوهُمُ الأَمَلُ إلى بُلوغِ أَقْصَى ما يَتَصَوَّرُهُ العَقْلُ البَشَرِيُّ، وَيَصِلُونَ إِلَيْهِ بِجِدِّهِمْ وَاجْتِهادِهِمْ،

---

(١) إِرْشَادُ الْفُحُولِ، لِلشَّوْكَانِيِّ (٢/١٠٥٩).

(٢) الْفِكْرُ السَّامِيُّ في تَارِيخ الْفِقْهِ الإِسْلامِيِّ، لِلْحَجْوِيِّ (٢/٤٥٢).

وَقَدْ كَانَ أَسْلَافُهُمْ فِي عَمَايَةٍ وَجَهْلٍ، وكانَ أَسْلَافُنَا فِي نُورِ الْعِلْمِ وَضِيَاءِ الْمَدَنِيَّةِ، لَمْ يَقُلْ أَحَدٌ مِنْهُمْ بِقُصُورِ الْعَزَائِمِ، وَلَا بِتَرَاخِي الْهِمَمِ عَنِ الْبَحْثِ وَالتَّنْقِيبِ، بَلْ كُلَّمَا مَرَّ عَلَيْهِمُ الزَّمَنُ جَدُّوا فِي الْبَحْثِ وَالتَّنْقِيبِ، وَكَثُرَتْ وَسَائِطُ الْبَحْثِ وَالتَّنْقِيبِ. وَإِنِّي مَعَ احْتِرَامِي لِرَأْيِ الْقَائِلِينَ بِاسْتِحَالَةِ الِاجْتِهَادِ، أُخَالِفُهُمْ فِي رَأْيِهِمْ، وَأَقُولُ: إِنَّ فِي عُلَمَاءِ الْمَعَاهِدِ الدِّينِيَّةِ فِي مِصْرَ مَنْ تَوَافَرَتْ فِيهِمْ شُرُوطُ الِاجْتِهَادِ وَيَحْرُمُ عَلَيْهِمُ التَّقْلِيدُ»[١].

⁂ ⁂ ⁂

---

(١) الِاجْتِهَادُ فِي الْإِسْلَامِ، لِلْمَرَاغِيِّ (ص: ١٩).

الاجْتِهَادُ في اسْتِخْرَاجِ الْحُكْمِ الْمُنَاسِبِ

وَهُوَ الاجْتِهَادُ لِلنَّظَرِ في تَحْقِيقِ الْمَنَاطِ مِنْ جِهَةِ مُنَاسَبَةِ الْحُكْمِ لِلْوَاقِعَةِ الدَّاعِيَةِ لِلاجْتِهَادِ، أَوْ تَنْزِيلُ الْحُكْمِ في مَحَلِّهِ، وَيُعَبَّرُ الْيَوْمَ بِالْقَوْلِ في شَأْنِ الاجْتِهَادِ: «أَنْ يَكُونَ مِنْ أَهْلِهِ في مَحَلِّهِ»، فَأَمَّا الأَهْلِيَّةُ فَمَا سَبَقَ ذِكْرُهُ مِنَ التَّخَصُّصِ، وَأَمَّا الْمَحَلُّ فَهُوَ هَذِهِ الْمُنَاسَبَةُ.

فَهُوَ اسْتِقْلَالٌ مِنْ كُلِّ وَجْهٍ: لَيْسَ مُقَلِّدًا في رَأْيِهِ، فَذَلِكَ ضِدُّ الاجْتِهَادِ، وَلَا يَدَعُ لِلعَاطِفَةِ تَأْثِيرًا عَلَيْهِ، إِذْ لَا يَقْضِي القَاضِي وَهُوَ غَضْبَانُ، فَلَا يُسَيْطِرُ عَلَيْهِ هَوًى يَمِيلُ بِهِ عَنِ الاعْتِدَالِ يَنْتَصِرُ فِيهِ إِلَى رَأْيٍ عَصَبِيَّةٍ، أَوْ شَهْوَةٍ حُبًّا كَانَتْ أَوْ بُغْضًا، ذَلِكَ أَنَّهُ بِما يُصْدِرُهُ مِنَ الأَحْكَامِ يُوَقِّعُ عَنِ اللهِ رَبِّ العَالَمِينَ.

وَقَدْ عَلَّمَنا مَنْهَجُ القُرْآنِ كَيْفَ يَكُونُ الاجْتِهَادُ في مَحَلِّهِ، وَذَلِكَ في طَبِيعَةِ تَنْزِيلِهِ في ثَلَاثٍ وَعِشْرِينَ سَنَةً: ﴿وَقَالَ ٱلَّذِينَ كَفَرُوا۟ لَوْلَا نُزِّلَ عَلَيْهِ ٱلْقُرْءَانُ جُمْلَةً وَٰحِدَةً كَذَٰلِكَ لِنُثَبِّتَ بِهِ فُؤَادَكَ وَرَتَّلْنَٰهُ تَرْتِيلًا﴾ [الفُرْقان: ٣٢]، إِذَنْ نُزِّلَ كَذَلِكَ رِعَايَةً لأَحْوَالِ المُكَلَّفِينَ، وَتَنْزِيلًا لِلحُكْمِ المُنَاسِبِ في الظَّرْفِ المُنَاسِبِ.

وعَنْ عَائِشَةَ رضي الله عنها قَالَتْ وهِيَ تُبَيِّنُ ذَلِكَ، تُظْهِرُ حِكْمَتَهُ: «إِنَّمَا نَزَلَ أَوَّلَ مَا نَزَلَ مِنْهُ سُورَةٌ مِنَ الْمُفَصَّلِ فِيهَا ذِكْرُ الجَنَّةِ وَالنَّارِ، حَتَّى إِذَا ثَابَ النَّاسُ إِلَى الإِسْلَامِ نَزَلَ الحَلَالُ وَالحَرَامُ، وَلَوْ نَزَلَ أَوَّلَ شَيْءٍ: لا تَشْرَبُوا الخَمْرَ، لَقَالُوا: لا نَدَعُ الخَمْرَ أَبَدًا، وَلَوْ نَزَلَ: لَا تَزْنُوا، لَقَالُوا: لَا نَدَعُ الزِّنَى أَبَدًا، لَقَدْ نَزَلَ بِمَكَّةَ عَلَى مُحَمَّدٍ ﷺ وَإِنِّي لَجَارِيَةٌ أَلْعَبُ: ﴿بَلِ ٱلسَّاعَةُ مَوْعِدُهُمْ وَٱلسَّاعَةُ أَدْهَىٰ وَأَمَرُّ﴾ [القمر: ٤٦]، وَمَا نَزَلَتْ سُورَةُ البَقَرَةِ وَالنِّسَاءِ إِلَّا وَأَنَا عِنْدَهُ»[(١)].

كَانَتْ مَكَّةُ ظَرفًا لهُ خَصائِصُه المختَلِفةُ عَنِ الْمَدِينَةِ في خَصائِصِهَا، إذْ كَانَ الْحالُ استِقرارَ المجتَمَعِ الخاضِعِ للقانُونِ الرَّبَّانيِّ؛ لأجْلِ تمكُّنِهِ، معَ شُيوعِ العِلْمِ والأخْذِ بأسْبابِ العِمْرَانِ وصِناعَةِ الحَياةِ والحَضارَةِ، فَهَذا دَرْسٌ في الْمَنْهَجِ الْقُرْآنِيِّ والسُّلُوكِ النَّبوِيِّ يُبيِّنُ أَنَّ تَغيُّرَ الظَّرفِ يَتْبَعُهُ تَغَيُّرٌ في الأحْكَامِ وَفِي تَنْزِيلِهَا، وَهُوَ ما يُعبَّرُ عَنْهُ في باب الاجْتِهَادِ بتَغَيُّرِ الأَحْكَامِ بِتَغيُّرِ الزَّمانِ والمَكانِ.

وَهَذا أَصْلٌ مُهِمٌّ وَمِنْ أَبْرَزِ ما تَجِبُ رِعايَتُهُ في العَصْرِ الحَديثِ، فَهُوَ مِنْ جِهَةٍ يَشتَرِكُ مَعَ أيِّ ظَرْفٍ لَهُ خَصائِصُهُ، وَمِنْ جِهَةٍ أُخْرَى كَبيرَةِ الأَهَمِّيَّةِ تُميِّزُهُ أَنَّهُ ظَرْفٌ خَارِجٌ عَنْ نَمَطِ جَميعِ الظُّرُوفِ الَّتِي مَرَّت بها الأُمَّةُ عَلى مَدَى تاريخِها الطَّويلِ مُنْذُ بُعِثَ النَّبِيُّ ﷺ.

(١) أَخْرَجَهُ الْبُخَارِيُّ (رقم: ٤٩٩٣).

فَلَوْ جِئْنَا لِاسْتِقْرَاءِ بِيئَةِ مَا عُرِفَ فِي التَّارِيخِ بِدَارِ الإِسْلَامِ وَدَارِ الْحَرْبِ، فَقَدْ كَانَتْ تَتَّسِمُ بِالتَّشَابُهِ، فَحَتَّى مَعَ مُضِيِّ الْقُرُونِ الطَّوِيلَةِ فَإِنَّهَا لَمْ تُوجِبْ تَفَاوُتًا كَبِيرًا بِسَبَبِ اخْتِلَافِ الْبِيئَةِ أَوِ الظَّرْفِ، وَعَلَيْهِ فَقَدْ كَانَتِ الْوَسَائِلُ وَالآلِيَّاتُ الَّتِي تُعَالِجُ ذَلِكَ الْوَاقِعَ لَمْ تَكَدْ تَخْضَعُ إِلَى أَيِّ نَوْعٍ مِنَ التَّجْدِيدِ وَالْمُرَاجَعَةِ إِلَّا نَادِرًا، بَلْ كَانَ الأَمْرُ أَعْمَقَ مِنْ ذَلِكَ، فَالأَجْوِبَةُ عَنِ الْمُسْتَجِدَّاتِ وَالنَّوَازِلِ تَتَكَرَّرُ ذَاتُهَا أَوْ تَتَشَابَهُ إِلَى حَدٍّ كَبِيرٍ، لَكِنَّنَا الْيَوْمَ لَمْ نُصْبِحْ نَعِيشُ فِي ذَلِكَ الزَّمَنِ، وَلَا نُقَارِبُهُ، بَلِ الْعَالَمُ كُلُّهُ تَغَيَّرَ؛ لِيَخْلَعَ ثَوْبَهُ الْعَتِيقَ ويلبَسَ ثوبًا لَمْ يَقْتَصِرِ الأَمْرُ فِيهِ عَلَى تَغْيِيرِ هَيْئَةٍ وَصِفَةٍ، بَلْ لَا يَصْلُحُ أَنْ يَكُونَ مِنْ نَفْسِ تِلْكَ الْمَادَّةِ التَّقْلِيدِيَّةِ، ثَوْبًا جَدِيدًا فِي مَادَّتِهِ، جَدِيدًا فِي صَنْعَتِهِ.

فَتَقْسِيمُ الْمَعْمُورَةِ الْيَوْمَ غَيْرُ تَقْسِيمِهَا التَّارِيخِيِّ، الأَمْرُ الَّذِي أَوْجَبَ بِالضَّرُورَةِ أَنْ يُفَعَّلَ الِاجْتِهَادُ خَارِجًا عَنْ نَمَطِهِ التَّارِيخِيِّ؛ لِيَنْطَلِقَ مِنْ رَحَابَةِ الْبَحْثِ وَالنَّظَرِ فِي تَوْجِيهَاتِ الرِّسَالَةِ الْمُحَمَّدِيَّةِ بِمَا يُعَالِجُ هَذَا الْوَاقِعَ الْجَدِيدَ، وَأَنْ يُنْظَرَ فِي آلِيَّاتِهِ الْعَتِيقَةِ لِيَتِمَّ تَطْوِيرُهَا بِحَسَبِ مَا يَتَنَاسَبُ مَعَ مَا يَقْتَضِيهِ الِاجْتِهَادُ فِي ظَرْفِهِ الْجَدِيدِ.

وَمِنَ الْجَدِيرِ بِالتَّنْبِيهِ عَلَيْهِ فِي هَذَا السِّيَاقِ تَتْمِيمًا لِفَائِدَتِهِ، أَنَّ التَّأْصِيلَ لِفِقْهِ التَّنْزِيلِ لَيْسَ شَيْئًا يَدَّعِيهِ أَحَدٌ فِي هَذَا الْعَصْرِ زَاعِمًا أَنَّ السَّابِقِينَ لَمْ يُعْنَوْا بِهِ، فَهَذَا غَلَطٌ عَلَى الْفِقْهِ وَأُصُولِهِ:

قَالَ تَقِيُّ الدِّينِ السُّبْكِيُّ، وَفِي كَلَامِهِ فَوَائِدُ عِدَّةٌ: «اعْلَمْ يَا أَخِي أَنَّ الْعُلَمَاءَ الْكَامِلِينَ الْمُبَرِّزِينَ يَجِيئُونَ مِنَ الْفِقْهِ عَلَى ثَلَاثِ مَرَاتِبَ:

إِحْدَاهَا: مَعْرِفَةُ الْفِقْهِ فِي نَفْسِهِ، وَهُوَ أَمْرٌ كُلِّيٌّ؛ لِأَنَّ صَاحِبَهُ

يَنْظُرُ فِي أُمُورٍ كُلِّيَّةٍ وَأَحْكَامِهَا، كَمَا هُوَ دَأْبُ الْمُصَنِّفِينَ وَالْمُعَلِّمِينَ وَالْمُتَعَلِّمِينَ، وَهَذِهِ الْمَرْتَبَةُ هِيَ الْأَصْلُ.

الثَّانِيَةُ: مَرْتَبَةُ الْمُفْتِي. وَهِيَ النَّظَرُ فِي صُورَةٍ جُزْئِيَّةٍ، وَتَنْزِيلُ مَا تَقَرَّرَ فِي الْمَرْتَبَةِ الْأُولَى. فَعَلَى الْمُفْتِي أَنْ يَعْتَبِرَ مَا يُسْأَلُ عَنْهُ وَأَحْوَالَ تِلْكَ الْوَاقِعَةِ، وَيَكُونَ جَوَابُهُ عَلَيْهَا، فَإِنَّهُ يُخْبِرُ أَنَّ حُكْمَ اللهِ فِي هَذِهِ الْوَاقِعَةِ كَذَا، بِخِلَافِ الْفَقِيهِ الْمُطْلَقِ الْمُصَنِّفِ الْمُعَلِّمِ لَا يَقُولُ: فِي هَذِهِ الْوَاقِعَةِ. بَلْ: فِي الْوَاقِعَةِ الْفُلَانِيَّةِ، وَقَدْ يَكُونُ بَيْنَهَا وَبَيْنَ هَذِهِ الْوَاقِعَةِ فَرْقٌ.

وَلِهَذَا نَجِدُ كَثِيرًا مِنَ الْفُقَهَاءِ لَا يَعْرِفُونَ أَنْ يُفْتُوا، وَأَنَّ خَاصِّيَّةَ الْمُفْتِي تَنْزِيلُ الْفِقْهِ الْكُلِّيِّ عَلَى الْمَوْضِعِ الْجُزْئِيِّ، وَذَلِكَ يَحْتَاجُ إِلَى تَبَصُّرٍ زَائِدٍ عَلَى حِفْظِ الْفِقْهِ وَأَدِلَّتِهِ.

وَلِهَذَا نَجِدُ فِي فَتَاوَى بَعْضِ الْمُتَقَدِّمِينَ مَا يَنْبَغِي التَّوَقُّفُ فِي التَّمَسُّكِ بِهِ فِي الْفِقْهِ، لَيْسَ لِقُصُورِ ذَلِكَ الْمُفْتِي ـ مَعَاذَ اللهِ ـ، بَلْ لِأَنَّهُ قَدْ يَكُونُ فِي الْوَاقِعَةِ الَّتِي سُئِلَ عَنْهَا مَا يَقْتَضِي ذَلِكَ الْجَوَابَ الْخَاصَّ، فَلَا يَطَّرِدُ فِي جَمِيعِ صُوَرِهَا، وَهَذَا قَدْ يَأْتِي فِي بَعْضِ الْمَسَائِلِ. وَوَجَدْنَاهُ بِالِامْتِحَانِ وَالتَّجْرِبَةِ فِي بَعْضِهَا لَيْسَ بِالْكَثِيرِ، وَالْكَثِيرُ أَنَّهُ مِمَّا يُتَمَسَّكُ بِهِ، فَلْيُتَنَبَّهْ لِذَلِكَ؛ فَإِنَّهُ قَدْ تَدْعُو الْحَاجَةُ إِلَيْهِ فِي بَعْضِ الْمَوَاضِعِ، فَلَا نُلْحِقُ تِلْكَ الْفَتْوَى بِالْمَذْهَبِ إِلَّا بَعْدَ هَذَا التَّبَصُّرِ.

الْمَرْتَبَةُ الثَّالِثَةُ: مَرْتَبَةُ الْقَاضِي، وَهِيَ أَخَصُّ مِنْ رُتْبَةِ الْمُفْتِي؛

لِأَنَّهُ يَنْظُرُ فِيمَا يَنْظُرُ فِيهِ الْمُفْتِي مِنَ الْأُمُورِ الْجُزْئِيَّةِ، وَزِيَادَةِ ثُبُوتِ أَسْبَابِهَا وَنَفْيِ مُعَارَضَتِهَا، وَمَا أَشْبَهَ ذَلِكَ، وَتَظْهَرُ لِلْقَاضِي أُمُورٌ لَا تَظْهَرُ لِلْمُفْتِي، فَنَظَرُ الْقَاضِي أَوْسَعُ مِنْ نَظَرِ الْمُفْتِي، وَنَظَرُ الْمُفْتِي أَوْسَعُ مِنْ نَظَرِ الْفَقِيهِ، وَإِنْ كَانَ نَظَرُ الْفَقِيهِ أَشْرَفَ وَأَعَمَّ نَفْعًا.

إِذَا عَلِمْتَ هَذَا، فَالْفِقْهُ عُمُومٌ شَرِيفٌ نَافِعٌ نَفْعًا كُلِّيًّا، وَهُوَ قِوَامُ الدِّينِ وَالدُّنْيَا. وَالْفَتْوَى خُصُوصٌ، فِيهَا ذَلِكَ، وَتَنْزِيلُ الْكُلِّيِّ عَلَى الْجُزْئِيِّ مِنْ غَيْرِ إِلْزَامٍ. وَالْحُكْمُ خُصُوصُ الْخُصُوصِ، فِيهَا ذَلِكَ، وَزِيَادَاتٌ، إِحْدَاهَا: الْحُجَجُ، وَالْأُخْرَى: الْإِلْزَامُ.

وَمِنْ أَيِّ الْمَرَاتِبِ الثَّلَاثِ كُنْتَ، اقْصِدْ وَجْهَ اللهِ وَحْدَهُ، وَمَنْ خَالَفَكَ فَانْظُرْ فِي كَلَامِهِ وَتَطَلَّبْ لَهُ وَجْهًا، فَإِنْ وَجَدْتَهُ أَصْوَبَ فَارْجِعْ إِلَيْهِ، وَإِنْ وَجَدْتَهُ عَلَى خِلَافِ ذَلِكَ فَاسْتَغْفِرْ لَهُ، وَاعْلَمْ قَدْرَ نِعْمَةِ اللهِ عَلَيْكَ إِذْ هَدَاكَ لِمَا لَمْ يَهْدِهِ لَهُ، فَاشْكُرْ رَبَّكَ، وَلَا تَنْقُصْ أَخَاكَ»[١].

وَفِي هَذَا الْجُزْءِ الأخيرِ مَنْ كَلَامِهِ الْمُسَدَّدِ تَذْكِيرٌ بِجَانِبِ إِخْلَاصِ الْقَصْدِ فِي الاجْتِهَادِ، وَرَجَاءِ إِصَابَةِ التَّوْفِيقِ، وَالتَّوَاضُعِ لِلرُّجُوعِ عَنِ الرَّأْيِ عِنْدَمَا يَظْهَرُ خَطَؤُهُ.

وَمِن أَسْوأِ ما يَقْدَحُ في عَدَالَةِ الْمُجْتَهِدِ أو الْمُفْتِي أن يُراعِيَ الْمُسْتَفْتِيَ: رَغْبَةً في مَنْفَعَةٍ شَخْصِيَّةٍ عاجِلَةٍ، فيُفْتِيهِ بما يَشْتَهِيهِ

(١) فَتَاوَى السُّبْكِيِّ (٢/١٢٢ ـ ١٢٣).

وَيُشَرِّعُ لَهُ بِهَوَاهُ مَا بِهِ يَتَّقِيهِ أَوْ يُرْضِيهِ، كَمَنْ يَنْصُرُ حَاكِمًا ظَالِمًا بِفَتْوَاهُ، أَوْ يُرْضِي عَوَامَّ النَّاسِ رَغْبَةً فِي ثَنَائِهِمْ أَوْ خَوْفًا مِنْ نَبْذِهِمْ، وَقَدْ قَالَ الْإِمَامُ مَالِكُ بْنُ أَنَسٍ لِصَاحِبِهِ ابْنِ وَهْبٍ: «يَا عَبْدَاللهِ بْنَ وَهْبٍ، أَدِّ مَا سَمِعْتَ وَحَسْبُكَ، وَلَا تَحْمِلْ لِأَحَدٍ عَلَى ظَهْرِكَ، فَقَدْ كَانَ يُقَالُ: أَخَسُّ النَّاسِ مَنْ بَاعَ آخِرَتَهُ بِدُنْيَاهُ، وَأَخَسُّ مِنْهُ مَنْ بَاعَ آخِرَتَهُ بِدُنْيَا غَيْرِهِ»[١].

❊ ❊ ❊

---

[١] أَخْرَجَهُ الْجَوْهَرِيُّ فِي «مُسْنَدِ الْمُوَطَّأ» (رقم: ٤٩).

خاتِمَةٌ

فِي خَمْسِ مَسَائِلَ
تَتَّصِلُ بِتَفْعِيلِ الاجْتِهَاد

الْمَسْأَلَةُ الْأُولَى: الشُّذُوذُ فِي الْفَتْوَى

كَثِيرُونَ مِمَّنْ مُنِحُوا السُّلْطَةَ الدِّينِيَّةَ «وَظِيفَةَ الإِفْتَاءِ» فِي عَصْرِنَا لَهُمْ شَأْنٌ فِي احْتِكَارِ الاجْتِهَادِ أَوِ الإِفْتَاءِ عَلَى مَا تَقَدَّمَ مِنْ وَصْفِهِ فِي الْوَاقِعِ، وَمَعَ الإِقْرَارِ فِي هَذَا السِّيَاقِ أَنَّهُ لَا بُدَّ مِنَ الْحَيْلُولَةِ دُونَ تَمْكِينِ مَنْ لَيْسَ أَهْلًا لِلاجْتِهَادِ مِنَ الإِفْتَاءِ؛ لَكِنْ لَا نُقِرُّ مَنْهَجَ الاحْتِكَارِ، فَالْمَنَاصِبُ الْمَمْنُوحَةُ لِلْمُفْتِينَ فِي عَصْرِنَا إِنْ كَانَتْ رَسْمِيَّةً أَوْ عُرْفِيَّةً، فَإِنَّهَا لَا تُعْطِيهِمْ حَقَّ مَنْعِ غَيْرِهِمْ مِنْ إِبْدَاءِ رَأْيٍ، وَإِنْ خَالَفَهُمْ، وَبِخَاصَّةٍ وَأَنَّ الْكَثِيرَ مِنْ أَصْحَابِ تِلْكَ الْمَنَاصِبِ لَا تُوجَدُ فِيهِمْ أَدْنَى شَرَائِطِ الاجْتِهَادِ، وَهَؤُلَاءِ بِحُكْمِ مَنَاصِبِهِمْ إِذَا أَرَادُوا تَسْخِيفَ الرَّأْيِ الآخَرِ قَالُوا: هَذَا شُذُوذٌ.

وَالْعَجَبُ أَنَّ الْمِيزَانَ عِنْدَ هَؤُلَاءِ فِي الْحُكْمِ بِالشُّذُوذِ غَالِبًا هُوَ الْخُرُوجُ بِرَأْيٍ عَنِ الْمَذَاهِبِ الْمَتْبُوعَةِ، وَأَحْيَانًا عَنِ الْفَتَاوَى الشَّائِعَةِ، وَغَالِبًا يَكْتَفُونَ بِإِطْلَاقِ ذَلِكَ الْوَصْفِ دُونَ بَيَانٍ، وَرُبَّمَا أَتْبَعُوهُ بِالتَّشْهِيرِ بِصَاحِبِهِ وَالتَّشْكِيكِ فِيهِ، وَهَذَا أَمْرٌ تَارِيخِيٌّ يَتَكَرَّرُ، فَلَوْ تَجَاوَزْنَا قَضِيَّةَ جَرْحِ الْمُخَالِفِ لِرَأْيِهِ فِي الْعَصْرِ الْأَوَّلِ بَعْدَ الصَّحَابَةِ، فَقَدِيمًا قَصَدَتْ طَوَائِفُ مِنَ الْعُلَمَاءِ الْمَنْسُوبِينَ إِلَى الْمَذَاهِبِ الْفِقْهِيَّةِ

إِسْقَاطُ اجْتِهَادَاتِ مُخَالِفِيهِمْ، كَمَا أَسْقَطَ الْمُقَلِّدَةُ خِلَافَ ابْنِ حَزْمٍ الظَّاهِرِيِّ وَلَمْ يَعْتَدُّوا بِهِ، وَكَمَا وَصَفَ آخَرُونَ بَعْضَ آرَاءِ ابْنِ تَيْمِيَّةَ بِالشُّذُوذِ، وَفِي الْقَرْنِ الْمَاضِي شُهِّرَ بِمُحَمَّدٍ عَبْدُه وَبِبَعْضِ تَلَامِذَتِه بِنَفْسِ الأُسْلُوبِ.

إِنَّ الَّذِي يَنْبَغِي النَّظَرُ إِلَيْهِ اسْتِنَادًا إِلَى الْقَوَاعِدِ وَالأُصُولِ أَنَّ الْحُكْمَ بِالشُّذُوذِ فِي الاجْتِهَادِ لَيْسَ مُخَالَفَةَ الْوَاحِدِ لِلْجَمَاعَةِ، أَوْ مَا انْفَرَدَ بِهِ الْفَقِيهُ عَنْ آرَاءِ الْفُقَهَاءِ الْمُتَقَدِّمِينَ، كَمَا سَمِعْتُ أَحَدَهُمْ يُعَرِّفُهُ بِالتَّعْرِيفِ الشَّائِعِ لِلْحَدِيثِ الشَّاذِّ فِي عُلُومِ الْحَدِيثِ، وَهُوَ مَوْضُوعٌ مُخْتَلِفٌ، وَإِنَّمَا مَا يَكُونُ مُخَالِفًا لِمُقْتَضَى الدَّلِيلِ، وَيُمْكِنُ إِقَامَةُ الْحُجَّةِ عَلَى ضَعْفِهِ وَخَطَئِهِ.

وَلَوْ سَوَّغْنَا مَنْحَ وَصْفِ «الْمُجْتَهِدِ الْمُنْفَرِدِ» لِإِنْسَانٍ، فَهَلْ مَعْنَى ذَلِكَ سِوَى الأَهْلِيَّةِ لِلْبُرُوزِ بِرَأْيٍ مُنْفَرِدٍ؟ وَالانْفِرَادُ عَنِ الأَكْثَرِيَّةِ فَضْلًا عَنْ مُجَرَّدِ الْعَدَدِ، لَمْ يَزَلْ مَنْهَجًا لَمْ تَخْلُ مِنْهُ الْقُرُونُ مُنْذُ عَهْدِ الصَّحَابَةِ، وَلَا يُوصَفُ بِالشُّذُوذِ، وَبِخَاصَّةٍ قَبْلَ اسْتِقْرَارِ الْمَذَاهِبِ، وَكَمْ لِأَبِي حَنِيفَةَ وَلِمَالِكٍ وَلِلشَّافِعِيِّ وَلِأَحْمَدَ مِنْ آرَاءٍ انْفَرَدَ بِهَا الْوَاحِدُ مِنْهُمْ، لَمْ يُوصَفْ تَفَرُّدُ أَحَدِهِمْ بِهَا بِالشُّذُوذِ، وَإِنْ لَمْ يَقُلْ بِهَا أَحَدٌ قَبْلَهُ؛ لِأَنَّهَا كَانَتْ آرَاءً فِي سِيَاقِ الاجْتِهَادِ، حَتَّى لَوْ أَخْطَأَ فِيهَا اجْتِهَادُ أَحَدِهِمْ فَإِنَّهَا لَا تُوصَفُ بِالشُّذُوذِ.

لَكِنْ حِينَ اسْتَحْكَمَ التَّقْلِيدُ وَغَلَبَتِ الْمَذْهَبِيَّةُ، فَإِنَّ أُصُولَ الْمَذَاهِبِ تَضَمَّنَتِ التَّنْصِيصَ عَلَى أَنَّ الإِفْتَاءَ بِفُرُوعِ الْمَذْهَبِ لَا يَصِحُّ أَنْ يَكُونَ بِالشَّاذِّ، بَلْ بِمَشْهُورِ الْمَذْهَبِ.

قَالَ الْحَطَّابُ الْمالِكِيُّ: «وَالَّذِي يُفْتَى بِهِ هُوَ الْمَشْهُورُ وَالرَّاجِحُ، وَلَا تَجُوزُ الْفَتْوَى وَلَا الْحُكْمُ بِغَيْرِ الْمَشْهُورِ وَلَا بِغَيْرِ الرَّاجِحِ. وَذُكِرَ عَنِ الْمَازِرِيِّ أَنَّهُ بَلَغَ رُتْبَةَ الاجْتِهَادِ، وَمَا أَفْتَى بِغَيْرِ الْمَشْهُورِ»[1].

وَهَذَا مَلْحَظٌ خَارِجٌ عَمَّا تَقَدَّمَ، فَإِنَّ تَقْدِيرَ الشُّذُوذِ فِي الْمَذْهَبِ مَا كَانَ عَلى خِلَافِ الْمَشْهُورِ، وَهَذَا مِنْ أَجْلِ أَنَّ الْمُجْتَهِدَ الْمُقَيَّدَ لَمْ يَعُدْ فِيهِ إِلَى رِعَايَةِ التَّرْجِيحِ بِمُقْتَضَى الدَّلِيلِ الشَّرْعِيِّ، وَإِنَّمَا بِمَا اشْتَهَرَ فِي الْمَذْهَبِ مُجَرَّدًا عَنْ قُوَّةِ الدَّلِيلِ أَوْ ضَعْفِهِ.

❊ ❊ ❊

(١) مَواهِب الْجَلِيلِ، لِلْحَطَّابِ (١/ ٤٥).

الْمَسْأَلَةُ الثَّانِيَةُ: هَل يَجوزُ لِمَن قَصرَ عَنِ الاجتِهَادِ فِي نُصُوصِ الكِتَابِ والسُّنَّةِ أن يُفْتِيَ؟

تَقَدَّمَ ذِكْرُ آرَاءِ الْعُلَمَاءِ فِي مَنْعِ الْمُقَلِّدِ مِنَ الإفْتَاءِ، وَأَنَّهُ لَا بُدَّ مِنَ الاجْتِهَادِ، فَطَرِيقُهُ اسْتِنْبَاطُ الأَحْكَامِ بِتَفْعِيلِ الْعَقْلِ فِي دَلِيلِ الشَّرْعِ مِنَ الْكِتَابِ وَالسُّنَّةِ وَمَا عَادَ إِلَيْهِمَا مِنْ أَدِلَّةِ الأَحْكَامِ.

قَالَ الشَّافِعِيُّ فِي إِبْطَالِ الاسْتِحْسَانِ: «لَا يَجُوزَ لِمَنْ اسْتَأْهَلَ أَنْ يَكُونَ حَاكِمًا أَوْ مُفْتِيًا أَنْ يَحْكُمَ وَلَا أَنْ يُفْتِيَ إِلَّا مِنْ جِهَةِ خَبَرٍ لَازِمٍ، وَذَلِكَ الْكِتَابُ، ثُمَّ السُّنَّةُ، أَوْ مَا قَالَهُ أَهْلُ الْعِلْمِ لَا يَخْتَلِفُونَ فِيهِ، أَوْ قِيَاسٌ عَلَى بَعْضِ هَذَا»[١].

وَقَالَ ابْنُ حَزْمٍ في حَصْرِ أَصْنَافِ مَنْ يَتَعَرَّضُ للإِفْتَاءِ: «لا يُوجَدُ مُفْتٍ في الدِّيانَةِ وفي الطِّبِّ أَبَدًا إِلَّا أَحدُ ثَلاثَةِ أَناسِيٍّ:

١ ـ إِمَّا عالِمٌ يُفْتِي بما بَلَغَهُ مِنَ النُّصُوصِ بَعْدَ البَحْثِ والتَّقَصِّي كَما يَلْزَمُهُ، فَهَذا مَأجورٌ: أخْطَأَ أو أصابَ، وواجِبٌ عليهِ أن يُفْتِيَ بِما عَلِمَ.

(١) الأم، للشافعي ـ كتاب إبطال الاستِحسَان ـ (٩/٦٧ ـ ٦٨).

٢ ـ وَإِمَّا فَاسِقٌ يُفْتِي بِما يَتَّفِقُ لَهُ، مُسْتَدِيمًا لِرِياسَةٍ أَو لِكَسْبِ مالٍ، وَهُوَ يَدْرِي أَنَّهُ يُفْتِي بِغَيْرِ واجِبٍ.

٣ ـ وَإِمَّا جاهِلٌ ضَعِيفُ الْعَقْلِ، يُفْتِي بِغَيْرِ يَقِينِ عِلْمٍ وَهُوَ يَظُنُّ أَنه مُصِيبٌ، ولم يَبْحَثْ حَقَّ الْبَحْثِ، وَلَو كانَ عاقِلًا لَعَرَفَ أَنَّهُ جاهِلٌ فَلم يَتَعَرَّضْ لِما لا يُحْسِنُ»[١].

وَهُناكَ فِي عَصرِنا خَلائِقُ لا تُحْصَى مِمَّن يَتَعَرَّضُ لِلإِفْتَاءِ فِي الْحَلَالِ وَالْحَرَامِ، وَفِي الْأُمُورِ الْعِظامِ، لا يُوقَفُ لِفَتْوَى أَحَدِهِم عَلَى مُسْتَنَدٍ يَذْكُرُهُ مِنْ نُصُوصِ الْكِتَابِ والسُّنَّةِ، فَعَجَبًا لِمَنْ يَتَكَلَّمُ بِاسْمِ الإِسْلَامِ وَهُوَ لا يُثْبِتُ دَعْوَاهُ وَيُؤَيِّدُ قَوْلَهُ بِأُصُولِ دِينِ الإِسْلَامِ!!

❁ ❁ ❁

---

[١] الإِحْكَامُ فِي أُصُولِ الْأَحْكَامِ، لِابْنِ حَزْمٍ (١٢٨/٥).

الْمَسْأَلَةُ الثَّالِثَةُ: تَحْدِيدُ مِنْطَقَةِ الاجْتِهَادِ

وَالْمَقْصُودُ: ما الَّذِي يَصْلُحُ فيهِ الاجْتِهادُ؟ وَما الَّذِي لا يَصْلُحُ؟

ما تَقَدَّمَ ذِكْرُهُ في مَعْنَى الاجتِهَادِ يَدُلُّ بِنَفْسِهِ عَلَى أَنَّ جَمِيعَهُ يَقَعُ فيما يَحْتَمِلُ النَّظَرَ وَالْبَحْثَ الْعَقْلِيَّ، وَعَلَيْهِ فَهُوَ إِذَنْ في الظَّنِّيَّاتِ لا في القَطْعِيَّاتِ.

وهُوَ ما تُصَرِّحُ بِهِ العِبارَةُ الجامِعَةُ للسَّيْفِ الْآمِدِيِّ في تَعرِيفِ الاجْتِهَادِ عِنْدَ الأُصولِيِّينَ أَنَّهُ: «مَخْصُوصٌ بِاسْتِفْرَاغِ الْوُسْعِ فِي طَلَبِ الظَّنِّ بِشَيْءٍ مِنَ الْأَحْكَامِ الشَّرْعِيَّةِ، عَلَى وَجْهٍ يُحَسُّ مِنَ النَّفْسِ الْعَجْزُ عَنِ الْمَزِيدِ فِيهِ»(١).

وَهَذِهِ الْقَضِيَّةُ تَناوَلَها الْمُتَكَلِّمُونَ وَالأُصُولِيُّونَ مُنْذُ الْقَدِيمِ، ولَهُمْ فِيها تَفْصِيلٌ يُرَاجَعُ في مَظَانِّهِ(٢).

وَحاصِلُهَا: أَنَّ الاجْتِهادَ إذا كانَ يَرْجِعُ إلى فَهْمِ النَّصِّ وَتَفْسِيرِهِ،

(١) الإحكَام في أصول الأحكام، للآمديِّ (٤/١٩٧).
(٢) انْظُرْ: البَحْر الْمُحِيط، للزَّرْكَشِيِّ (٦/٢٣٦ ـ ٢٤١).

وإِلَى تَطْبِيقِهِ وَتَنْزِيلِهِ، فَالْفَهْمُ لِلْمَنْقُولِ يَنْبَغِي أَنْ يَكُونَ سَائِغًا مُطْلَقًا، وَتَفْسِيرُهُ بِالاجْتِهَادِ يَنْبَغِي أَنْ يَكُونَ سَائِغًا مُطْلَقًا، إِلَّا إِذَا مَنَعَ بِذَاتِهِ مِنَ الاجْتِهَادِ فِيهِ، وَذَلِكَ يُتَصَوَّرُ فِي نَصٍّ قَطْعِيِّ الدَّلَالَةِ عَلَى الْمُرَادِ بِهِ، لَا يَحْتَمِلُ فِي أَصْلِ وَضْعِهِ واسْتِعْمَالِهِ سِوَى مَا هُوَ قَطْعِيٌّ فِيهِ، كالاعْتِقَادِ فِي الْبَعْثِ بَعْدَ الْمَوْتِ، وَفَرْضِ الصَّلَوَاتِ الْخَمْسِ، وَصَوْمِ رَمَضَانَ، وَتَحْرِيمِ الْقَتْلِ والرِّبَا والزِّنَى.

قَالَ الرَّازِيُّ: «الْمُجْتَهَدُ فِيهِ، وَهُوَ: كُلُّ حُكْمٍ شَرْعِيٍّ لَيْسَ فِيهِ دَلِيلٌ قَاطِعٌ. واحْتَرَزْنَا بِـ(الشَّرْعِيِّ) عَنِ الْعَقْلِيَّاتِ وَمَسَائِلِ الْكَلَامِ. وَبِقَوْلِنَا: (لَيْسَ فِيهِ دَلِيلٌ قَاطِعٌ) عَنْ وُجُوبِ الصَّلَوَاتِ الْخَمْسِ والزَّكَوَاتِ، وَمَا اتَّفَقَتْ عَلَيْهِ الْأُمَّةُ مِنْ جَلِيَّاتِ الشَّرْعِ»[١].

وَكَانَ الْغَزَّالِيُّ ذَكَرَ الْقَضَايَا الْفِقْهِيَّةَ وَقَسَّمَهَا إِلَى: قَطْعِيَّةٍ، وَظَنِّيَّةٍ، وَمَثَّلَ لِلْقَطْعِيَّةِ بِأَمْثِلَةٍ، كَوُجُوبِ الصَّلَوَاتِ الْخَمْسِ والزَّكَاةِ والْحَجِّ والصَّوْمِ وَتَحْرِيمِ الزِّنَى والْقَتْلِ والسَّرِقَةِ والشُّرْبِ. ثُمَّ قَالَ: «أَمَّا مَا عَدَاهُ مِنَ الْفِقْهِيَّاتِ الظَّنِّيَّةِ الَّتِي لَيْسَ عَلَيْهَا دَلِيلٌ قَاطِعٌ فَهُوَ فِي مَحَلِّ الاجْتِهَادِ، فَلَيْسَ فِيهَا عِنْدَنَا حَقٌّ مُعَيَّنٌ، وَلَا إِثْمَ عَلَى الْمُجْتَهِدِ إِذَا تَمَّمَ اجْتِهَادَهُ وَكَانَ مِنْ أَهْلِهِ»[٢].

وَقَالَ أَبُو بَكْرٍ الْجَصَّاصُ الرَّازِيُّ: «مَا كَانَ طَرِيقُهُ الاجْتِهَادَ مِنَ الْحَوَادِثِ لَا يَخْرُجُ بِهِ الشَّيْءُ مِنْ حَيِّزِ الْإِشْكَالِ إِلَى التَّجَلِّي؛

---

(١) الْمَحْصُولُ، لِلرَّازِيِّ (٦/٢٧).

(٢) المُسْتَصْفَى، لِلْغَزَالِيِّ (٢/٤٠٠).

لِأَنَّهُ لَوْ كَانَ كَذَلِكَ لَمَا كَانَ مِنْ بَابِ الِاجْتِهَادِ، وَلَكَانَ بِمَنْزِلَةِ سَائِرِ مَا عَلَيْهِ أَدِلَّةٌ قَائِمَةٌ تَكْشِفُ عَنْ حَقِيقَتِهِ، كَالتَّوْحِيدِ وَسَائِرِ صِفَاتِ اللهِ تَعَالَى، فَكَانَ يَجِبُ أَنْ يَكُونَ مَنْ خَالَفَ فِي مَسْأَلَةٍ اجْتِهَادًا، مُخَالِفًا لِحُكْمِ اللهِ تَعَالَى، مَرْدُودَ الْحُكْمِ إِذَا حَكَمَ بِهِ، وَهَذَا لَا يَقُولُهُ أَحَدٌ مِنَ الْفُقَهَاءِ، فَدَلَّ عَلَى أَنَّ مَا كَانَ طَرِيقُهُ الِاجْتِهَادَ لَمْ يَخْرُجْ مِنْ حَيِّزِ الْإِشْكَالِ إِلَى التَّجَلِّي»[١].

أَمَّا الِاجْتِهَادُ فِي سِيَاقِ مَا لَا يُحْتَاجُ فِيهِ إِلَى اسْتِخْرَاجِ حُكْمٍ شَرْعِيٍّ لِجَرَيَانِهِ عَلَى وَفْقِ الْإِبَاحَةِ فِي الشَّرْعِ، فَهَذَا اجْتِهَادٌ فِي سِيَاقِ الْمَصَالِحِ الَّتِي يُحَدِّدُ الْمُكَلَّفُ الِاخْتِيَارَ فِيهَا، وَلَيْسَ مِنْ قَبِيلِ الِاجْتِهَادِ بِمَفْهُومِهِ الشَّرْعِيِّ، وَدَوْرُ الْمُفْتِي إِذَا عَرَضَ لَهُ الشَّيْءُ مِنْ ذَلِكَ أَنْ يُوَجِّهَ إِلَى تَمْكِينِ أَصْلِ الْإِبَاحَةِ.

قَالَ ابْنُ حَزْمٍ فِي قِصَّةِ الِاجْتِهَادِ النَّبَوِيِّ فِي الْمَسْأَلَةِ الْمَشْهُورَةِ بِتَلْقِيحِ النَّخْلِ: «هَذَا كُلُّهُ لَيْسَ مِنْ أُمُورِ الدِّينِ الْوَاجِبَةِ والمحرَّمَةِ فِي شَيْءٍ، إِنَّما هِيَ أَشياءُ مُباحَةٌ مِنْ أُمُورِ الْمَعَاشِ: مَنْ شاءَ فَعَلَ، وَمَنْ شَاءَ تَرَكَ، وإنَّما الِاجْتِهَادُ الْمَمْنُوعُ مِنْهُ ما كانَ فِي التَّحْرِيمِ والإيجابِ فَقَطْ بِغَيْرِ نَصٍّ»[٢].

وَالْمَقْصُودُ أَنْ لَا يَجْعَلَ الْمُجْتَهِدُ مِنْ مَهَامِّهِ الْإِبَانَةَ عَنِ الْمُبَاحِ بِأَصْلِهِ إِلَّا لِإِشْكَالٍ لَدَى الْمُسْتَفْتِي؛ لِأَنَّ الْأَصْلَ أَنَّ ذَلِكَ ظَاهِرٌ،

---

(١) الفُصُولُ فِي الأُصُولِ، للجَصَّاصِ (٢/١٨).

(٢) الإحكام فِي أصُولِ الأحكام، لِابْنِ حَزْمٍ (٥/١٣٨).

لَا يَحْتَاجُ الْعِلْمُ بِإِبَاحَتِهِ إِلَى غَوْصٍ وَعُدَّةٍ، بَلْ هُوَ مِمَّا يَشْتَرِكُ فِي مَعْرِفَتِهِ كُلُّ النَّاسِ.

لَكِنْ مِمَّا يُؤْسَفُ لَهُ أَنَّ كَثِيرًا مِنْ أَهْلِ الْفَتْوَى الْيَوْمَ نَقَلُوا أَصْلَ الإِبَاحَةِ إِلَى تَصَرُّفِ الْمُفْتِي، فَكَمْ أَصْبَحْنَا نَرَى مِنْ أَمْرٍ مَشْرُوعٍ بِأَصْلِ الإِبَاحَةِ لَا تُعْرَفُ إِبَاحَتُهُ إِلَّا إِذَا أُلْحِقَ بِوَصْفِ «إِسْلَامِيٍّ»، فَدَخَلَ هَذَا الْوَصْفُ فِي أَطْعِمَةِ النَّاسِ وَأَلْبِسَتِهِمْ وَمُعَامَلَاتِهِمْ وَتَصَرُّفَاتِهِم الْمبَاحَةِ أَصَالَةً دُونَ قَيْدٍ، مِمَّا أَوْرَدَ مِنَ الْحَرَجِ مَا أَدْنَاهُ التَّوَقُّفُ عِنْدَ كَثِيرٍ مِنَ النَّاسِ عَنْ ذَلِكَ الْمُبَاحِ حَتَّى يُفْتِيَهُ الْمُفْتِي بِأَنَّهُ «إِسْلَامِيٌّ» أَوْ «مُبَاحٌ»!!

الْمَسْأَلَةُ الرَّابِعَةُ: رِعَايَةُ مَقَاصِدِ الشَّرِيعَةِ فِي إِطَارِ تَطْبِيقَاتِ نُصُوصِهَا

اعْتِبَارُ تَغَيُّرِ الْفَتْوَى بِتَغَيُّرِ الزَّمَانِ وَالْمَكَانِ فِيهِ رِعَايَةٌ لِلتَّكْلِيفِ فِي سِيَاقِ مَصْلَحَةِ الْمُكَلَّفِ، وَذَلِكَ مَقْصَدُ الشَّارِعِ بِكُلِّ مَا شَرَعَ، وَلِذَلِكَ يُمْكِنُ الْقَوْلُ دُونَ تَرَدُّدٍ: «الشَّرِيعَةُ فِي خِدْمَةِ الْمُكَلَّفِينَ» فَهِيَ الْمُسَخَّرَةُ لِتَحْقِيقِ مَصَالِحِهِمْ، وَعَلَيْهِ فَلَا يُمْكِنُ تَصَوُّرُ أَنَّ فِيهَا شَيْئًا يَأْتِي عَلَى الإِضْرَارِ بِالْمُكَلَّفِ، فَكُلُّ مَا فِيهَا مِنَ الأَحْكَامِ فَهُوَ لِلرُّقِيِّ بِهِ إِلَى أَحْسَنِ الأَحْوَالِ وَأَكْمَلِهَا، وَمَنْ وَضَعَ شَيْئًا مِنَ الأَحْكَامِ مَوْضِعَ الْعَنَتِ فَقَدْ خَرَجَ بِهِ عَنْ مَقْصُودِ الشَّارِعِ.

وَلَيْسَ الْمَقْصُودُ هُنَا سِوَى التَّنْبِيهِ عَلَى ضَرُورَةِ اعْتِبَارِ الْمَقَاصِدِ كَجَوْهَرٍ لَا يَصْلُحُ الاجْتِهَادُ دُونَ رِعَايَتِهِ وُرُودًا وَصُدُورًا، فَهُوَ سَبَبٌ يُرَافِقُ عَمَلِيَّةَ الاجْتِهَادِ فِي الْبَحْثِ فِي مَوَارِدِ النُّصُوصِ الْقُرْآنِيَّةِ وَالنَّبَوِيَّةِ، وَفِي قِرَاءَةِ النَّازِلَةِ وَتَصَوُّرِهَا، وَحَيْثُ إِنَّ قَصْدَ الشَّارِعِ بِمَا شَرَعَ الْمَنْفَعَةُ لَا الْمَضَرَّةُ، فَلَا بُدَّ مِنْ أَنْ يَقُومَ الاجْتِهَادُ بِتَنْزِيلِ الْحُكْمِ الشَّرْعِيِّ عَلَى حَادِثَتِهِ فِي سِيَاقِ رَفْعِ الْحَرَجِ وَجَلْبِ الْمَصْلَحَةِ.

وَقَدْ عَلَّقَ الغَزَّالِيُّ على رَأْيِ عُمَرَ بْنِ الْخَطَّابِ فِي رِعَايَةِ التَّفَاوُتِ في الْعَطَاءِ بَيْنَ النَّاسِ كَالسَّابِقَةِ إلى الإسْلَامِ وَغَيْرِهَا، ثُمَّ ما ذُكِرَ عَنْهُ مِنَ التَّسْوِيَةِ بَعْدَ ذَلِكَ على ما كانَ عَلَيْهِ قَوْلُ أَبِي بَكْرٍ الصِّدِّيقِ، فَقَالَ: «إِنَّما قِبْلَةُ الْمُجْتَهِدِ مَقَاصِدُ الشَّرْعِ، فَكَيْفَ مَا تَقَلَّبَ وَهُوَ يُرَاعِي مَقْصُودَ الشَّرْعِ فَهُوَ مُسْتَقْبِلٌ لِلْقِبْلَةِ، كَالَّذِي أَحَاطَتْ بِهِ جُدْرَانُ الْكَعْبَةِ، فَهَذا غَيْرُ مُحَالٍ فِي نَفْسِهِ، وَلَعَلَّ عُمَرَ إِنْ رَجَعَ إِلَيْهِ بالأَخرَةِ لَمْ يَكُنْ مِنْهُ رجُوعًا وَنَقْضًا للأَوَّلِ، بَلِ اخْتِيارًا لِهَذا النَّوْعِ مِنَ الْمَصْلَحَةِ فِي وَقْتٍ، ولِذَلِكَ النَّوْعِ مِنَ الْمَصْلَحَةِ فِي وَقْتٍ، إِذْ عَلِمَ أَنَّ الْكُلَّ مَصْلَحَةٌ، فَلاحَظَ كُلَّ مَصْلَحَةٍ بِعَيْنِ الاعْتِبَارِ، وَلَكِنْ لَا عَلَى الْجَمْعِ، بَلْ عَلى الْبَدَلِ فِي أَزْمِنَةٍ مُخْتَلِفَةٍ»(١).

وَلأَجْلِ رِعَايَةِ الْمَقَاصِدِ لَزِمَ الاجْتِهَادُ فِي تَحْقِيقِ الْمَنَاطِ (الواقِع)، وَهُوَ مَا لَا سَبِيلَ إِلَى تَفْعِيلِ الاجْتِهَادِ دُونَهُ، وَلَا يُمْكِنُ تَوَقُّفُهُ، لأَنَّهُ مُرْتَبِطٌ بِالْوَاقِعَةِ، وَهِي مُتَجَدِّدَةٌ، فالْحُكْمُ قَدْ يَكُونُ مَعْلُومًا أَوْ مُقَرَّرًا، بَلْ قَدْ يَكُونُ قَطْعِيًّا مِنَ الشَّارِعِ، وَلَكِنَّ الاجْتِهَادَ حَاصِلٌ فِي تَنْزِيلِهِ أَوْ تَخَلُّفِهِ عَنِ النَّازِلَةِ الْمُعَيَّنَةِ، وَهُوَ اجْتِهَادٌ لَا يَنْفَكُّ عَنْ مُزَاوَلَتِهِ الْقَاضِي وَالْمُفْتِي.

وَتَعْطِيلُ الْحُكْمِ الشَّرْعِيِّ لَا يُمْكِنُ تَصَوُّرُ حُصُولِهِ فِي نَفْسِهِ، وَإِنَّمَا يُمْكِنُ إِذَا كَانَ فِي سِيَاقِ تَحْقِيقِ الْمَنَاطِ؛ وَذَلِكَ لِعَدَمِ تَنَاوُلِهِ الْمُكَلَّفَ

---

(١) حَقِيقَة الْقَوْلَيْنِ، لِلْغَزَّالِيِّ (ص: ٣١٢ ـ مَجَلَّة الْجَمْعِيَّة الْفِقْهِيَّة السُّعُودِيَّة، العَدَد الثَّالِث).

فِي ظَرْفٍ مِنَ الظُّرُوفِ، وَعَلَى هَذَا أَدِلَّةٌ كَثِيرَةٌ، وَهُوَ أَصْلٌ فِي غَايَةِ الأَهَمِّيَّةِ لِلْمُجْتَهِدِ فِي عَصْرِنَا، يَغْلَطُ فِيهِ كَثِيرٌ مِنَ النَّاسِ، وَبِخَاصَّةٍ طَرَفَانِ فِي وَقْتِنَا: مَنْ يُوَسِّعُونَ فِي مَوْضُوعِ رِعَايَةِ الْمَصْلَحَةِ دُونَ ضَبْطِهَا بِالْخِطَابِ الشَّرْعِيِّ (الْقُرآنِيِّ وَالنَّبَوِيِّ)، وَمَنْ يُقَابِلُهُمْ مِمَّنْ يُنْكِرُ فِكْرَةَ التَّوَسُّعِ فِي مَوْضُوعِ الْمَقَاصِدِ مِمَّنْ يَغْلِبُ عَلَيْهِمُ الْمَذْهَبِيَّةُ وَالتَّقْلِيدُ وإِنْ كَانَ هَذَا الصِّنْفُ لَا يُنْكِرُ اعْتِبَارَ الْمَقَاصِدِ مِنْ حَيْثُ الأَصْلُ.

الْمَسْأَلَةُ الْخَامِسَةُ: نَقْدُ دَوْرِ الْعَقْلِ فِي الِاجْتِهَادِ!

مُشْكِلَةُ بَعْضِ الْبَاحِثِينَ أَنَّ كَثِيرًا مِنْهُمْ يَتَجَاوَزُونَ نَقْدَهُمْ لِلْمَدْرَسَةِ الْعَقْلِيَّةِ إِلَى نَقْدِهِمْ لِقِيمَةِ الْعَقْلِ، وَيَعِيبُونَ عَلَى كُلِّ مُتَحَرِّرٍ مِنْ تَبَعِيَّةِ التَّقْلِيدِ بِأَنَّهُ صَارَ عَقْلَانِيًّا، يُرِيدُونَ نِسْبَتَهُ إِلَى هَذِهِ الْمَدْرَسَةِ، وَلَا يَقِفُ عَيْبُهُمْ لَهُ عِنْدَ ذَلِكَ، بَلْ إِنَّهُمْ يَجْعَلُونَ تِلْكَ النِّسْبَةَ تُلْحِقُهُ بِالْمَلَاحِدَةِ، كَمَا يُصَوِّرُونَهُ، ذَلِكَ أَنَّ تُهَمَةَ الِاسْتِغْرَابِ وَالْأَوْرَبَةِ حَاضِرَةٌ، أَمَّا تَنَاوُلُ الْمَقَاصِدِ الْخَفِيَّةِ لِدَوَافِعِ هَؤُلَاءِ الْمُتَمَرِّدِينَ عَلَى التَّقْلِيدِ مِنْ قِبَلِ بَعْضِ هَؤُلَاءِ الْبَاحِثِينَ، وَالنَّيْلِ مِنْهُمْ بِسُوءِ تِلْكَ الْمَقَاصِدِ، فَأَمْرٌ فَوْقَ الْوَصْفِ!

عَجَبًا لِهَؤُلَاءِ! أَلَمْ يَرَوْا فِي كِتَابِ اللهِ ﷻ كَمْ أَظْهَرَ اللهُ ﷻ مِنَ الِامْتِنَانِ عَلَى خَلْقِهِ بِهَذِهِ النِّعْمَةِ الْعَظِيمَةِ وَاسْتَثَارَهُمْ لَهَا؟ وَكَمْ عَابَ عَلَى أَقْوَامٍ عَطَّلُوهَا عَنْ وَظِيفَتِهَا؟ أَلَمْ يُدْرِكُوا مِثْلَ قَوْلِهِ: ﴿إِنَّ شَرَّ الدَّوَابِّ عِنْدَ اللهِ الصُّمُّ الْبُكْمُ الَّذِينَ لَا يَعْقِلُونَ﴾ [الأنفَال: ٢٢]؟!

إِنَّمَا عَابَ الْقُرْآنُ اتِّبَاعَ الْهَوَى، وَهُوَ غَيْرُ الْعَقْلِ، بَلْ إِنَّهُ ضِدُّهُ وَخِلَافُ مُقْتَضَاهُ، فَكَمْ عَابَ اللهُ مِنْ عَقَائِدَ وَسُلُوكِيَّاتٍ وَأَعْمَالٍ مِمَّنِ اتَّبَعُوا أَهْوَاءَهُمْ، وَهُوَ يَقُولُ لِأَصْحَابِهَا: ﴿أَفَلَا تَعْقِلُونَ﴾؟

وَكَمْ ذَكَّرَ بِآيَاتٍ، وَامْتَنَّ بِنِعَمٍ، وَشَرَعَ مِنْ شَرَائِعَ، وَقَالَ فِيهَا: ﴿لِقَوْمٍ يَعْقِلُونَ﴾، ﴿لَعَلَّكُمْ تَعْقِلُونَ﴾، وَهَذَا بَابٌ يَطُولُ اسْتِقْصَاؤُهُ جِدًّا.

وَالْهَوَى دَاءٌ وَبَلَاءٌ لَا يُزَكَّى مِنْهُ إِنْسَانٌ بِمُجَرَّدِ انْتِمَائِهِ الْمِلِّيِّ، أَوِ الْفِكْرِيِّ، أَوِ الْمَذْهَبِيِّ، لَكِنْ هَؤُلَاءِ الْعَائِبُونَ بِالْعَقْلِ أَرَادُوا وَصْفَ أَهْلِ الْأَهْوَاءِ فَنَعَتُوهُمْ بِأَهْلِ الْعُقُولِ، فَعَجَبًا لِعَقْلِ مَنْ ذَمُّوا مَنْ خَالَفُوهُ بِالْعَقْلِ! وَإِذَا كَانَ عَيْبُ الْمَدْرَسَةِ الْعَقْلِيَّةِ غَرْبِيَّةً كَانَتْ أَوْ شَرْقِيَّةً هُوَ اعْتِبَارَ الْعَقْلِ فِي كُلِّ شَيْءٍ، فَفِي ذَلِكَ وَاللهِ مَدْحُهَا، وَذَمُّ عَائِبِهَا.

وَالْحَضَارَةُ الْغَرْبِيَّةُ الَّتِي يُوصَمُ مُفَعِّلُو الْعُقُولِ بِنِسْبَتِهِمْ لَهَا فِي عَصْرِنَا مِنْ بَعْضِ النَّاسِ، حَضَارَةٌ قَامَتْ وَسَادَتْ حِينَ حَرَّرَتِ الْعَقْلَ، وَإِنَّمَا نَقْصُهَا مِنْ جِهَةِ نَقْصِ مُوَجِّهَاتِ الْعَقْلِ، وَمِنِ اسْتِثْمَارِ أَهْلِ الْأَهْوَاءِ فِيهَا لِتِلْكَ الْحُرِّيَّةِ لِخِدْمَةِ أَهْوَائِهِمْ.

وَلَا تُعَابُ الْحَضَارَاتُ الْمُفْلِحَةُ بِكَمَالِهَا، إِنَّمَا بِنَقْصِهَا، فَكَمَالُهَا لَمْ يَأْتِ إِلَّا مِنْ جِهَةِ تَجْرِيدِ الْعَقْلِ فِي الْبَحْثِ عَنْ عَوَامِلِ النُّهُوضِ وَالْأَخْذِ بِأَسْبَابِهِ، وَهُوَ ذَاتُهُ الْمَعْنَى الَّذِي وَجَّهَ إِلَيْهِ الْقُرْآنُ الْعَظِيمُ الْإِنْسَانَ، وَلَيْسَ الْعَقْلُ سِوَى سَبَبِ هِدَايَةِ الْإِنْسَانِ إِلَى مَا يُصْلِحُهُ، وَهُوَ الطَّرِيقُ إِلَى الْإِيمَانِ، وَتَمْيِيزِ الْأَخْلَاقِ الْفَاضِلَةِ مِنْ غَيْرِهَا.

وَتَلْخِيصُ الْمُشْكِلَةِ عِنْدَ هَؤُلَاءِ مَا تَصَوَّرُوهُ مِنْ إِمْكَانِ مُعَارَضَةِ الْعَقْلِ لِلنَّقْلِ، وَهُوَ تَصَوُّرٌ صَحِيحُ الْوُرُودِ، لَيْسَ الْعَقْلُ فِي نَفْسِهِ وَلَا النَّقْلُ فِي ذَاتِهِ سَبَبًا فِيهِ، وَإِنَّمَا تَكْمُنُ الْمُشْكِلَةُ فِي عَقْلٍ نَاقِصٍ، أَوْ نَقْلٍ بَاطِلٍ، وَكِلَاهُمَا يَتَبَيَّنُ بِالِاخْتِبَارِ: الْأَوَّلُ فِي قَدْرِ الْكَمَالِ،

وَالثَّانِي فِي نِسْبَةِ الصِّحَّةِ، وَالْعَجَبُ أَنَّ كُلًّا مِنْهُمَا لَا يَسْتَغْنِي بِذَاتِهِ عَنِ الْآخَرِ، فَالْعَقْلُ قَدْ يُثْبِتُ بِالظَّنِّ مَا يُظْهِرُ النَّقْلُ فَسَادَهُ، وَالنَّقْلُ قَدْ يُثْبِتُ بِالظَّنِّ مَا يَدُلُّ الْعَقْلُ عَلَى فَسَادِهِ، وَتَصَوُّرُ الظَّنِّيَّةِ الدَّلَالِيَّةِ عَلَى مُعْظَمِ نُصُوصِ الْقُرْآنِ فِي جَمِيعِ السِّيَاقَاتِ اعْتِقَادِيَّةً كَانَتْ أَوْ سُلُوكِيَّةً أَوْ غَيْرَ ذَلِكَ، يُظْهِرُ الْوَظِيفَةَ الْمَرْكَزِيَّةَ لِلْعَقْلِ، وَيَجْعَلُ الْفَضَاءَاتِ وَاسِعَةً لَا تَتَنَاهَى لِلتَّأْوِيلِ لِتَفَاوُتِ الْإِدْرَاكَاتِ الَّتِي هِيَ وَظِيفَةُ الْعَقْلِ.

وَتَصَوُّرُ أَنَّ مِيزَانَ النَّقْدِ لِلْأَحَادِيثِ النَّبَوِيَّةِ يَقُومُ جَمِيعُهُ عَلَى صِنَاعَةٍ عَقْلِيَّةٍ، فَالْقَوَاعِدُ الَّتِي تُمَيِّزُ الْمَقْبُولَ مِنَ الْمَرْدُودِ عَقْلِيَّةٌ مَنْطِقِيَّةٌ، وَذَلِكَ فِي سِيَاقِ نَقْدِ الْأَسَانِيدِ وَالْمُتُونِ جَمِيعًا، كَمَا أَنَّ الْمَقْبُولَ رِوَايَةً بَعْدَ تَمْحِيصِهِ بِالْقَوَاعِدِ الْعَقْلِيَّةِ يُشَارِكُ مُعْظَمُهُ الْقُرْآنَ فِي الظَّنِّيَّةِ الدَّلَالِيَّةِ.

وَكَيْفَ يَصِحُّ أَسَاسًا تَصَوُّرُ التَّعَارُضِ بَيْنَ دَلَالَاتِ النُّصُوصِ وَالْعَقْلِ، سِوَى فِي هَاتَيْنِ الصُّورَتَيْنِ: قُصُورِ الْعَقْلِ عَنِ التَّأْوِيلِ الْمَقْصُودِ، أَوْ عَدَمِ ثُبُوتِ النَّقْلِ رِوَايَةً؟! وَفِي الحَالَتَيْنِ لَا بُدَّ مِنْ دَلِيلٍ يُثْبِتُ ذَلِكَ.

وَقَدْ قَالَ الشَّافِعِيُّ فِي شَأْنِ الْحَدِيثِ عَنِ النَّبِيِّ ﷺ: «وَلَمْ نَجِدْ عَنْهُ شَيْئًا مُخْتَلِفًا فَكَشَفْنَاهُ: إِلَّا وَجَدْنَا لَهُ وَجْهًا يَحْتَمِلُ بِهِ أَنْ لَا يَكُونَ مُخْتَلِفًا». وَقَالَ: «وَلَمْ نَجِدْ عَنْهُ حَدِيثَيْنِ مُخْتَلِفَيْنِ إِلَّا وَلَهُمَا مَخْرَجٌ أَوْ عَلَى أَحَدِهِمَا دَلَالَةٌ بِأَحَدِ مَا وَصَفْتُ: إِمَّا بِمُوَافَقَةِ كِتَابٍ،

أو غَيْرِهِ مِنْ سُنَّتِهِ، أَوْ بَعْضِ الدَّلَائِلِ»(١).

وَقَالَ أَبُو بَكْرِ بْنُ خُزَيْمَةَ: «لَا أَعْرِفُ أَنَّهُ رُوِيَ عَنِ النَّبِيِّ ﷺ حَدِيثَانِ بِإِسْنَادَيْنِ صَحِيحَيْنِ مُتَضَادَّيْنِ، فَمَنْ كَانَ عِنْدَهُ فَلْيَأْتِنِي بِهِ لِأُؤَلِّفَ بَيْنَهُمَا»(٢).

وَلَا عَتْبَ عَلى أَصْحَابِ الْمَدْرَسَةِ التَّقْلِيدِيَّةِ فِي تَشْدِيدِهِمُ النَّكِيرَ عَلى مَا أَطْلَقُوا عَلَيْهِ اسْمَ «الْمَدْرَسَةِ الْعَقلَانِيَّةِ» الْحَدِيثَةِ؛ لأنَّ أولَئِكَ اعْتَصَمُوا بالتَّقْلِيدِ جُبْنًا عَلى حَدِّ قَوْلِ ابْنِ جَمَاعَةَ - فِيمَا تَقَدَّمَ - وَكَانَ كُلُّ اعْتِنَائِهِمْ بِالأُصُولِ اسْتِجْرَارًا لِمَا اسْتَقَرَّ وَشَاعَ عَمَّنْ قَبْلَهُمْ وَذَلِكَ خَشْيَةَ اللَّائِمَةِ، إِلَّا فَرِيقًا مِمَّن كَانَ لَهُمْ نَصِيبٌ مِنَ التَّجْدِيدِ النِّسْبِيِّ، أَمَّا أَصْحابُ الْمَدْرَسَةِ التَّجْدِيدِيَّةِ الْحَدِيثَةِ فَيَتَحَدَّثُونَ عَنِ اجْتِهَادٍ، لَا يَظْهَرُ لَهُ مَعْنى مُحَدَّدُ الْمَلَامِحِ، بَلْ هُوَ مُرْسَلٌ لَيْسَ لَهُ خُطُمٌ وَلَا أَزِمَّةٌ، يُرِيدُ بَعْضُهُمُ الاجْتِهادَ فِي الْقُرْآنِ وَلَمْ يُحْسِنْ بَعْدُ قِرَاءَتَهُ، أَوْ يُفَسِّرُهُ كَيْفَ بَدا لَهُ دُونَ اعْتِبَارٍ لِبَيَانِ نَبِيِّهِ ﷺ الَّذِي أَوْكَلَ اللهُ لَهُ بِنَفْسِ الْقُرْآنِ سُلْطَةَ الْبَيَانِ: ﴿وَأَنزَلْنَآ إِلَيْكَ ٱلذِّكْرَ لِتُبَيِّنَ لِلنَّاسِ مَا نُزِّلَ إِلَيْهِمْ﴾ [النَّحل: ٤٤]، وَأَلْزَمَ بِطَاعَتِهِ اسْتِقْلَالًا فِي آيَاتٍ كَثِيرَةٍ، وَكَيْفَ لِمَنْ يَدَّعِي أن مَصْدَرَ الاجْتِهادِ الْقُرْآنُ دُونَ بَيَانِ النَّبِيِّ ﷺ فِي سُنَنِهِ أَنْ يَجْتَهِدَ لِإِبْرَازِ الشَّرَائِعِ، وَمُوَاكَبَةِ النَّوَازِلِ؟ أَو مَنِ اعْتَدَّ مِنْهُمْ بِمَصْدَرِيَّةِ السُّنَّةِ، لَكِنْ لا نَصِيبَ لَهُ فِي مَعْرِفَةِ صَحِيحِهَا مِنْ غَيْرِهِ،

(١) الرِّسالَة، للشَّافِعِيِّ (النص: ٥٨٧، ٥٩٠).
(٢) عُلُوم الْحَدِيث، لِابْنِ الصَّلاحِ (ص: ٢٨٥).

إِلَّا عَلَى مَنْهَجِ بَعْضِهِمْ أَنْ يَتَّخِذَ مِنْ ذَوْقِهِ طَرِيقًا لِتَصْحِيحِ الْحَدِيثِ أَوْ رَدِّهِ؟ هِيَ إِذَنْ أُصُولُ الأَذْوَاقِ، لَا أُصُولُ الْبَحْثِ، وَكُلُّ هَذَا لَا عَلَاقَةَ لَهُ بِالعَقْلِ وَوَظِيفَتِهِ.

نَعَمْ، إِنَّ الْمَدْرَسَةَ الدَّاعِيَةَ إِلَى تَجْدِيدِ الاجْتِهَادِ الْيَوْمَ لَيْسَت كُلُّهَا عَلَى هَذِهِ الصِّفَةِ، وَكَمَا تَقَدَّمَ فَإِنَّ تَفْعِيلَ الْعَقْلِ فِي النَّصِّ هُوَ الاجْتِهَادُ، فَالدَّعْوَةُ الْيَوْمَ مِنْ كَثِيرِينَ إِلَى تَجْدِيدِ الاجْتِهَادِ بِالتَّقْوِيمِ لِأُصُولِهِ، وَالتَّحْرِيرِ لِضَوَابِطِهِ، وَرِعَايَةِ دَوْرِ الْعَقْلِ فِي ذَلِكَ، إِنَّمَا هُوَ مِنْ أَجْلِ تَرْشِيدِ الْفِقْهِ فِي عَصْرِنَا، وَمِنْ أَجْلِ تَنْزِيلِ دَلَالَاتِ النُّصُوصِ الْقُرْآنِيَّةِ وَالنَّبَوِيَّةِ لِتَسْتَغْرِقَ جَمِيعَ التَّصَرُّفَاتِ وَالتَّطْبِيقَاتِ، فِي كُلِّ جَانِبٍ فِي الْحَيَاةِ، دُونَ كُلْفَةٍ، لَا فِي التَّأْوِيلِ وَلَا فِي التَّنْزِيلِ.

بِهَذَا يَتِمُّ الْمَقْصُودُ بِهَذِهِ التَّذْكِرَةِ.

أَسْأَلُ اللهَ أَنْ يُبَصِّرَ بِهَا، وَأَنْ يَجْعَلَهَا نَافِعَةً لِكَاتِبِهَا وَقَارِئِهَا وَمَنِ اسْتَوْصَى بِهَا وَمَنْ بَلَغَتْ، وَأَسْتَغْفِرُهُ تَبَارَكَ اسْمُهُ مِمَّا زَلَّ بِهِ الْفِكْرُ وَالْبَنَانُ، وَهُوَ الْمُسْتَعَانُ، وَعَلَيْهِ التُّكْلَانُ.

□ □ □

مسرد المراجع

١ ـ **الاجتهاد في الإسلام**، للمراغي. من (سلسلة الثقافة الإسلامية رقم: ١١ بإشراف محمد عبدالله السمان). القاهرة: المكتب الفني (١٣٧٩هـ ـ ١٩٥٩م).

٢ ـ **الاجتهاد في الإسلام**، لنادية شريف العمري. بيروت: مؤسسة الرسالة، الطبعة الثانية (١٤٠٤هـ ـ ١٩٨٤م).

٣ ـ **الاجتهاد: ضوابطه وأحكامه**، لجلال الدين عبدالرحمن. الطبعة الأولى (١٤٠٦هـ ـ ١٩٨٦م).

٤ ـ **الاجتهاد: لصالح الفوزان**. الرياض: دار المسلم، الطبعة الأولى (١٤٢١هـ).

٥ ـ **إجمال الإصابة في أقوال الصحابة**، للعلائي. تحقيق: محمد سليمان الأشقر. الكويت: جمعية إحياء التراث الإسلامي، الطبعة الأولى (١٤٠٧هـ ـ ١٩٨٧م).

٦ ـ **الإحكام في أصول الأحكام**، لابن حزم. تحقيق: أحمد محمد شاكر. بيروت: دار الآفاق الجديدة (١٩٨٠م).

٧ ـ **الإحكام في أصول الأحكام**، للآمِدِيِّ. تَحْقِيق: عَبْدالرَّزَّاق عَفِيفي. الرياض: دار الصميعي، الطبعة الأولى (١٤٢٤هـ ـ ٢٠٠٣م).

٨ ـ **إرشاد الفحول**، للشوكاني. تحقيق: أبي حفص سامي بن العربي. الرياض: دار الفضيلة، الطبعة الأولى (١٤٢١هـ ـ ٢٠٠٠م).

٩ ـ **إرشاد النقاد إلى تيسير الاجتهاد**، للصنعاني. تحقيق: صلاح الدين مقبول أحمد. الكويت: الدار السلفية، الطبعة الأولى (١٤٠٥هـ ـ ١٩٨٥م).

١٠ ـ **أصول الفقه**، لابن مفلح. تحقيق: فهد بن محمد السدحان. الرياض: مكتبة العبيكان، الطبعة الأولى (١٤٢٠هـ ـ ١٩٩٩م).

١١ ـ **إعلام الموقعين**، لابن القيم. تحقيق: مشهور بن حسن آل سلمان. الدمام: دار ابن الجوزي، الطبعة الأولى (١٤٢٣هـ).

١٢ ـ **الأم**، للشافعي. تحقيق: رفت فوزي عبدالمطلب. المنصورة: دار الوفاء، الطبعة الأولى (١٤٢٢هـ ـ ٢٠٠١م).

١٣ ـ **الانتقاء في فضائل الأئمة الثلاثة الفقهاء**، لابن عبدالبر. تحقيق: عبدالفتاح أبو غدة. بيروت: دار البشائر الإسلامية، الطبعة الأولى (١٤١٧هـ ـ ١٩٩٧م).

١٤ ـ **الإنصاف في بيان أسباب الاختلاف**، للدهلوي. تحقيق: عبدالفتاح أبو غدة. بيروت: دار النفائس، الطبعة الثانية (١٣٩٨هـ ـ ١٩٧٨م).

١٥ ـ **البحر الرائق**، لابن نجيم. مصورة بيروت: دار الكتاب الإسلامي، عن طبعة مصر: المطبعة العلمية (١٣١١هـ).

١٦ ـ **البحر المحيط**، للزركشي. تحقيق: عبدالقادر العاني. الكويت: وزارة الأوقاف والشئون الإسلامية، الطبعة الثانية (١٤١٣هـ ـ ١٩٩٢م).

١٧ ـ **بداية المجتهد**، لابن رشد. تحقيق: ماجد الحموي. بيروت: دار ابن حزم، الطبعة الأولى (١٤١٦هـ ـ ١٩٩٥م).

١٨ ـ **البرهان في أصول الفقه**، للجويني. تحقيق: عبدالعظيم الديب. نشر: قطر، الطبعة الأولى (١٣٩٩هـ).

١٩ ـ **تاريخه الطبري** (المسمى: تاريخ الرسل والملوك). تحقيق: محمد أبو الفضل إبراهيم. القاهرة: دار المعارف، الطبعة الثانية.

٢٠ ـ **التحرير في أصول الفقه**، لابن الهمام. مصر: مطبعة مصطفى البابي الحلبي وأولاده (١٣٥١هـ).

٢١ ـ **الترشيح على التوشيح**، لابن السبكي. مخطوط مصور عن جامعة الملك سعود بالرياض (رقم: ٦٨).

٢٢ ـ **تفسير ابن كثير** (تفسير القرآن العظيم). تحقيق: سامي بن محمد السلامة. الرياض: دار طيبة، الطبعة الثانية (١٤٢٠هـ ـ ١٩٩٩م).

٢٣ ـ **تقرير الاستناد في تفسير الاجتهاد**، للسيوطي. تحقيق: فؤاد عبدالمنعم أحمد. الإسكندرية: دار الدعوة، الطبعة الأولى (١٤٠٣هـ ـ ١٩٨٣م).

٢٤ ـ **التمهيد في أصول الفقه**، للكلوذاني. تحقيق: مفيد أبو عَمْشَة، ومحمد بن علي بن إبراهيم. مكة المكرمة: جامعة أم القرى، كلية الشريعة والدراسات الإسلامية، مركز البحث العلمي، الطبعة الأولى (١٤٠٦هـ ـ ١٩٨٥م).

٢٥ ـ **التهذيب**، للبغوي. تحقيق: عادل عبدالموجود، وعلي معوض. بيروت: دار الكتب العلمية، الطبعة الأولى (١٤١٨هـ ـ ١٩٩٧م).

٢٦ ـ **التوضيح**، لخليل بن إسحاق المالكي. تحقيق: أحمد عبدالكريم نجيب. القاهرة: مركز نجيبويه للمخطوطات وخدمة التراث، الطبعة الأولى (١٤٢٩هـ ـ ٢٠٠٨م).

٢٧ ـ **جامع بيان العلم وفضله**، لابن عبدالبر. تحقيق: أبي الأشبال الزهيري. الدمام: دار ابن الجوزي، الطبعة الأولى (١٤١٤هـ ـ ١٩٩٤م).

٢٨ ـ **حاشية الصاوي على الجلالين**، لأحمد الصاوي. القاهرة: المطبعة الأزهرية، الطبعة الأولى (١٣٤٥هـ ـ ١٩٢٦م).

٢٩ ـ **حاشية العطار على جمع الجوامع**. مصورة بيروت: دار الكتب العلمية.

٣٠ ـ **الحاوي الكبير**، للماوردي. تحقيق: علي معوض، وعادل عبدالموجود. بيروت: دار الكتب العلمية، الطبعة الأولى (١٤١٤هـ ـ ١٩٩٤م).

٣١ ـ **حقيقة القولين**، للغزالي. تحقيق: مسلم بن محمد الدوسري. نشر في مجلة الجمعية الفقهية السعودية، العدد الثالث (جمادى الأولى ١٤٢٩هـ ٢٠٠٨م). الرياض: جامعة الإمام محمد بن سعود الإسلامية.

٣٢ ـ **الرد على من أخلد إلى الأرض**، للسيوطي. تحقيق: خليل الميس. بيروت: دار الكتب العلمية، الطبعة الأولى (١٤٠٣هـ ـ ١٩٨٣م).

٣٣ ـ **الرسالة**، للشافعي. تحقيق: أحمد محمد شاكر. القاهرة: مطبعة مصطفى البابي الحلبي وأولاده (١٣٥٧هـ ـ ١٩٣٨م).

٣٤ ـ **روضة الطالبين**، للنووي. بَيْرُوت: المكْتَب الإسْلامِيّ، الطَّبْعَة الثالثة (١٤١٢هـ ـ ١٩٩١م).

٣٥ ـ **روضة الناظر**، لابن قدامة. تحقيق: محمد مرابي. بيروت: مؤسسة الرسالة، الطبعة الأولى (١٤٣٠هـ ـ ٢٠٠٩م).

٣٦ ـ **الزهد**، لعبدالله بن المبارك. تحقيق: حبيب الرحمن الأعظمي. مصورة بيروت: دار الكتب العلمية.

٣٧ ـ **سنن ابن ماجة**. تحقيق: محمد فؤاد عبدالباقي. القاهرة: مطبعة دار إحياء الكتب العربية.

٣٨ ـ **سنن أبي داود**. تحقيق: محمد محيي الدين عبدالحميد. صيدا/بيروت: المكتبة العصرية.

٣٩ ـ **سنن الترمذي**. تحقيق: أحمد محمد شاكر. القاهرة: شركة مكتبة ومطبعة مصطفى البابي الحلبي وأولاده.

٤٠ ـ **السنن الكبرى**، للنسائي. تحقيق: حسن عبدالمنعم شلبي. بيروت: مؤسسة الرسالة، الطبعة الأولى (١٤٢١هـ ـ ٢٠٠١م).

٤١ ـ **شرح الإلمام**، لابن دقيق العيد. تحقيق: محمد خلوف العبدالله. بيروت: دار النوادر، الطبعة الثانية (١٤٣٠هـ ـ ٢٠٠٩م).

٤٢ ـ **شرح السنة**، للبغوي. تحقيق: شعيب الأرنؤوط، محمد زهير الشاويش. بيروت: المكتب الإسلامي، الطبعة الثانية (١٤٠٣هـ ـ ١٩٨٣م).

٤٣ ـ **شرح صحيح مسلم**، للنووي. القاهرة: المطبعة العصرية (دون تاريخ).

٤٤ ـ **صحيح البخاري**. تحقيق: محمد زهير الناصر. نشر: دار طوق النجاة، الطبعة الأولى (١٤٢٢هـ).

٤٥ ـ **صحيح مسلم**. تحقيق: محمد فؤاد عبدالباقي. إستانبول: المكتبة الإسلامية (دون تاريخ).

٤٦ ـ **علوم الحديث**، لابن الصلاح. تحقيق: نور الدين عتر. بيروت: دار الفكر المعاصر/دمشق: دار الفكر (١٤٠٦هـ ـ ١٩٨٦م).

٤٧ ـ **الغياثي** (أو: غياث الأمم في التياث الظلم)، للجويني. تحقيق: عبدالعظيم الديب. جدة: دار المنهاج، الطبعة الثالثة (١٤٣٢هـ ـ ٢٠١١م).

٤٨ ـ **فتاوى ابن الصلاح**. تحقيق: موفق عبدالله عبدالقادر. المدينة المنورة، مكتبة العلوم والحكم/بيروت: عالم الكتب، الطبعة الأولى (١٤٠٧هـ).

٤٩ ـ **فتاوى السبكي**. مصورة بيروت: دار المعرفة (دون تاريخ).

٥٠ ـ **الفتاوى**، للعز بن عبدالسلام. تحقيق: عبدالرحمن بن عبدالفتاح. بيروت: دار المعرفة، الطبعة الأولى (١٤٠٦هـ ـ ١٩٨٦م).

٥١ ـ **فتح العزيز**، للرافعي. تحقيق: علي معوض، وعادل عبدالموجود. بيروت: دار الكتب العلمية، الطبعة الأولى (١٤١٧هـ ـ ١٩٩٧م).

٥٢ ـ **فتح العلي المالك**، لعليش (محمد بن أحمد بن محمد عليش). مصورة بيروت: دار المعرفة (دون تاريخ).

٥٣ ـ **الفصول في الأصول**، للجصاص. تحقيق: عجيل جاسم النشمي. الكويت: وزارة الأوقاف والشئون الإسلامية، الطبعة الثانية (١٤١٤هـ ـ ١٩٩٤م).

٥٤ ـ **الفكر السامي في تاريخ الفقه الإسلامي**، للحجوي. تحقيق: أيمن صالح شعبان. بيروت: دار الكتب العلمية، الطبعة الأولى (١٤١٦هـ ـ ١٩٩٥م).

٥٥ ـ **فواتح الرحموت بشرح مسلم الثبوت**، لعبدالعلي السهالوي اللكنوي. تحقيق: عبدالله محمود عمر. بيروت: دار الكتب العلمية، الطبعة الأولى (١٤٢٣هـ ـ ٢٠٠٢م).

٥٦ ـ **قمع أهل الزيغ والإلحاد عن الطعن في تقليد أئمة الاجتهاد**، للجكني. بيروت: مؤسسة الرسالة/عمان: دار البشير، الطبعة الأولى (١٤١٩هـ ـ ١٩٩٩م).

٥٧ ـ **القول المفيد في أدلة الاجتهاد والتقليد**، للشوكاني. تحقيق: عبدالرحمن عبدالخالق. الكويت: دار القلم، الطبعة الأولى (١٣٩٦هـ ـ ١٩٧٦م).

٥٨ ـ **المحصول في علم أصول الفقه**، للرازي. تحقيق: طه جابر العلواني. بيروت: مؤسسة الرسالة، الطبعة الثانية (١٤١٢هـ ـ ١٩٩٢م).

٥٩ ـ **المختصر الفقهي**، لابن عرفة. تحقيق: حافظ عبدالرحمن محمد خير. دبي: مسجد ومركز الفاروق، الطبعة الأولى (١٤٣٥هـ ـ ٢٠١٤م).

٦٠ ـ **مختصر المؤمل في الرد إلى الأمر الأول**، لأبي شامة المقدسي. تحقيق: صلاح الدين مقبول أحمد. الكويت: مكتبة الصحوة الإسلامية، الطبعة الأولى (١٤٠٣هـ).

٦١ ـ **مختصر منتهى السؤل والأمل في علمي الأصول والجدل،** لابن الحاجب. تحقيق: نذير حمادو. بيروت: دار ابن حزم، الطبعة الأولى (١٤٢٧هـ ـ ٢٠٠٦م).

٦٢ ـ **مسائل أبي الوليد بن رشد.** تحقيق: محمد الحبيب التجكاني. بيروت: دار الجيل/دار الآفاق الجديدة، الطبعة الثانية (١٤١٤هـ ـ ١٩٩٣م).

٦٣ ـ **المستصفى من علم الأصول،** للغزالي. تحقيق: محمد سليمان الأشقر. بيروت: مؤسسة الرسالة، الطبعة الأولى (١٤١٧هـ ـ ١٩٩٧م). وتمت الاستعانة أيضا بتحقيق: حمزة حافظ.

٦٤ ـ **مسند أحمد.** تحقيق: شعيب الأرناؤوط وآخرين. بيروت: مؤسسة الرسالة، الطبعة الأولى (١٤٢١هـ ـ ٢٠٠١م).

٦٥ ـ **مسند الدارمي.** تحقيق: حسين سليم أسد. الرياض: دار المغني، الطبعة الأولى (١٤٢١هـ ـ ٢٠٠٠م).

٦٦ ـ **مسند الموطأ،** للجوهري. تحقيق: لطفي الصغير وطه بو سريح. بيروت: دار الغرب الإسلامي، الطبعة الأولى (١٩٩٧م).

٦٧ ـ **معالم السنن،** للخطابي. تحقيق: محمد راغب الطباخ. حلب: المطبعة العلمية، الطبعة الأولى (١٣٥١هـ ـ ١٩٣٢م).

٦٨ ـ **المعجم الأوسط،** للطبراني. تحقيق: طارق بن عوض الله، وعبدالمحسن الحسيني. القاهرة: دار الحرمين (١٤١٥هـ ـ ١٩٩٥م).

٦٩ ـ **المعيار المعرب،** للونشريسي. تحقيق بإشراف: محمد حجي. نشر: المغرب: وزارة الأوقاف والشؤون الإسلامية (١٤٠١هـ ـ ١٩٨١م).

٧٠ ـ **المقدمات الأساسية في علوم القرآن،** للجديع. بريطانيا: الجديع للبحوث والاستشارات، توزيع: بيروت: مؤسسة الريان، الطبعة الرابعة (١٤٢٩هـ ـ ٢٠٠٨م).

٧١ ـ **مقدمة ابن خلدون (ضمن تاريخه).** القاهرة: دار الكتاب المصري/بيروت: دار الكتاب اللبناني (١٤٢٠هـ ـ ١٩٩٩م).

٧٢ ـ **الملل والنحل،** للشهرستاني. تحقيق: عبدالعزيز محمد الوكيل. القاهرة: مؤسسة الحلبي وشركاه (١٣٨٧هـ ـ ١٩٦٨م).

٧٣ ـ **الموافقات**، للشاطبي. تحقيق: مشهور بن حسن آل سلمان. الخبر: دار ابن عفان، الطبعة الأولى (١٤١٧هـ ـ ١٩٩٧م).

٧٤ ـ **مواهب الجليل**، للحطاب الرعيني. تحقيق: زكريا عميرات. بيروت: دار الكتب العلمية، الطبعة الأولى (١٤١٦هـ ـ ١٩٩٥م).

٧٥ ـ **نفائس الأصول**، للقرافي. تحقيق: عادل عبدالموجود، وعلي معوض. مكة المكرمة: نزار مصطفى الباز، الطبعة الأولى (١٤١٦هـ ـ ١٩٩٥م).

٧٦ ـ **نهاية المطلب**، للجويني. تحقيق: عبدالعظيم الديب. جدة: دار المنهاج، الطبعة الأولى (١٤٢٨هـ ـ ٢٠٠٧م).

٧٧ ـ **الواضح في أصول الفقه**، لابن عقيل. تحقيق: عبدالله التركي. بيروت: مؤسسة الرسالة، الطبعة الأولى (١٤٢٠هـ ـ ١٩٩٩م).

٧٨ ـ **الوسيط في المذهب**، للغزالي. تحقيق: أحمد محمود إبراهيم. القاهرة: دار السلام، الطبعة الأولى (١٤١٧هـ ـ ١٩٩٧م).

٧٩ ـ **الوصول إلى الأصول**، لابن برهان. تحقيق: عبدالحميد علي أبو زنيد. الرياض: مكتبة المعارف، الطبعة الأولى (١٤٠٤هـ ـ ١٩٨٤م).

المواقع الإلكترونية:

٨٠ ـ الموقع الإلكتروني لذاكرة الأزهر الشريف:

http:alazharmemory.eg/Esdarat/ConferenceProceedDetails.aspx?id=٣٦

٨١ ـ الموقع الإلكتروني للمجمع الفقهي الإسلامي بمكة:

http://ar.themwl.org/node/١١

٨٢ ـ الموقع الإلكتروني لمجمع الفقه الإسلامي الدولي بجدة:

http://www.iifa-aifi.org

❈   ❈   ❈

فهرس